Verslaafd aan liefde

Van Jan Geurtz verscheen eveneens bij Ambo|Anthos *uitgevers*

De opluchting
De verslaving voorbij
Het einde van de opvoeding
Verslaafd aan denken
Bevrijd door liefde
Vrij van gedachten
Over liefde en loslaten

Jan Geurtz

Verslaafd aan liefde

De weg naar zelfacceptatie en geluk in relaties

Ambo|Anthos
Amsterdam

Eerste druk 2009
Achtendertigste druk 2018

ISBN 978 90 263 3339 2
© 2009 Jan Geurtz
Omslagontwerp Studio Jan de Boer
Foto auteur © Kimm Govers

Verspreiding voor België:
Veen Bosch & Keuning uitgevers nv, Antwerpen

Inhoud

DEEL 1
Niets is zoals het lijkt

1 Inleiding: de moeder van alle misvattingen 11
2 De eerste laag van onze identiteit: het negatieve geloof 19
3 De tweede laag van onze identiteit: de basisregels 27
4 De derde laag van onze identiteit: patronen in denken, voelen en gedrag 35
5 De vierde en buitenste laag van onze identiteit: het imago 40
6 Storingen in de ontwikkeling van de identiteit 46
7 Stagnaties in de groei van het bewustzijn 54
8 De creatie van het lijden 65
9 De vrije markt van liefde en erkenning 74
10 De liefdesrelatie 80
11 De relatiecrisis 89
12 De vicieuze cirkel van samsara 99

DEEL 2
Alles is zoals het is

13 Het spirituele pad 105
14 Loslaten van het 'relatiedenken' 115
15 Kijken naar je eigen geest: wie kijkt? 121

16 Pijnlijke emoties: de deur naar je natuurlijke staat   132
17 Integratie in plaats van dissociatie   141
18 De natuurlijke staat van zijn: geloof of werkelijkheid?   149
19 De spirituele liefdesrelatie   156
20 Spiritueel vrijen   169
21 Liefdesontsporingen   181
22 In het belang van de kinderen   190
23 De volmaakte illusie   196

APPENDIX 1
Bronvermelding, aanbevelingen en dankwoord   204

APPENDIX 2
Westerse weerstanden tegen oosterse spiritualiteit   209

APPENDIX 3
Andere boeken van Jan Geurtz   220

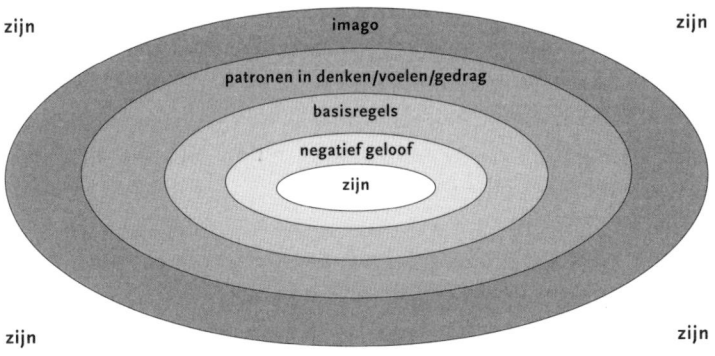

Afbeelding 1:
De lagen van onze identiteit als bedekking van de natuurlijke staat van zijn.

DEEL 1

Niets is zoals het lijkt

Weet dat alle dingen zo zijn:
Een luchtspiegeling, een luchtkasteel,
Een droom, een verschijning,
Zonder essentie maar met kenmerken die waarneembaar zijn.

Weet dat alle dingen zo zijn:
Als de maan aan een heldere hemel
Weerspiegeld in een helder meer,
Hoewel de maan nooit naar dat meer is toe gegaan.

Weet dat alle dingen zo zijn:
Als een echo die voortkomt
Uit muziek, geluiden en geween,
Maar in die echo is geen melodie.

Weet dat alle dingen zo zijn:
Zoals een goochelaar illusies schept
Van paarden, ossen, karren en andere dingen,
Niets is zoals het lijkt.

Boeddha, geboren als Siddhartha Gautama
(ca. 450 v.C. - ca. 370 v.C.)
uit: *Het Tibetaanse boek van leven en sterven*, Sogyal Rinpoche

1
Inleiding:
de moeder van alle misvattingen

Al het lijden is verwarring.
Verwarring is je verzetten tegen wat is.
Als je volmaakt helder bent, is wat er is wat je wilt.
Dus als je iets anders wilt dan wat er is,
kun je weten dat je verward bent.

Byron Katie
uit: *A Thousand Names for Joy*

Er is iets vreemds aan de hand met het verschijnsel liefde: het kan aanleiding zijn tot zowel het hoogste geluk dat we ooit ervaren, als tot de diepste ellende en pijn. Als je ooit hebt meegemaakt dat de persoon waar je al maanden in stilte verliefd op bent, je op een mooie dag ineens omhelst, zoent en zegt al maanden naar je te verlangen, dan heb je verbijsterend geluk gekend. Als je met je liefje uren in bed ligt en alle opwindende fantasieën durft te bespreken en uit te proberen, dan heb je extase gekend. Als je al jaren verlangt naar een kind, en op een dag samen met je geliefde de zwangerschapstest bekijkt en die blijkt positief, dan weet je wat diepe vreugde is.

Maar ook: als die persoon waar je al maanden over fantaseerde, zich voor je ogen in de armen van een ander werpt, dan heb je de meest pijnlijke teleurstelling ervaren. En als je partner waarmee je al jaren samen bent, urenlang met een ander in bed ligt terwijl jij thuis op de kinderen past, dan heb je verscheurende pijn ervaren. En als de scheiding dan een feit is, en je woont weer alleen, volkomen verteerd door eenzaamheid en beknelling, wel, dan weet je wat eenzaamheid en beknelling is. Vanwege die diepte van zowel geluk als lijden zijn er al ontelbare boeken over de liefde geschreven, de meeste beschrijvend, bewonderend of bekritiserend, of met een gebruiksaanwijzing hoe te overleven in dit prachtige en gevaarlijke oerwoud van de liefde.

Het boek dat je nu in handen hebt, gaat ook over liefde en lijden, maar veel meer nog over datgene in ons wat liefheeft en pijn lijdt, namelijk onze geest. Doordat we de ware aard van onze geest niet herkennen, hebben we ook een fundamenteel onjuiste kijk op het verschijnsel liefde, en op de liefdesrelaties die eruit voortvloeien. En dat maakt dat we in onze relaties eigenlijk zélf degene zijn die al die pijnlijke ellende creëert waar de liefde juist een eind aan zou moeten maken.

Dit boek gaat over een misvatting die zo groot is, zo allesomvattend, zo volledig ons leven bepalend, dat ik gewoon niet goed weet waar te beginnen. Immers, er zitten kanten aan waar je misschien nog nooit bewust last van hebt gehad, en mijn uiteenzetting zou dan kunnen lijken op het aanpraten van een probleem. Daarnaast is deze misvatting afhankelijk van de manier waarop je ernaar kijkt, en er heersen dus ook veel misvattingen over deze fundamentele misvatting. Of meer praktisch gezegd: veel mensen zijn heel bekwaam in het ontkennen van dit probleem, hetgeen hun overigens heel veel problemen oplevert, die dan weer als stimulans dienen tot een verdere ontkenning ervan. Kortom, het gaat hier zo ongeveer over de moeder van alle problemen, en het herkennen ervan zal je misschien eerst enige moeite kosten. Maar daarna zul je het echt als een feest gaan ervaren, hetgeen men dus doorgaans 'een feest van herkenning' noemt.

De oorzaak van deze fundamentele misvatting is gelegen in onze geest, en met name in onze relatie met onszelf, of nog preciezer: in de manier waarop we ons verhouden tot en reageren op onze eigen gedachten en emoties. Dit boek gaat over die diepere laag van onze geest waarin de oorzaak ligt van heel veel lijden, zowel in relaties als daarbuiten. Het leren begrijpen van deze oorzaak is niet zo eenvoudig: het vereist een open geest die eerst onderzoekt alvorens te oordelen. Toch is dit onderzoek naar de werkelijkheid achter de misvatting al veel leuker en inspirerender dan er domweg in verstrikt te blijven zitten. Je kunt tijdens het lezen van dit boek veel nieuws leren over je eigen geest, en er op een totaal andere manier naar leren kijken. En het mooie is: je hoeft niks te geloven of op gezag van anderen aan te nemen. Je kunt alles in dit boek bij jezelf controleren op juistheid, met behulp van de praktische oefeningen die erin staan en die je helpen om zelf een heldere kijk op je geest en op de werkelijkheid te ontwikkelen. Je geest is in dit boek dus tegelijkertijd de onderzoeker en het onderzoeksobject. Dit onderzoeken van de geest brengt je onafwendbaar bij het oplossen van de misvatting en dus bij de werkelijke aard van jezelf en van alles wat bestaat. Deze werkelijkheid is zo ongelooflijk diepzinnig, en tevens zó vreugdevol, en bovendien ook nog eens zó voor de hand liggend, dat het háást niet uit te leggen is. Dus wel!

Laat ik maar beginnen met vertellen hoe ik zelf achter dit probleem en zijn oplossing ben gekomen. Na een leven vol geluk en ellende, zoals diverse liefdesrelaties, het opvoeden van vier kinderen, ettelijke verslavingen, vele drukke baantjes en banen, een gigantische burnout, een scheiding, saaie en interessante studies, verschillende therapieën en trainingen, kortom, na een heel gewoon leven, begon ik op 45-jarige leeftijd mensen van het roken af te helpen. Ik was zelf net gestopt met roken en was daar ontzettend blij mee. Ik volgde een opleiding tot trainer, dus het leek me leuk om mijn eigen stoppen-met-roken-training te beginnen. Die sloeg meteen aan, en na een jaar schreef ik een boek over stoppen met roken (*De opluchting*), dat inmiddels een bestseller is. Door die bekendheid kreeg ik gaandeweg verzoeken om hulp bij andere verslavingen. En toen begon mij een patroon op te vallen in al die verslavingsproblemen: ze waren allemaal het gevolg van een streven naar meer geluk en naar minder ellende. Maar juist de manier waarop men naar meer geluk streefde, veroorzaakte de verslavingsellende. Juist de manier waarop men pijnlijke gevoelens probeerde kwijt te raken, veroorzaakte steeds meer pijnlijke gevoelens.

Als het effect van een handeling precies het tegengestelde is van wat je ermee beoogt, dan spreken we van een contraproductieve reflex. Een veel gebruikt voorbeeld hiervan is krabben als je jeuk hebt van een muggenbeet: de jeuk wordt er juist erger door. Een verslaving is een schoolvoorbeeld van een contraproductieve reflex: het verslavende middel is bedoeld om een einde te maken aan een beknellend gevoel en in plaats daarvan een prettig gevoel te creëren. Dat lukt telkens heel eventjes tijdens de roes van het middel, maar tegelijkertijd versterkt het gebruik van dat middel de negatieve gevoelens die men er juist mee wilde ontvluchten. Als je drinkt om je geremdheid in gezelschap kwijt te raken, zul je jezelf steeds geremder gaan voelen en de drank steeds meer nodig hebben om nog af en toe iets spontaans te kunnen doen. Gebruik je pepmiddelen om van je chronische moeheid af te komen en het leven energieker tegemoet te treden, dan zul je je steeds vermoeider gaan voelen en op den duur niet eens je huis meer kunnen opruimen zonder het pepmiddel. Kortom, alle schijnbare voordelen van het verslavende middel blijken slechts korte opkikkers in een gestaag neerwaarts gaande ontwikkeling naar steeds meer ellende. Het middel wordt daardoor steeds noodzakelijker om af en toe ten minste eventjes aan die ellende te kunnen ontsnappen. Ik schreef mijn bevindingen op in een boek over verslavingen (*De verslaving voorbij*, zie appendix 3) en veel mensen ontdekten dat het beëindigen van een verslaving veel gemakkelijker is dan het lijkt als je nog verslaafd bent, en ook nog eens veel leuker. Of anders gezegd: het idee dat het verschrikkelijk moeilijk is om te stoppen, is een illusie die door de verslaving zelf gecreëerd wordt. Deze angst voor het stoppen is precies de essentie van het verslaafd zijn. Het is een zelfvervullende angst. Een contraproductieve reflex zoals een verslaving houdt namelijk niks anders in stand dan zichzelf. Zodra de verslaafde geest zijn eigen misvatting doorziet, is hij vrij. Dan blijkt stoppen een feest van bevrijding en opluchting te zijn: het tegendeel van waar je als verslaafde bang voor was.

Tijdens het werken met verslaafden werd me duidelijk dat de negatieve gevoelens die men met het verslavende middel probeert kwijt te raken, al tijdens de opvoeding aangeleerd zijn. Ik ontdekte dat de manier waarop ouders proberen hun kinderen op te voeden tot gelukkige en succesvolle mensen, in hun kinderen juist het geloof creëert dat ze kennelijk niet goed genoeg zijn zoals ze zijn, maar eerst moeten leren te voldoen aan allerlei voorwaarden. Dat schept in kinderen een fundamentele onzekerheid en zelfafwijzing die ze als volwassenen koste wat het kost proberen te bestrijden, soms dus met verslavende middelen. Ook hier blijkt een contraproductief patroon aan het werk te zijn: de manier waarop ouders het geluk van hun kinderen nastreven, levert hun juist de grootste ellende op in hun latere volwassen leven. Ik schreef er een boek over (*Het einde van de opvoeding*, zie appendix 3) en kreeg daardoor gelegenheid om met ouders te praten over hun problematische kinderen. In de meeste gevallen bleek het 'probleem' van het kind door de ouders gecreëerd te zijn – of op zijn minst vergroot en in stand gehouden – door de manier waarop ze het kind ervan af probeerden te helpen! Zodra ouders dit doorkrijgen, en zich niet langer op het corrigeren van het kind richten, maar op het aanvaarden van zichzelf en van hun angst om geen goede ouders te zijn, hield ook het probleem van het kind vaak meteen op te bestaan! Contraproductiviteit van goede bedoelingen heeft dus altijd te maken met angst: doordat we weglopen voor die angst, creëren we juist de gevreesde gevolgen.

Door het schrijven van deze boeken kreeg ik soms ook het verzoek van lezers om te helpen bij een relatiecrisis. En ja hoor, ook in relatieproblemen bleek dezelfde contraproductieve reflex werkzaam: de manier waarop beide partners proberen de relatie te redden, vergroot juist hun relatie-ellende, totdat een breuk onvermijdelijk is. En achter dit mechanisme blijkt een nog diepere en verbijsterende reflex te zitten: juist de manier waarop we streven naar liefde en geborgenheid vergroot onze eenzaamheid en afhankelijkheid en maakt dat we ons geluk – als zich dat af en toe voordoet – ongewild en onbewust om zeep helpen. De manier waarop we streven naar een liefdevolle relatie en proberen deze in stand te houden, draagt al de oorzaken in zich voor het mislukken van die relatie, en de pijn van eenzaamheid en verlatenheid. En deze diepe pijn bij het stuklopen van een relatie vergroot weer de drang om een nieuwe liefdesrelatie te zoeken, of soms juist om deze uit de weg te gaan. Op beide manieren echter vallen we wéér in dezelfde valkuil en creëren we de oorzaken van de volgende pijnlijke crisis.

Als je er eenmaal op begint te letten, ga je die contraproductieve reflex ook steeds meer zien in allerlei kleinere probleempjes. De manier waarop we proberen ons in vreemd gezelschap een houding te geven, veroorzaakt juist meer onzekerheid. Onze strategietjes om erkenning van anderen te krijgen, vergroten juist ons gebrek aan eigenwaarde. De oneerlijkheidjes waarmee we voorkomen dat anderen ons zullen afwijzen, versterken juist onze angst voor afwijzing. De maniertjes waarop we prettige gevoelens proberen vast te houden of te herhalen, verknallen juist het plezier. De methoden waarmee we ons proberen te beschermen tegen narigheid, creëren juist allerlei vormen van lijden. Kortom, elke vorm van bescherming tegen emotionele angst en pijn verandert gaandeweg in een beknelling. Heel onze identiteit, alle patronen en automatismen die we hebben aangeleerd om te functioneren als vrouw of man, als moeder of vader, onder vrienden of collega's en zelfs als we alleen zijn, al die patronen brengen precies het omgekeerde teweeg van wat we ermee nastreven. We verkorten of verknallen ons geluk door de manier waarop we ons eraan vastklampen. We vergroten of verlengen onze ellende door de manier waarop we ervan af proberen te komen. De boeddhistische wijze Shantideva (achtste eeuw) verwoordde het zo:

Ofschoon alle mensen geluk nastreven,
behandelen ze in onwetendheid hun geluk als was het hun grootste vijand.
Ofschoon alle mensen lijden proberen te vermijden,
rennen ze er telkens weer recht op af.

Dit is het probleem waar dit boek over gaat, en het is een tamelijk hardnekkig en ingesleten probleem. Het goede nieuws is echter dat het op te lossen is. Het is immers gebaseerd op een misvatting, een die bovendien zichzelf in stand houdt. Het is een vicieuze misvatting: ze ontstaat telkens opnieuw door onze reactie op de gevolgen van de vorige. Telkens opnieuw creëren we ons lijden en verknallen we ons geluk. Dit boek zal je laten zien hoe je hiermee op kunt houden, hoe je kunt leren niks te doen waar je nu ellende creëert, hoe je kunt leren te geven waar je nu je gemis en behoeftigheid in stand houdt, hoe je kunt leren omhelzen wat je nu veroordeelt en afwijst.

Kortom, je zult de patronen leren herkennen waarmee je je negatieve gevoelens probeert kwijt te raken en daardoor juist telkens weer opnieuw oproept. Je zult zien dat het geluk veel dichterbij is dan je altijd hebt gedacht. Je hoeft niet eerst de prins op het witte paard te vinden, of de superopwindende geliefde; je hoeft niet eerst rijk te worden of een fantastische baan en een nieuw huis te krijgen; je hoeft niet eerst een mijlenver verwijderde staat van verlichting te bereiken om dit geluk te vinden. Het ligt vlakbij, in de oplossing van de fundamentele misvatting en de herkenning van de essentie van je eigen geest. Dat brengt je vanzelf tot het loslaten van de oorzaken van het lijden, en het ontwikkelen van de hulpmiddelen die je bij onvoorwaardelijk geluk brengen. Dan kun je pas echt liefdevolle relaties aangaan, en die fantastische baan en dat nieuwe huis mogen ook best, maar je geluk hangt er dan niet meer van af.

Dus: zit je leven op dit moment in een crisis? Een relatiecrisis of juist een eenzaamheidscrisis? Een identiteitscrisis, burn-out of depressie? Hoe pijnlijk dat ook voor je is, het is een gunstige omstandigheid om het hele zichzelf in stand houdende crisissysteem te leren herkennen en voor altijd te doorbreken. Maar ook als je leven op dit moment in rustig vaarwater is, met een leuke, liefdevolle relatie, of als je juist een heerlijk volgepland single-bestaan leidt, niet getreurd! Ook dan kun je dit boek gebruiken om te herkennen hoe je je eigen geluk aan het beperken bent, en je toekomstige ellende reeds aan het creëren. En bovendien hoe je kunt leren daarmee op te houden en in plaats daarvan geluk te creëren voor jezelf en anderen.

Want voorbij de hele cyclus van het verlangen naar liefde, het vinden van liefde, het weer kwijtraken van liefde en het vreselijk missen van liefde is er een staat van zijn die geheel vrij is van dit krampachtige streven naar liefde en erkenning, om de simpele reden dat die staat zelf liefde is. Het is mogelijk en haalbaar om jezelf te bevrijden van het streven naar liefde, door je te realiseren dat die liefde altijd al bij je was. In die staat is er geen gemis aan liefde meer, nodig hebben van liefde is er onbekend, het is een moeiteloze staat van onvoorwaardelijk liefde geven en ontvangen. Echt, het is mogelijk en ik ga je nu met plezier vertellen hoe je dat kunt realiseren.

2

De eerste laag van onze identiteit: het negatieve geloof

*Al het lijden ontstaat door onze gehechtheid
aan een onjuist zelfbeeld*

Boeddhistische wijsheid

Mijn eerste ervaring op het vlak van de liefde heette Maartje en het was in de eerste klas van wat toen nog de hbs heette, ik was elf jaar. De ervaring bestond uit het fantaseren over haar, het in diepe melancholie bewonderen van de klassenfoto waar zij op stond, en het zenuwachtig ontwijken van haar nabijheid in de klas. Het idee om werkelijk toenadering te zoeken was nog te beangstigend om toe te laten, dus het bleef een geheime liefde. De ontknoping volgde tijdens het schoolreisje naar de grotten van Han in België op het einde van het schooljaar. De hele klas liep door de donkere onderaardse gangen, waarin om de vijftig meter een zwak schijnend gloeilampje voor een schaarse verlichting zorgde. Ik liep achter Maartje en naast haar liep een van de stoerste jongens in de klas. Terwijl we voortliepen zag ik dat ze hand in hand liepen. Telkens als we het donkere gedeelte tussen twee lichten naderden, gingen hun hoofden wat dichter naar elkaar toe, en als het dan weer lichter werd bij de volgende lamp gingen de hoofdjes weer uit elkaar. Ik weet niet eens meer of het me veel pijn deed om dit te zien, maar ik herinner me nog wel hoe de beweging van die twee hoofdjes van en naar elkaar toe bijna mechanisch bepaald scheen te worden door de veranderende lichtsterkte in de gang. Ik zal toen wel al bezig zijn geweest mijn pijnlijke gevoelens te verdringen met een rationele observatie. Hoe dan ook, deze liefde was daarna vrij snel over.

Iedereen die ooit zo'n prille puberale verliefdheid heeft meegemaakt, weet dat het boordevol zit met angst en hoop: de angst dat je gevoelens ontdekt zullen worden en bespot, en de hoop dat ze beantwoord zullen worden. In dit spel van hoop en vrees is de inzet hoog: totale afwijzing staat tegenover opperste aanvaarding. En als je niet durft te spelen en je gevoelens geheimhoudt, is er frustratie en zelfafwijzing. Kortom, het hele gebeuren rondom verliefdheid schijnt zijn enorme spanning vooral te ontlenen aan die kans op zowel totale aanvaarding als diepste afwijzing.

Is deze spanning duidelijk zichtbaar bij de puberale verliefdheid, ze blijft bij alle latere en meer 'volwassen' vormen van liefdesverlangen werkzaam, zij het vaak in bedekte vorm. Maar ook de man die zijn nieuwe vriendin vertelt over zijn vroegere liefdesavonturen maar verzwijgt dat hij weleens naar een prostituee ging, laat zijn vrees voor afwijzing prevaleren. En de vrouw die aan haar man vertelt dat ze weleens alléén op vakantie zou willen, voelt angst voor zijn afwijzing. Als je je eigen gedrag nauwkeurig onder de loep neemt, zul je zien dat je zowel in de toenaderingsfase van een relatie als in de stabiele fase bijna voortdurend in dit spel van hoop en vrees gevangen zit. Niet dat je voortdurend hoop en vrees voelt; vooral in de stabiele fase van een relatie ben je doorgaans al zo goed ingespeeld op de situatie en op je partner, dat die gevoelens succesvol vermeden kunnen worden. Je weet al welk gedrag je beter kunt vermijden en welk gedrag vrij zeker tot waardering zal leiden, en je leeft zoveel mogelijk binnen deze veilige paden van het voorkomen van afwijzing en het opwekken van waardering. Het vereist een open en eerlijk zelfonderzoek om deze mechanismen bij jezelf te ontdekken, maar ze zijn er altijd, ook als je meent dat je 'een goede relatie' hebt.

Dat we deze vreesvermijdende paden bewandelen, manifesteert zich het duidelijkst in de omgang met de geliefde, maar we doen het bij iedereen. De kracht van de hoop en de vrees is daarbij wel evenredig aan de intensiteit van de gevoelens die je voor een persoon hebt, dus bij de bakker zul je er doorgaans veel minder last van hebben. Maar als je na lang wachten bijna aan de beurt bent en een klant die net binnenkomt, gaat vóór jou, dan is het spel van hoop en vrees meteen in volle gang. Je hoopt op respect voor jouw rechten en je bent bang voor afwijzing. Inslikken van je boosheid voor de lieve vrede levert je meestal een gevoel van zwakheid op, hetgeen een vorm van zelfafwijzing is. Zo zitten we gevangen in een dilemma van hoop op erkenning en angst voor afwijzing enerzijds, en zelfafwijzing anderzijds.

De oorzaak van deze fundamentele hoop en vrees is gelegen in de aard van de relatie die we met onszelf hebben, of anders gezegd, in ons zelfbeeld, onze identiteit. Die heeft namelijk een structuur die geheel bepaald wordt door zelfafwijzing. In de komende hoofdstukken zal ik eerst deze structuur van ons zelfbeeld uiteenzetten, plus enkele andere contraproductieve automatismen die we gebruiken in ons streven naar geluk en erkenning. Zie ook afbeelding 1 op bladzijde 7. Daarna laat ik zien hoe deze mechanismen ervoor zorgen dat liefdesrelaties meestal gedoemd zijn te mislukken omdat ze de ellende veroorzaken die je er juist mee probeert te ontvluchten. De tweede helft van het boek gaat over de manier waarop dit contraproductieve mechanisme verlaten kan worden, en hoe we – met of zonder relatie – in liefde en onafhankelijkheid kunnen leven.

De kern van ons zelfbeeld is zelfafwijzing, en aversie tegen zelfafwijzing, en deze vat ik samen met de term 'het negatieve geloof'. Niemand wordt met een negatief geloof geboren. Toch heeft iedereen het. We leren het tijdens de eerste tien jaar van ons leven. Als je baby's en hele kleine peuters observeert, dan zie je dat ze geen enkel beeld van zichzelf hebben, dus ook geen negatief of zelfafwijzend beeld. Hun gedrag is volkomen ongeremd en spontaan: als ze kwaad zijn, brullen ze. Als ze honger hebben, huilen ze. Als ze blij zijn, kraaien ze. Dit natuurlijke spontane gedrag van kleine kinderen wordt soms weleens aangezien voor een hogere staat van zijn, een natuurlijke zijns-staat die we als volwassenen kwijt zijn geraakt en terug moeten zien te vinden. Dit is een misvatting. Die natuurlijke staat van kleine kinderen is geen 'hogere staat van zijn' om de simpele reden dat het kind zich er zelf niet van bewust is. Kinderen zijn een speelbal van hun eigen spontaniteit, waardoor ze zich ook heel onveilig, machteloos en gefrustreerd kunnen voelen. Die hele kleine kindertjes zijn dus in een pre-zelfbeeldstadium, maar vanaf de leeftijd van ongeveer één tot anderhalf jaar begint de ontwikkeling van een mentaal zelfbeeld, ongeveer tegelijk met de eerste taalontwikkeling, en ook tegelijk met de eerste pogingen van de ouders om grenzen te stellen aan het gedrag van de kleine. Zodra ouders merken dat er een begin van functionele communicatie met het kind mogelijk is, begint ook het eigenlijke 'opvoeden': de pogingen om het kind bepaalde dingen te leren en andere af te leren, in diens toekomstige belang. Het kind ervaart (aanvankelijk onbewust) dat het niet meer onvoorwaardelijk bewonderd, gekoesterd en verzorgd wordt, zoals in de baarmoeder en het eerste levensjaar, maar dat het moet veranderen om die verzorging en waardering veilig te stellen. Flesje leegdrinken is waardering oogsten, niet leegdrinken is de bezorgdheid van de moeder voelen. Plasje in het potje doen oogst aanvankelijk veel succes, maar ernaast plassen wordt in toenemende mate afgekeurd. Midden in de nacht zingend door het huis lopen wordt misschien nog leuk gevonden als je héél klein bent, maar als een vierjarige dit doet, zijn de meeste ouders *not amused*. Dit is overigens niet een fout van de ouders, het is juist heel normaal dat ze geleidelijk grenzen gaan stellen aan het gedrag van het kind, anders zou het namelijk helemaal géén taal en ook geen zelfbeeld ontwikkelen. Er zijn gevallen van kinderen die door dieren werden opgevoed, of door een psychotische moeder werden opgesloten en alleen te eten kregen, zonder verder contact. Deze kindertjes groeiden op als dieren, zonder taalvermogen of zelfreflectie. Dit is eveneens een indicatie dat kleine kinderen zich net als dieren niet in een hogere staat van zijn bevinden, ook al leven ze dan in het 'hier en nu'. Het ontstaan van een ego of zelfbeeld is kennelijk een noodzakelijke stap in de ontwikkeling van mensen, en pas daarna kan eventueel een spirituele ontplooiing voorbij het ego plaatsvinden.

De eerste momenten van zelfbewustzijn bij een kind ontstaan door het beëindigen van de aanvankelijke en vanzelfsprekende totale aanvaarding, en het beginnen met afwijzen en corrigeren van onwenselijk gedrag. Het kind leert dat het niet goed genoeg is zoals het is maar eerst moet voldoen aan voorwaarden om zich goed of gewenst te mogen voelen. Hoewel dit dus een heel normaal ontwikkelingsproces is, moeten we niet onderschatten welke diepe angsten er bij het kind mee gemoeid kunnen zijn. Alle diepe gevoelens van afhankelijkheid die we als volwassenen soms kunnen voelen, bijvoorbeeld in een verstoorde liefdesrelatie, vinden hun oorsprong in deze begintijd van de opvoeding. Bij een volwassene zijn ze in feite illusoir, ze komen niet met de werkelijkheid overeen. Volwassenen kunnen immers best voor zichzelf zorgen, hoe sterk het ik-kan-niet-leven-zonder-jou-gevoel ook is. Voor een klein kind is dat afhankelijke gevoel wel degelijk in overeenstemming met de werkelijkheid. Als je niet kunt lopen, niks zelf kunt doen met je handen, niet kunt praten, geen geld hebt en geen eigen huis of ander bezit, dan ben je écht heel erg afhankelijk van de welwillendheid van je moeder. Als die dus eens een rotbui heeft omdat je je flesje niet leegdrinkt of naast de pot piest, dan is de angst die dat oproept gerelateerd aan werkelijke afhankelijkheid. Om dezelfde reden hebben kinderen met een zware of een vroegtijdige geboorte, of die een onveilige vroege jeugd gehad hebben, later als volwassene meer dan gemiddeld last van angststoornissen.

Iedereen heeft de eerste jaren van zijn leven doorgebracht in werkelijke afhankelijkheid en in een existentiële angst voor afwijzing. Die angst is van oorsprong dus angst voor verlating, en in wezen ook doodsangst. Geen wonder dat we er de rest van ons leven bang voor zijn en proberen deze zo goed mogelijk bedekt te houden. Angst is de diepste kracht achter ons levenslange streven naar liefde en erkenning van anderen.

Is het je duidelijk dat ons negatieve geloof, ons diepste gevoel van niet goed genoeg zijn, de basis is van ons zelfbeeld en dus ook van alle liefdesrelaties? Dit is geen ontkenning van de mooie en liefdevolle aspecten die ook deel uitmaken van de meeste relaties. Het is een uitgangspunt waarmee je je huidige of toekomstige relatieproblemen kunt onderkennen en oplossen. Ga bij jezelf eens de relatiecrises na die je hebt meegemaakt in je leven. Probeer die ellende weer te voelen, die beknelling, die angst om de ander te verliezen, die kwellende hoop en onzekerheid of de ander jou wel wil. Zie dat schrijnende gevoel van nodig hebben en niet zónder kunnen, die frustrerende machteloosheid, die gevoelens van falen en van zwakheid, van schuld en verwijt. Als je deze gevoelens nauwkeurig onderzoekt, dan zie je dat in die pijn elk gevoel van eigenwaarde verdwenen is. Dat is het negatieve geloof, je diepste zelfafwijzing.

Het negatieve geloof is dus niet de rationele opvatting die je als volwassene over jezelf hebt. Je weet waarschijnlijk best dat je niet totaal waardeloos bent, dat je goed bent in sport, of slim bent en ontwikkeld, beschaafd en sociaalvoelend, dat je kunt liefhebben en zorg dragen voor degenen die je liefhebt. Maar als de geliefde je in de steek laat, of je bent te lang alleen zonder liefde en erkenning, dan kan ineens dat gevoel van waardeloosheid de kop opsteken, en van angst, minderwaardigheid en misluktheid. Op dat moment heb je totaal niets aan de wetenschap dat je best een goed en aardig mens bent, want het gevoel van zelfafwijzing is gewoon veel sterker. Dát is je negatieve geloof en de kern van je zelfbeeld.

Het is heel belangrijk dat je dit negatieve geloof leert benoemen. Je hoeft het niet te leren kénnen, want je kent het al, je hebt het in je leven al vaak genoeg gevoeld, of de angst gevoeld om het te gaan voelen, dus je weet waar we het over hebben. Maar omdat je ook altijd heel erg je best hebt gedaan om ervoor weg te lopen, om het bedekt te houden met de andere aspecten van je zelfbeeld, is het goed om nu een begin te maken met het niet weglopen ervoor, met je aandacht erop te gaan richten. Ga in gedachten terug naar de crises in je leven, naar momenten van verlating en eenzaamheid, of toen je iets heel dierbaars kwijtraakte, of toen iets heel belangrijks mislukte. Probeer eens of je dat diepe zelfafwijzende gevoel in een paar woorden kunt benoemen. Hieronder staat een lijst van de meest voorkomende omschrijvingen van het negatieve geloof. Misschien vind je er een of enkele die goed passen bij de manier waarop jij jezelf soms afwijst. Als het niet lukt, streep dan eerst alle omschrijvingen weg die het volgens jou niet kunnen zijn. Als je er een of enkele gevonden hebt, blijf dan even rusten in het besef dat dit het geloof is dat je ten diepste over jezelf hebt, ook wanneer je het niet voelt.

ik ben waardeloos
ik ben stom
ik ben slap
ik ben zwak
ik ben slecht
ik ben een egoïst
ik ben onbetekenend
ik ben gewoontjes
ik ben niet goed genoeg
ik ben een mislukking
ik ben een loser
ik ben onopvallend
ik ben middelmatig
ik ben laf
ik ben lui
ik ben niks
ik ben raar
ik ben lelijk
ik ben minder
ik mag er niet zijn
ik doe er niet toe
ik hoor er niet bij
ik ben tot last

Heb je er een of enkele gevonden? Gefeliciteerd! Dit is de illusoire basis van je illusoire identiteit. De term illusoir betekent hier overigens niet dat de ellende die eruit voortvloeit niet echt heel werkelijk aanvoelt. Het betekent alleen dat het niet betrekking heeft op wat je werkelijk bent, maar op wat je geleerd hebt te geloven wat je bent.

Nu je de basis van je identiteit gevonden hebt, stel ik je voor om de spiegeltest te doen en van deze misschien wel interessante theorie een werkelijke ervaring te maken. In mijn vorige boeken stond deze opdracht ook en ik heb er al veel bijzondere reacties op ontvangen. Verderop in dit boek licht ik de spiegeltest toe, maar je moet hem voor die tijd al gedaan hebben.

Dit is de spiegeltest: ga voor een niet al te kleine spiegel staan. Zorg dat je alleen bent en niet gestoord kunt worden. Kijk naar je spiegelbeeld zonder positieve of negatieve bedoelingen, dus zo neutraal mogelijk. En spreek dan hardop je negatieve geloof uit, zonder inleiding of verklaring, zonder vergoelijking of veroordeling, zonder verpakking of vertoon, zonder enige andere tekst eromheen, gewoon alsof het een simpel feit is: ik ben stom, ik ben waardeloos, ik ben zwak, of wat dan ook jouw negatieve geloof is. En kijk dan aandachtig zowel naar je spiegelbeeld als naar je binnenwereld. Probeer het eens; laat deze kans op een bijzondere ervaring niet lopen! Blijf daarna nog even rustig bij jezelf op een plekje waar je alleen en op je gemak bent. Succes!

3
De tweede laag van onze identiteit: de basisregels

Alles is illusoir behalve goedheid
Anonieme boeddhistische spreuk

De kern van onze identiteit is dus het negatieve geloof, onze zelfafwijzing. Het is door deze zelfafwijzing dat onze ware natuur, die volmaakt is in zichzelf, voor ons onzichtbaar blijft en we verstrikt raken in negatieve aannames over onszelf. Dit is de eerste laag van versluiering van onze natuurlijke staat van zijn (zie afbeelding 1 op bladzijde 7). Maar het is een pijnlijke en angstige versluiering, waar we een sterke aversie tegen hebben. Uit deze aversie vloeit de rest van onze identiteit voort, die weer moet dienen als bedekking van deze pijnlijke zelfafwijzing, als middel om die niet te voelen. Hier ontstaat de ontkenning van de ontkenning: we weten niet eens meer dat er een natuurlijke staat is waar we van vervreemd zijn, we willen alleen af van dat pijnlijke gevoel van ontoereikendheid en waardeloosheid.

De eerste afdeklaag van onze identiteit, het negatieve geloof, wordt vervolgens weer bedekt door een tweede laag. Die wordt gevormd door alle basisregels en -voorwaarden waaraan we moeten voldoen om ons wél goed en waardevol te mogen voelen. Het voldoen aan deze condities levert ons liefde en erkenning op van anderen en voorkomt hun afwijzing. De eerste regels die we leren zijn de gebruikelijke opvoedingscondities: je moet braaf zijn, je mag niet stout zijn, je moet gehoorzaam zijn, je mag niet kwaad zijn, je moet lief zijn, je moet je best doen, je mag niet lui zijn, je moet goede resultaten halen, je mag niet liegen, je moet eerlijk zijn, je moet sterk zijn, je mag niet zwak zijn, enzovoort. Deze condities blijven meestal een leven lang geldig, er komen er in de loop der jaren alleen maar bij. Zoals in de puberteit: je moet sexy zijn, je mag niet gek doen, je moet erbij horen, je moet cool zijn, je mag je niet uitsloven. Voor volwassenen komen er nog meer regels: je moet succesvol zijn, je moet meer geld verdienen, je moet een leuke baan hebben, je moet gezond leven, je moet een leuke relatie hebben, je moet sociaalvoelend zijn, je mag niet falen, je mag niet egoïstisch zijn, je mag niet onzeker zijn, enzovoort.

Misschien zul je tegenwerpen dat veel van die regels toch ook wáár zijn, dat het toch echt beter is om niet egoïstisch en wel sociaalvoelend te zijn? Jawel, maar als we voor de keuze komen te staan om ons aan zo'n geldige regel te houden óf om een dreigende afwijzing te voorkomen, dan kiezen we meestal voor het laatste. Kijk maar naar het volgende voorbeeld:

Je staat met een collega in de lift, je wisselt een beleefde ochtendgroet, en je merkt dat de ander een vreselijk stinkende adem heeft. Zowel de regel dat je eerlijk moet zijn als de sociaalvoelende regel dicteert hier dat je hem discreet op zijn stinkende adem wijst zodat hij er iets aan kan doen en andere collega's of cliënten er geen last van zullen hebben. Toch zullen de meeste mensen in deze situatie er het zwijgen toe doen, omdat de angst voor afwijzing door die collega zwaarder weegt dan de op zichzelf waardevolle regel van de eerlijkheid en de sociaalvoelendheid. Sommigen zullen misschien niet zozeer weerhouden worden door de angst voor afwijzing, maar eerder door de angst dat de ander zich afgewezen voelt. Dit is echter een projectie van je eigen angst voor afwijzing. Kijk maar: waarom vind je het vervelend als de ander zich afgewezen zou voelen? Omdat jij je daar dan schuldig over zou voelen en dat is een zelfafwijzing. In hoofdstuk 8 zal het verschijnsel projectie verder uiteengezet worden.

Ik beweer hier dus niet dat angst voor afwijzing de enige motivatie is waarmee we de dingen doen in dit leven. Natuurlijk hebben we ook authentieke altruïstische motieven. Ik wil alleen duidelijk maken dat die angst voor afwijzing een soort filter is waar alle andere motieven doorheen moeten. Hoe altruïstisch een voorgenomen daad ook is, als er tevens een angst voor afwijzing mee opgewekt wordt, zal men meestal de veilige weg kiezen en niet de afwijzing riskeren. De behoefte aan een altruïstische daad kan dan altijd nog op een andere manier vervuld worden.

Hoe werkt deze tweede laag van onze identiteit? Zolang we ons aan al die aangeleerde regels zouden houden is er niets aan de hand. Zolang we braaf zijn, ons best doen, geen slechte dingen doen, anderen helpen, vriendelijk zijn voor iedereen, voelen we ons tamelijk veilig voor afwijzing en zelfafwijzing. Zodra we echter een of meer van die regels overtreden of het zelfs maar overwegen, komt er een innerlijke stem in actie die ons waarschuwt en dreigt met afwijzing. Deze stem wordt wel onze innerlijke criticus genoemd, en in sommige psychologische stromingen het superego. Als we deze tweede laag van basisopvattingen beschouwen als de wet waar we ons aan moeten houden, dan is de innerlijke criticus de rechter of de politie die voor de handhaving van die wet zorgt. De straf waarmee de rechter dreigt is ons negatieve geloof: als je niet aan deze conditie voldoet, dan ga je je waardeloos voelen. Als je nu niet opkomt voor jezelf (bij de bakker als er iemand voordringt) dan ben je een slappeling. Als je nu tegen je collega zegt dat zijn adem stinkt, dan gaat ie zich vreselijk gekwetst voelen en ben jij dus een botterik die anderen kwetst.

Zo worden we door onze innerlijke criticus op het rechte pad gehouden. Het rechte pad? Nee, het veilige pad, het pad dat het minste risico geeft op afwijzing door anderen of zelfafwijzing. Alleen hoe veilig is dat veilige pad? Stel je eens voor dat je op een feestje bent, en je voelt je opperbest. Ineens komt het idee in je op om voor iedereen een zelfgemaakt lied te zingen. Je twijfelt, je innerlijke criticus roert zich en dreigt met de zelfafwijzing dat je een aansteller bent die alle aandacht naar zich toe wil trekken. Of hij dreigt met de afwijzing van anderen: ze gaan je uitlachen of nog erger: volkomen negeren. Je zucht, neemt nog een glas wijn en stelt het hele idee nog maar even uit. Is nu de rust in je geest weergekeerd? Helemaal niet, want nu roert de innerlijke criticus zich met weer een ander oordeel: 'Wat ben je toch een schijterd, wees toch eens spontaan.' Kortom, er is een *no-winsituatie* ontstaan: wat je ook doet, er is (angst voor) afwijzing. Dit komt omdat de basisopvattingen in de tweede laag van onze identiteit niet onderling consistent zijn. Kijk maar, hier zijn enkele van die tegengestelde of schijnbaar tegengestelde regels:

ik moet sterk zijn	/ *ik moet me kwetsbaar opstellen*
ik moet de leiding nemen	/ *ik moet bescheiden zijn*
ik moet een slim antwoord geven	/ *ik mag niet arrogant zijn*
ik moet assertief zijn	/ *ik moet vriendelijk zijn*
ik moet spontaan zijn	/ *ik moet mezelf onder controle houden*
ik moet onafhankelijk zijn	/ *ik moet me verbinden aan anderen*
ik moet mijn vrijheid bewaken	/ *ik moet commitments aandurven*
ik moet gezond zijn	/ *ik moet genieten van het leven*
ik mag niet liegen	/ *ik mag anderen niet kwetsen*
ik moet anderen helpen	/ *ik moet ieders privacy respecteren*

Valt je iets op in de bovenstaande tegenstellingen? Er zit een tendens in dat de regels in de eerste kolom vooral gericht zijn op het voorkomen van zelfafwijzing, terwijl de regels in de tweede kolom vooral dienen om te voorkomen dat ánderen je afwijzen. Als je liegt, voel je jezelf waardeloos, maar als je eerlijk bent en daardoor iemand kwetst, wijst de ander je af. Waar je in dat geval eigenlijk bang voor bent is het waardeloze gevoel dat je zult hebben als de ander jou afwijst of zich gekwetst voelt. Die angst is dus eigenlijk op een dieper niveau ook angst voor de kans op zelfafwijzing.

Als je bijvoorbeeld ziet dat iemand verdriet heeft, voel je misschien de behoefte om te troosten of te helpen. Maar tegelijk voel je een beetje angst dat de ander zich opgelaten zal gaan voelen door jouw aandacht. Er is dus zowel een spontane behoefte om jezelf te uiten, als de angst dat de ander jouw spontane uiting zal afwijzen. Zo zorgt de tweede laag van onze identiteit voor een spanningsveld waarin we haast nooit zorgeloos kunnen zijn. We moeten altijd op onze hoede zijn om (zelf)afwijzing te voorkomen. Het is een volstrekt uitzichtloos streven: doen we het wel, dan is er angst voor afwijzing, doen we het niet, dan is er zelfafwijzing. Iedere keer dat we het een (afwijzing door anderen) succesvol vermijden, houden we het ander (zelfafwijzing) in stand en versterken het zelfs. Zodra we op dat pad van vermijding terechtgekomen zijn, moeten we voortdurend blijven voldoen aan al die tegenstrijdige regels in de tweede laag van onze identiteit.

Het gaat net zo als wanneer je een geheime minnaar hebt: elke dag dat je het niet aan je partner vertelt, maakt het moeilijker om het de volgende dag wel te vertellen. De eerste oneerlijkheid verplicht je tot een voortdurend toenemende opeenstapeling van oneerlijkheden. Het is de angst voor afwijzing en verlies van eigenwaarde die ons dwingt om die kunstmatige identiteit in stand te houden. Het is net als bij een verslaving: zodra je begint met het gebruik van een middel ter bestrijding van je negatieve gevoelens, word je er gaandeweg steeds afhankelijker van, en moet je het wel blijven gebruiken, anders ga je je nog slechter over jezelf voelen. En over die afhankelijkheid ga je je ook steeds slechter voelen. Zowel gebruik als onthouding levert meer negatieve gevoelens op. Dat is een verslaving: een probleem dat steeds erger wordt door de 'oplossing' die we ervoor gekozen hebben. Het meest fundamentele probleem is ons geloof in de eigen onvolkomenheid en waardeloosheid. De 'oplossing' is een geconstrueerd positief zelfbeeld op basis van liefde en erkenning van anderen. Dit geconstrueerde zelfbeeld, ook wel 'ego' genoemd, is onze meest fundamentele verslaving. Kunstmatige eigenwaarde is de roes die we najagen. Liefde en erkenning van anderen zijn de drugs die we niet kunnen missen en waar we alles voor overhebben.

De tweede laag van onze identiteit vormt als het ware een omkering van de richting waarin de geest kijkt: door de overtuigende illusie van waardeloosheid, van niet goed genoeg zijn, van stom, slap of slecht zijn, keert de geest zich van zijn eigen natuur af, en richt zich naar buiten, op de ander, in de eerste plaats natuurlijk op de ouders. Die worden nu de leveranciers van veiligheid, liefde en erkenning, en de kinderlijke geest is maar wat graag bereid om zichzelf te verloochenen en het de ander naar de zin te maken, in ruil voor die vrijwaring van angst en zelfafwijzing. Maar hoe ironisch: door die zelfverloochening wordt de illusie juist versterkt. De pijnlijke illusie van waardeloosheid en afhankelijkheid krijgt door het wegvluchten ervoor steeds meer schijn van werkelijkheid, wordt als het ware hard gemaakt door de angst ervoor. Door te buigen voor die innerlijke rechter, die geïnternaliseerde stem van onze ouders en andere opvoeders, geven we telkens onze autonomie op, verliezen we telkens opnieuw onze natuurlijke en spontane staat. In het boeddhisme wordt deze situatie toegelicht met het volgende voorbeeld:

Stel je voor, je komt thuis in de schemering, en ziet in de hoek van de kamer een giftige slang liggen. In werkelijkheid is er helemaal geen slang, maar ligt er een slordig achtergelaten stuk touw dat je aanziet voor een slang. In paniek ren je naar buiten en gooi je de deur achter je dicht. Je durft nooit meer terug naar binnen. Zo is onze existentiële situatie.

De hoofdpersoon in dit voorbeeld maakt hier in feite drie vergissingen, die elk in toenemende mate ellende veroorzaken:

De eerste vergissing is het niet herkennen van het stuk touw als een stuk touw. Dit is onze onbekendheid met wie of wat we in werkelijkheid zijn, met onze natuurlijke staat van zijn.

De tweede vergissing is het waarnemen van een levensgevaarlijke slang. Dit is onze misvatting dat we in wezen verkeerd zijn, dat we stom, slap of slecht zijn, niet goed genoeg, kortom waardeloos.

De derde vergissing is gevolg geven aan de angst voor de slang en naar buiten rennen. Dit is het wegvluchten voor onze negatieve gevoelens over onszelf en het zoeken naar liefde en erkenning van anderen. Dit is de ernstigste vergissing, want daardoor wordt het onmogelijk om de vorige vergissingen te doorzien. Zolang we liefde en erkenning van anderen blijven zoeken, houden we de illusie in stand dat we zonder die liefde niet waardevol zijn, niet goed genoeg, waardoor we weer de drang versterken om die erkenning buiten onszelf te zoeken. Het is een vicieuze cirkel en de hoofdoorzaak van alle andere contraproductieve reflexen in ons leven. Zoals die man of vrouw in India heel zijn leven in zijn tuin blijft wonen uit angst voor de vermeende slang in zijn huis, zo zijn ook wij vervreemd van onszelf, durven we niet bij onszelf thuis te komen, uit angst voor onze vermeende waardeloosheid en ontoereikendheid. Deze negatieve gevoelens zijn niet echt wáár, hebben geen betrekking op wat we in werkelijkheid zijn, maar op wat we geleerd hebben te denken over onszelf.

Onze werkelijke of natuurlijke staat is volmaakt in zichzelf, overlopend van liefde en goedheid. Er vloeien eigenschappen uit voort als eerlijkheid, kracht, spontaniteit, creativiteit, compassie en nog veel meer. Misschien dat je dit als een vorm van *wishful thinking* beschouwt, als een positief in plaats van een negatief geloof? Dat is het in wezen niet; verderop in dit boek geef ik daar de onderbouwing van.

In dit stadium is het echter beter dat je eerst de vergissing goed leert kennen voordat je je verdiept in de werkelijkheid erachter. Anders kun je in die new-age-valkuil terechtkomen en van de werkelijkheid, je eigen fundamentele goedheid, toch weer een positief geloof maken, als de zoveelste bedekking van je negatieve geloof. Daar schiet je niet veel mee op, het belemmert je eerder in het ontdekken van je natuurlijke staat. Zie je: geloven dat je in wezen goed bent, helpt je misschien soms wel om je beter te voelen over jezelf. Maar telkens als je je dan toch weer waardeloos voelt, keert dit positieve geloof zich heel erg tegen je en versterkt het je zelfafwijzing. Pas als je je volmaakte natuurlijke staat realiseert, je werkelijke staat van zijn voorbij je zelfafwijzing, pas dan is het bestand tegen negatieve gevoelens. Maar tot die tijd herkent je geest zijn eigen natuur niet, meent in plaats daarvan een onvolmaakte natuur te zien, een tekortschietende, minderwaardige essentie, en keert zich af van zichzelf om dat pijnlijke besef te ontvluchten en bij anderen die liefde en veiligheid te zoeken die het zelf meent te ontberen. Waardoor het geloof in de eigen negatieve natuur dus weer in stand gehouden wordt. Zie je zowel de tragische als de humoristische kant hiervan? Tragisch is het zolang we volledig verstrikt zitten in deze zelfgeschapen beknelling. Maar het wordt leuk als we de misvatting beginnen door te krijgen.

Een andere vergelijking uit het boeddhisme is die van een bedelaar die in een oud krot woont en elke dag moet gaan bedelen voor zijn levensonderhoud terwijl hij niet weet dat onder zijn hut een enorme kist met goud begraven ligt. Heel tragisch, nietwaar? Totdat hij die kist met geld ontdekt. Dan wordt het leuk, toch? Zo gaat het ook in dit boek: eerst krijg je alle ellende voorgeschoteld die je heel je leven al probeert te ontvluchten, en daarna zie je dat het allemaal één gigantische vergissing is, een op kosmische schaal totaal uit de hand gelopen grap, maar des te leuker als je hem eenmaal snapt! Dus hou vol, er komen nog een hoop verrassingen!

4
De derde laag van onze identiteit: patronen in denken, voelen en gedrag

*Van al je gekunsteldheden weegt je 'jij-heid' het zwaarst:
Wie met zichzelf bezig is, blijft verre van de waarheid*

Abdoellah Ansari, soefigeleerde
(1005-1089)

De in het vorige hoofdstuk beschreven tweede laag van onze identiteit, de basisregels en condities, wordt gekenmerkt door het zich afwenden van de geest van zijn eigen vermeende tekortschietende natuur en het zoeken van zijn geluk en veiligheid buiten zichzelf.

Het gevolg van die omkering manifesteert zich in de derde laag van onze identiteit: hier heeft de geest het contact met zichzelf helemaal verloren en leeft in een schijnwereld van automatismen en projecties.

Zoals we al zagen houdt de misvatting dat we in wezen niet goed genoeg zijn, in combinatie met de reflex om weg te lopen van dit vervelende gevoel, zichzelf in stand en vormt de basis van al onze andere contraproductieve reflexen. Als kind leren we dag in dag uit oplossingen en oplossinkjes voor grote en kleine angsten voor afwijzing, allemaal strategietjes om die te voorkomen en erkenning te krijgen. De basis hiervan is de behoefte aan zelfbescherming, niet alleen tegen afwijzing, maar ook tegen de angst voor afwijzing. Deze zelfbescherming vindt plaats door gedrag te gaan vermijden of te onderdrukken dat eerder door anderen is afgewezen. Als het kleutertje zingend van levensvreugde met modderschoenen op het hagelwitte Ikea-bankstel begint te dansen, en vervolgens door moeder overladen wordt met verwijten, zal het zich waarschijnlijk afgewezen voelen. Niet alleen de modderschoenen, maar ook de spontane opwelling van levensvreugde wordt nu door het kind geassocieerd met afwijzing. Er ontstaat een neiging om in het vervolg de veilige weg te kiezen en spontane opwellingen te onderdrukken. Het kind leert dus eigenlijk spontane uitingen van de natuurlijke staat te wantrouwen en te onderdrukken, teneinde afwijzing te voorkomen. Zo zie je dat veiligheid en zelfbescherming ten diepste zelfafwijzingen zijn.

Overigens hebben we het hier alleen over veiligheid in de betekenis van bescherming tegen afwijzing. Het is natuurlijk volstrekt in orde om je kind te beschermen tegen fysieke gevaren zoals bijvoorbeeld bij het oversteken van een drukke straat. Alleen de manier waarop ouders dit soms doen, kan wel bijdragen aan de zelfafwijzing van het kind. Laatst fietste ik achter een zenuwachtige moeder die naast haar dochtertje van drie fietste. Het kind leek aanvankelijk veel plezier te hebben aan haar recent ontwikkelde bekwaamheid in het fietsen. Maar in de honderd meter dat ik achter dit tweetal reed, werd het kind overladen met een permanente stroom van dringende waarschuwingen en scherpe verwijten, met een zinderende onderstroom van angst en spanning. Het kind leert hier niet alleen fietsen, maar ook zich net zo angstig en onzeker te voelen over zichzelf als haar moeder. Deze voortdurende bezorgdheid voor nare ongevallen is zo'n mentaal automatisme dat ellende oplevert door de manier waarop je ellende probeert te voorkomen. Nogmaals: er is niks mis met het beschermen van je kind tegen fysieke narigheid, de ellende ontstaat pas als dat gebeurt vanuit angst, geanticipeerd schuldgevoel, en zelfverwijt als er toch iets mis zou gaan.

De derde laag van onze identiteit bevat een rijke schakering aan mechanismen die ons moeten behoeden voor afwijzing. Eén ervan is bijvoorbeeld het zogenaamde *nice guy*-patroon, en ik ben daar zelf een duidelijk voorbeeld van. Ik ben het jongste kind van zes en tevens een nakomertje, mijn broer en vier zussen waren vijf tot tien jaar ouder dan ik. Een van de negatieve overtuigingen die ik in mijn jeugd over mezelf heb aangeleerd is dat ik zwak ben. Als klein kind was dat immers ook zo: in verhouding tot de anderen had ik werkelijk niks in te brengen, iedereen in huis was veel sterker dan ik. Ik herinner me een keer dat ik woedend was op mijn zus vanwege een onterechte beschuldiging, en door haar alleen maar hartelijk werd uitgelachen. Ze riep zelfs jolig: 'Hé jongens kom eens kijken, Jantje is kwaad!' Ik voelde me toen zo machteloos, zo afgewezen, dat in de tweede laag van mijn identiteit razendsnel de regel ontstond 'je mag niet kwaad worden'. Het patroon dat daaruit voortvloeit in de derde laag is vriendelijk zijn en altijd conflicten uit de weg gaan. Als er ook maar enige dreiging ontstaat van een confrontatie, als ik ook maar een begin van boosheid voel, ga ik meteen glimlachen en zet ik mijn meest geruststellende gezicht op. Je snapt dat ik bij de bakker altijd voor de 'vreedzame' oplossing koos en mijn mond hield als er iemand voordrong. Als iemand in mijn bijzijn een vergissing maakte, was ik er als de kippen bij om het goed te praten, zodat de ander maar niet zou denken dat ik kritiek had. 'Sorry dat ik besta, ik zal niet lastig zijn' is de eigenlijke strekking van het nice guy-patroon. Uiteraard wordt hierdoor je eigenwaarde bepaald niet groter, de angst voor confrontaties daarentegen wel, waardoor dit patroon vicieus wordt en zichzelf in stand houdt. Mooi weer spelen is steeds harder nodig om je gevoelens van angst en zwakheid bedekt te houden. Het wordt daardoor dus net zoiets als een verslaving, je voelt je er waardeloos door maar de angst om ermee op te houden is te groot. Het tweede deel van dit boek gaat over hoe je kunt loskomen van dit soort beknellende patronen in je identiteit.

Een ander voorbeeld van een mogelijk patroon in de derde laag van de identiteit is perfectionisme. Op basis van het negatieve geloof 'ik ben niet goed genoeg' is er een regel ontstaan in de tweede laag die zegt: 'je moet succesvol zijn', 'je mag geen fouten maken', of zoiets als 'je bent alleen goed als je resultaten goed zijn'. Daarop ontstaat een dwangmatig patroon van perfectionisme, van niet kunnen ophouden met een klus als het resultaat niet maximaal is. Hoop op erkenning en angst voor tekortschieten voeden deze dwangmatigheid. Als een klus klaar is, is er misschien even tevredenheid en erkenning, maar al snel komen de twijfels: 'Was het wel zo goed, had het niet beter gekund, de mensen die zo tevreden zijn weten eigenlijk niet waar ze het over hebben, een echte deskundige zou zien dat het nep is.' Kortom, langs de achterdeur komt het gevoel weer binnen dat je resultaat niet goed genoeg is, en dus dat jij niet goed genoeg bent. En dat was nou precies het gevoel dat je met je perfectionisme probeerde te bedekken.

Op basis van hetzelfde negatieve geloof kan echter ook een heel andere regel in de tweede laag ontstaan, namelijk 'het is zinloos om je best te doen', waarop in de derde laag een patroon ontstaat van passiviteit, het voor je uitschuiven van klussen en niet afmaken wat je begonnen bent. De strategie van dit patroon is simpel: omdat het resultaat toch nooit goed genoeg is, kun je maar beter voorkomen dat je überhaupt resultaten behaalt. Op die manier kun je tenminste ook niet telkens tekortschieten. Het is duidelijk dat ook hier het middel minstens net zo erg is als de kwaal, enfin, het middel ís eigenlijk de kwaal. Door de angst voor falen uit de weg te gaan middels uitstellen en afstellen, wordt het gevoel dat je niet goed genoeg bent juist versterkt.

Nog een voorbeeld: op basis van het negatieve geloof 'Ik ben waardeloos, ik doe er niet toe' kan in de tweede laag een regel ontstaan die zegt: 'je moet je nuttig maken', waarop in de derde laag het patroon kan ontstaan dat weleens 'helpaholic' wordt genoemd. Mensen met dit patroon moeten altijd klaarstaan voor een ander en hebben een sterke behoefte om nodig te zijn en onmisbaar. Je ziet hier overigens een schijnbare overeenkomst met altruïsme, hetgeen een natuurlijke eigenschap is. Maar het verschil is levensgroot: een helpaholic kan geen nee zeggen, een altruïst kan dat wel. Altruïsme vloeit voort uit natuurlijke eigenwaarde, een helpaholic probeert met zijn behulpzaamheid zijn kunstmatige eigenwaarde op peil te houden. De helpaholic is dus eigenlijk vooral voor zichzelf bezig en sluit zich vaak zelfs af voor de dankbaarheid van anderen. Het uiteindelijke effect van al zijn hulpacties is een gevoel van leegheid en waardeloosheid, van niet erkend worden, van er niet toe doen. Hetzelfde gevoel dus dat hij met zijn hulpgedrag probeerde te ontvluchten.

Er zijn nog veel meer voorbeelden van dit soort derde-laagpatronen en in de rest van dit boek zul je er nog verscheidene tegenkomen. Nu is het belangrijk dat je het algemene mechanisme ziet: angst is de oorzaak, beknelling het gevolg. Alle patronen vloeien voort uit onze angst voor afwijzing en het resultaat is altijd méér zelfafwijzing. Elk zelfbeschermend patroon creëert zo zijn eigen noodzaak. Heb je eenmaal een strategie ontwikkeld om erkenning van anderen binnen te slepen, dan zal alleen de gedachte aan het loslaten van dit patroon al angst voor afwijzing opleveren. En telkens als de strategie faalt en de erkenning van anderen uitblijft of omslaat in afwijzing, is er onmiddellijk weer dat diepe gevoel van waardeloosheid en tekortschieten. Waardoor we nog meer ons best gaan doen, of soms juist wanhopig alle pogingen tot het krijgen van erkenning opgeven en een tijdlang bekneld blijven zitten in een negatief zelfbewustzijn. Zo'n crisis leidt soms tot verslaving, of depressie, of zelfs suïcide. Zie je: het is zo'n pijnlijke vicieuze cirkel, zo begrijpelijk en zo onnodig! Als je anderen en jezelf op deze manier ziet ronddraaien in die mallemolen van de fundamentele misvatting en het wegvluchten ervoor, krijg je dan niet al een beetje een vertederd gevoel?

5
De vierde en buitenste laag van onze identiteit: het imago

Wie zou je zijn zonder de gedachte dat je indruk moet maken?

Byron Katie

De eerste misvatting van onze geest is het niet herkennen van zijn eigen zuivere volmaakte natuur. In plaats daarvan menen we dat onze natuur onvolmaakt is: afhankelijk, zwak, stom, slap of slecht, kortom, we ontwikkelen een bijzonder pijnlijk negatief zelfbewustzijn (eerste laag van onze identiteit). Onze reactie daarop – aversie tegen dit negatieve zelfbeeld – brengt ons nog verder van huis: we proberen via liefde en erkenning van anderen het gevoel van waardeloosheid kwijt te raken. Dat lukt telkens hoogstens maar eventjes, waarna het negatieve geloof en de aversie ertegen alleen maar toegenomen zijn. We leren een heleboel regels die ons de weg wijzen naar liefde en erkenning van anderen (tweede laag van de identiteit), en ontwikkelen een scala aan automatismen en patronen, kortweg trucjes, om die liefde en erkenning in de wacht te slepen (derde laag).

Deze hele gelaagde constructie, die we beschouwen als ons 'zelf', is per definitie instabiel. Dat heeft twee redenen: ten eerste heeft ze niet de werkelijkheid als basis maar een illusie, namelijk het negatieve geloof. Ten tweede zijn de bedekkingen van die illusie zo vluchtig als gevoelens nu eenmaal zijn: ze moeten elke dag, elk uur opnieuw ververst worden, anders schijnt de zelfafwijzing er algauw weer doorheen. Kijk maar, het ligt zo voor de hand: hoe lang geeft een nieuwe auto je het gevoel geslaagd te zijn in het leven? Na een paar maanden is het effect uitgewerkt. Hoe lang voel je je gewaardeerd na een complimentje van je baas? Als je een paar weken niks van hem hoort, of na een paar jaar nog steeds geen promotie hebt gemaakt, ga je aan jezelf twijfelen. Hoe lang voel je je bemind na een vrijpartij met je liefje? Als ze een paar weken of misschien een paar maanden geen zin heeft, ga je aan jezelf twijfelen. Hoe lang voel je je goed als je helemaal alleen bent en niks omhanden hebt? Na een paar minuten of een kwartier bel je iemand of zet je de tv aan. Kortom, hebben we eenmaal een negatief zelfbewustzijn ontwikkeld, en ons geluk afhankelijk gemaakt van de erkenning van anderen, dan moeten we voortdurend energie blijven steken in het in stand houden van deze aan anderen ontleende eigenwaarde. Dit is de reden dat ons 'zelfgevoel' geen permanente zekerheid geeft, maar juist een fundamenteel gevoel van onzekerheid. Om die onzekerheid te ontkennen en aan de instabiele zelfconstructie toch nog een schijn van stabiliteit te geven, zit er nog een vierde laag omheen: het imago.

Het imago is het beeld dat we willen dat anderen van ons hebben. Het is een geïdealiseerde constructie die een schijn van zelfverzekerdheid probeert te creëren. Het is de afscherming voor anderen van onze innerlijke heksenketel van angsten en bedekkingen van angsten. Het is de buitenste schil van onze identiteit die ervoor zorgt dat anderen ons zien zoals we onszelf graag willen zien en vooral dat anderen niet zien waarover we ons onzeker voelen. Het is de grote met-mij-is-alles-dik-voor-mekaar-show en iedereen speelt hem dag in dag uit. Ga maar eens na bij jezelf welke imagotrucjes je gebruikt. Hier volgen wat vragen om je zelfonderzoek op gang te helpen: als je een nieuwe kennis, vriend of vriendin op bezoek krijgt, loop je dan nog even je kamer door met een kritisch oog of het niet te rommelig is (of juist te netjes)? Leg je misschien dat ene interessante boek zichtbaar op een tafeltje omdat je wilt dat de ander weet dat je zulke hoogstaande literatuur leest? Of stop je die waardeloze prulroman achter in de kast omdat je je er een beetje voor geneert dat je die troep leuk vindt om te lezen? Check je nog even of je haar netjes zit (of – als je een imago gebruikt van jeugdige nonchalance – of het wel warrig genoeg zit)? Dit zijn allemaal aspecten van je imago. En als je in gezelschap bent, vooral van nog onbekende mensen, welke indruk wil je graag maken? Die van vriendelijke, zelfverzekerde professional? Van de sterke en doortastende 'doener'? De scherpzinnige en mooie zakenvrouw? De lieve en geruststellende warme gastvrouw?

En kijk ook eens met deze imagoblik naar andere mensen. Ga eens op een terrasje zitten en kijk naar al die grappige mooie imago's die voorbijkomen: de onverzorgde *nerd*, de chique dame met schoothondje, de klusjesman met een potlood achter zijn oor, het meisje van zestig, de gladde zakenman, het groepje jonge giechelmeiden, de ideale schoonzoon, de zwerver met zijn afgezakte broek, de sexy lady; de voorraad is onuitputtelijk. En onderzoek nog eens nauwkeurig welk uiterlijk jij kiest en welke indruk jij probeert te maken op anderen. Welke kleren jij het liefst draagt in het openbaar, welk gedrag je meestal gebruikt als je in een nieuwe situatie bent met onbekenden, zoals op een receptie. Ben je de vlotte prater die nooit alleen is, of de kat-uit-de-boom-kijker die met een glas in de hand geboeid naar een houtsnede staat te kijken? En in je contacten met vrienden of vriendinnen: ben jij de prater of de luisteraar, ga je dieper in op de vragen of ben je een vlotte wegwuiver van problemen? Neem je de leiding of volg je liever? Vertel je over je belevenissen of hoor je liever die van anderen? Maar let op: wijs jezelf bij dit zelfonderzoek niet af. Je hoeft niets aan jezelf te veranderen, kijk gewoon met humor en zonder oordeel naar wat je doet. Als je zou proberen je imago te bestrijden, creëer je alleen maar een nieuw imago, bijvoorbeeld dat van de spiritueel ontwikkelde persoon die geen imago meer nodig heeft. Een imago van egoloosheid is een tegenstelling in zichzelf en kan je alleen maar veel ellende opleveren.

Onze identiteit of ego is dus niet een enkelvoudig ding, maar is samengesteld uit verschillende lagen die onderling van elkaar afhankelijk zijn en elkaar versterken. Er is geen wetmatigheid die bepaalt welk negatief geloof leidt tot welke basisregels, en hoe die weer leiden tot een bepaald patroon en imago. Vanuit het negatieve geloof 'ik ben stom' kan bijvoorbeeld de basisregel 'leren is heel belangrijk' ontstaan, met als gedragspatroon de zich uitslovende leerling die probeert afwijzing door leerkrachten te voorkomen. Zo iemand kan dan het imago van de bolleboos of studiebol ontwikkelen. Maar het is evengoed mogelijk dat op basis van hetzelfde negatieve geloof de basisregel 'je moet handig zijn' aangeleerd wordt, met als gedragspatroon het zoeken naar erkenning als probleemoplosser. Zo iemand ontwikkelt dan het imago van de klusjesman. De eigenaar van de hobbyzaak waar ik vroeger kwam, zei bij het afrekenen tegen elke klant: 'Zo, dat is ook weer opgelost.' Hij genoot van zijn werk, behalve als je iets nodig had wat hij niet in huis had, dat deed hem duidelijk pijn.

Ten slotte kan op basis van nog steeds hetzelfde geloof 'ik ben stom' ook de basisregel 'studeren is voor sukkels' ontstaan, waar vervolgens een gedragspatroon uit groeit van verzet tegen elke situatie waarin je voor stom aangezien kunt worden. Daarbij past het imago van de rebel die alle gevestigde opvattingen veroordeelt. Maar het imago van de rebel kan ook ontstaan vanuit een heel ander negatief geloof, bijvoorbeeld 'ik ben zwak', plus de basisregel 'je moet slimmer zijn dan de rest om je zin te krijgen' en een gedragspatroon van sjoemelen.

Er zijn enorm veel factoren van invloed op de ontwikkeling van de verschillende lagen van onze identiteit. De belangrijkste zijn natuurlijk de identiteit van onze ouders en andere opvoeders. Andere belangrijke invloeden zijn het sociale milieu, de samenstelling van het gezin en de rest van de familie, bepaalde traumatische ervaringen tijdens de jeugd, de aard van de relatie tussen beide ouders, de sfeer op school, enzovoort. Al die verschillende invloeden volgen wel hetzelfde basispatroon:

1 Door afwijzing van onze natuurlijke volmaakte eigenschappen ontstaat de illusie van tekortschieten, een pijnlijk negatief zelfbewustzijn.
2 Hiervan vluchten we weg door aan regels te voldoen die erkenning geven van anderen of ten minste afwijzing door anderen dienen te voorkomen.

3 Daaruit vloeien de talloze denk-, voel- en gedragspatronen voort die we, soms bewust maar meestal onbewust, toepassen om erkenning en liefde te veroveren en afwijzing te voorkomen.
4 Het imago is eigenlijk een van die vele gedragspatronen, maar dient tevens om het bestaan van al die andere patronen en automatismen, en de onzekerheid over hun functioneren, aan het oog van anderen en jezelf te onttrekken.

In afbeelding 2 hieronder vind je een schematische weergave van de manier waarop (zelf)afwijzing onze natuurlijke eigenschappen verandert in egopatronen. De kern van de afbeelding is de natuurlijke staat van zijn, waaruit spontaan uitingen voortvloeien van eerlijk-

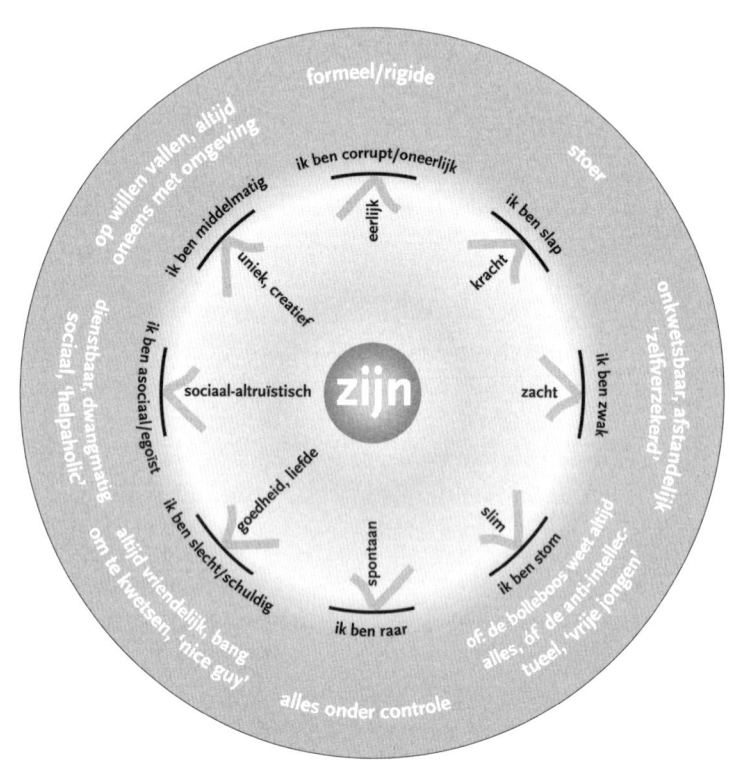

Afbeelding 2: Natuurlijke eigenschappen worden door afwijzing en zelfafwijzing vervormd tot egopatronen (uit: De verslaving voorbij).

heid, zachtheid, goedheid, creativiteit, enzovoort. De vette strepen die dit gebied omsluiten symboliseren de afwijzing of beknelling van deze spontane uitingen. In de zone daarbuiten staat tot welk negatief geloof deze afwijzing zou kunnen leiden. Dit is de zone van de zelfafwijzing. Daaromheen bevindt zich het zelfbeeld dat dient om het negatieve geloof te verbergen. In witte letters staan daarin enkele mogelijke invullingen van het imago. Deze afbeelding pretendeert geen volledigheid. Het zijn eigenlijk schoolvoorbeelden die soms ook in de praktijk voorkomen.

6
Storingen in de ontwikkeling van de identiteit

*Hoe droevig, dat mensen het dichtstbijzijnde over het hoofd zien
en naar waarheid zoeken in de verte:
als iemand die te midden van water dorstig schreeuwt,
als een kind van welgestelden huize dat onder armen leeft.*

Hakuin Ekaku, zenleraar
(1685-1768)

Door de beschrijving van onze identiteit als een opeenstapeling van elkaar bedekkende lagen zou de indruk gewekt kunnen worden dat het ontstaan ervan uitsluitend een chronologisch proces is. Dat is niet het geval. Het is niet zo dat we eerst een negatief geloof ontwikkelen, daarna een voorraad regels en condities aanleggen waaraan we moeten voldoen om liefde en erkenning te krijgen, en pas daarna de gedragspatronen ontwikkelen en ten slotte het imago. Soms lijkt het wel zo omdat kinderen naarmate ze ouder worden hun natuurlijke spontaniteit geleidelijk kwijtraken in ruil voor een steeds solider zelfbeeld. Toch ontstaan de vier lagen van de identiteit simultaan, en alleen de soliditeit van de hele egoconstructie neemt tijdens de jeugdjaren toe en bereikt haar volwassen niveau gedurende de puberteit. Ook kleine kinderen kunnen al in egogedrag vervallen als ze angst voor afwijzing voelen, erbij willen horen, of aan het slijmen of zeuren zijn om iets gedaan te krijgen. Alleen kunnen ze daarna ook weer heel gemakkelijk zichzelf vergeten en opgaan in het spel van dat moment. Pas in de puberteit lijkt de cirkel van zelfafwijzing en angst voor afwijzing zich te sluiten en wordt de identificatie met het zelfbeeld compleet en permanent. Is het soms niet hartverscheurend om te zien hoe onverschrokken en ongegeneerd pubers zich voor hun eigenwaarde overleveren aan de erkenning van anderen? Ze lijken wel spiegels waarin de waan van de dag onbelemmerd gereflecteerd wordt: is de mode in hun vriendenkring kort haar en wijde broeken, dan moeten ze kort haar en wijde broeken. Is de mode lang haar en strakke broeken, dan moeten ze lang haar en strakke broeken op straffe van zichzelf compleet stom en waardeloos te voelen.

Maar denk niet dat we na onze puberjaren veel verstandiger geworden zijn; we zijn alleen maar iets handiger in het ontlopen van bittere teleurstellingen. Nog steeds zijn we volledig gericht op erkenning van anderen, alleen zijn we daarin gemiddeld iets succesvoller dan pubers, iets handiger in het vermijden van al te diepe valkuilen, en iets zekerder van onze strategieën om waardering te oogsten. En bovenal hebben we een steeds beter imago ontwikkeld dat verbergt hoe afhankelijk we zijn van erkenning. Het zet een beeld neer van de autonome, zelfverzekerde man of vrouw van de wereld, een beeld zó goed dat we er vaak zelf in geloven. Totdat we die fijne baan kwijtraken, onze geliefde ervandoor gaat, of we die verschrikkelijke blunder begaan die anderen nadeel berokkent. Dan is daar ineens weer dat diepe gevoel van zwakheid, waardeloosheid, mislukheid of wat dan ook je negatieve geloof is.

Hoewel ons ego een ontstaansgeschiedenis heeft, vindt de mentale constructie ervan elk moment opnieuw plaats. Ego is een reactie, een reflex tot zelfbescherming. Telkens als er zich een situatie aankondigt waarin – hoe vaag ook – onze fundamentele angst of onzekerheid opgewekt zou kunnen worden, gaat het mechanisme werken. De omstandigheden van dat moment werken samen met het momentum van je reacties in vergelijkbare situaties in het verleden. Razendsnel richt je geest zich op de ander en verricht je de veiligheidshandelingen. Kijk maar wat er gebeurt in een tamelijk onschuldige en oppervlakkige situatie, bijvoorbeeld als je een vage bekende tegenkomt op straat in wie je verder geen interesse hebt: je produceert meteen een herkennend glimlachje of een groet, en observeert ondertussen hoe de ander reageert. Verwacht zij een uitgebreidere begroeting? Let op wat er gebeurt als jij al besloten had om door te lopen en de ander blijft staan. Misschien stop je meteen en doe je mee in het spel van vriendelijkheid. Hoe lang duurt het voordat je te kennen geeft dat je geen interesse hebt in nader contact? En gebruik je dan ook een ik-heb-het-druk-en-ik-moet-nu-gaan-smoesje? Ik meestal wel, gewoon uit gemakzucht en uit angst om de ander te kwetsen (en dus uit angst voor mijn eigen schuldgevoel daarover). Maar soms probeer ik openheid en directheid, en zeg ik vriendelijk dat ik geen zin heb om lang te babbelen of om iets af te spreken. Ik besef dat ik de ander daarmee misschien kwets, maar ook voorkom dat ik valse verwachtingen wek, en in een later stadium nog kwetsender zal moeten zijn. Voor mij is het een moment van bevrijding van mijn eigen angstige geest.

De hele mentale constructie van ons zelfbeeld is dus van nature instabiel en vergt voortdurend energie om zichzelf in stand te houden. Toch bestaat er veel verschil in de mate waarin de geest daarin slaagt. Sommige mensen zijn heel bekwaam in het in stand houden van een positief zelfbeeld en anderen veel minder. Sommigen hebben een succesvol of 'gezond' ego, doordat ze erin slagen aan de condities te voldoen waaronder ze zichzelf waardevol mogen voelen. Minder succesvolle ego's slagen daar niet in en gaan dus vaker gebukt onder gevoelens van angst en minderwaardigheid. De reden daarvoor is voornamelijk te vinden in de basisregels in de tweede laag van de identiteit. Als die onhaalbaar zijn of met elkaar in strijd, is dat een bron van beknelling en zelfafwijzing. Als je bijvoorbeeld geleerd hebt dat je nooit fouten of vergissingen mag maken, niet kwaad mag worden en nooit je controle verliezen, dan heb je een probleem, want hoe perfectionistisch het patroon in de derde laag van je identiteit ook is, het zal er nooit in slagen om aan al die voorwaarden te voldoen. Bovendien creëert het perfectionisme zelf weer allerlei nieuwe problemen (bijvoorbeeld te weinig tijd voor ontspanning of voor samenzijn met je geliefden). Het vermijden van zelfafwijzing levert dan zoveel stress en afwijzing van anderen op dat het resultaat per saldo negatief is: hoe harder je werkt om perfect te zijn, hoe dieper je in de put van negatieve gevoelens zakt. Dit leidt vaak tot wat we tegenwoordig burn-out noemen: je brandt volledig af in het vuur van de strijd tegen je angst voor tekortschieten.

Een ander voorbeeld komt zo vaak voor dat we het nauwelijks nog herkennen als een falend ego. Veel mensen, gemiddeld wat meer mannen dan vrouwen, hebben een haast onmogelijke regel in hun identiteit, namelijk dat het hebben van gevoelens verkeerd is. Dagelijks moet ongelooflijk veel energie gestopt worden in het onderdrukken van allerlei gevoelens. De gevoelsarmoede die daar het gevolg van is, moet weer gecompenseerd worden door kunstmatige gevoelens, ook wel 'kicks' genoemd: spanning en sensatie, desnoods met chemische middelen opgewekt. Daardoor worden de natuurlijke gevoelens nog meer onderdrukt. Omdat juist pijnlijke en beknellende gevoelens zich het moeilijkst laten onderdrukken, zorgt deze identiteitsconstructie doorgaans voor veel ellende. In het volgende hoofdstuk wordt dit verschijnsel verder uiteengezet.

Sommige mensen krijgen een heel merkwaardige en zeer ongemakkelijke regel mee, namelijk dat gelukkig zijn egoïstisch is. Een van mijn cliënten, ik noem haar even Angela, had een iets ouder broertje dat in haar jeugd jarenlang leed aan een levensbedreigende ziekte. De ouders leefden in permanente stress en alle aandacht ging naar het broertje. Wanneer Angela vrolijk was, vonden de ouders dat heel egoïstisch van haar, haar broertje kon immers wel doodgaan! Zo leerde ze dat blijheid, en aandacht voor jezelf vragen, slecht is. Mensen met een dergelijke basisregel in hun identiteit moeten heel veel energie stoppen in mechanismen die voorkomen dat er geluk of blijheid ontstaat. Veilig voelt zo iemand zich alleen in een soort grauwe middelmatigheid. Natuurlijk mislukt die strategie af en toe en voelt iemand zich toch even gelukkig, waarop meteen de zelfafwijzing volgt vanuit het negatieve geloof, in de vorm van een hevig schuldgevoel en zelfdestructieve neigingen. Zo is in de identiteit een inconsistentie ingebakken: je mag je alleen goed voelen als je ongelukkig bent.

Een soortgelijk beknellend identiteitspatroon ontstaat soms uit een streng religieuze christelijke opvoeding, wanneer aan meisjes de basisregel bijgebracht wordt dat het slecht is om vrouwelijk te zijn. Dat is verdomd lastig als je vrouw bent, en dus ook een typische *no-winsituatie*. Gedragspatronen zullen er in zo'n geval op gericht zijn uitingen van vrouwelijkheid te onderdrukken, of – in de fase van rebellie tegen de opvoeding – juist overmatig te benadrukken, wat in beide gevallen ellende oplevert.

In al deze ontsporende mechanismen zien we een overkoepelend of 'metapatroon', namelijk de drang tot zelfcontrole. Immers, mijn hele identiteit creëert de illusie dat als ik mezelf niet onder controle houd, mijn kern van slechtheid (het negatieve geloof!) naar buiten komt en schade gaat aanrichten. Deze illusie creëert haar eigen argumenten, kijk maar: eerst is er het negatieve geloof, bijvoorbeeld 'ik ben zwak'. Daarop volgt de basisregel dat ik mezelf onder controle moet houden in zaken die ik lekker vind, bijvoorbeeld alcohol drinken. Het gedragspatroon zal vervolgens energie steken in het afremmen of onderdrukken van de zin in alcoholische drank. Dat wordt gevoeld als een beknelling. De frustratie daarover bouwt zich op en keert zich op een bepaald moment tegen de zelfcontrole. Er ontstaat een bui waarin we tegen onszelf iets zeggen in de trant van 'Ach, wat kan het me ook eigenlijk verdommen, ik doe lekker even helemaal waar ik zin in heb.' Er volgt een uitspatting plus de volgende dag een kater. Op dat moment is er een argument gecreëerd voor een nieuwe ronde van zelfcontrole, een zogenaamd zie-je-wel-argument: 'Zie je wel dat je helemaal de mist in gaat als je jezelf niet onder controle houdt.' Het negatieve geloof in de eigen zwakheid is bevestigd door het mislukken van de poging die zwakheid te bedekken met zelfcontrole.

Hetzelfde gebeurt bij de basisregel dat het verkeerd is om kwaad te worden. Iemand met deze basisregel zal in zijn identiteit allerlei mechanismen hebben om kwaadheid te onderdrukken, bijvoorbeeld door altijd conflicten uit de weg te gaan of met vriendelijke toegeeflijkheid op te lossen. De onderdrukte woede bouwt echter een spanning op, zoals wanneer je een tuinslang aan het uiteinde dichtknijpt. Zodra de spanning groot genoeg is en er doet zich onverwacht iets voor wat de woede opwekt, faalt de controle en knalt de woede er zo heftig uit dat ze de vorm krijgt van drift of agressie. Meteen voelen we ons negatieve geloof van zwakheid en machteloosheid, de controle heeft immers gefaald. De driftbui wordt dus veroorzaakt door de controle op boosheid en creëert tegelijkertijd een zie-je-wel-argument voor het in stand houden en versterken van die controle.

Onhaalbare en contraproductieve regels zijn dus de belangrijkste oorzaak van een falend ego en een meer dan gemiddelde zelfafwijzing. Maar in sommige gevallen ontstaat een falend ego als kinderen stelselmatig onvoldoende erkenning krijgen wanneer ze wél voldoen aan de basisregels in de tweede laag van de identiteit. Veel ouders zijn er als de kippen bij om hun kinderen af te wijzen wanneer ze niet voldoen aan de condities, maar worden zeer terughoudend in het erkennen van hun kind als het daar wel aan voldoet. De achterliggende angst is dat het kind niet meer zijn best zal doen als het de erkenning eenmaal binnen heeft. Om dezelfde reden is het al helemaal zeldzaam dat ouders hun kind zómaar erkenning geven, niet omdat het zojuist voldaan heeft aan een opvoedingsregel, maar gewoon uit liefde en respect. Kinderen worden door deze geremdheid eigenlijk getraind in gebrek aan zelfvertrouwen, nemen als het ware de angst van hun ouders dat ze niet goed zullen functioneren over. Zij zullen er als volwassene dus minder goed in slagen om erkenning en liefde van anderen te veroveren.

Ernstiger wordt het als het kind opgroeit in een situatie waarin haar gevoelens stelselmatig genegeerd worden, en haar grenzen geschonden, zoals bijvoorbeeld bij misbruik of mishandeling. Zo'n kind leert dat haar gevoelens er kennelijk niet toe doen, en dus dat zijzelf er kennelijk niet toe doet. Zelfs de motivatie om überhaupt te streven naar liefde en erkenning van anderen is hiermee behoorlijk ondermijnd.

Een andere oorzaak voor een falend zelfbeeld ontstaat als een of beide ouders hun kind gaan gebruiken als steun voor hun eigen problemen. Als bijvoorbeeld een depressieve moeder haar dochter gebruikt als vriendin en steunpilaar, lijkt die daar in eerste instantie heel blij mee te zijn, ze wordt immers behandeld als een volwassene. Maar ondertussen neemt ze de verantwoordelijkheid op zich voor het geluk van haar moeder. Die wordt echter helemaal niet gelukkiger maar blijft depressief, waardoor de dochter leert te geloven dat haar liefde kennelijk niet goed genoeg is. En als je dát gelooft, geloof je in feite dat je zélf niet goed genoeg bent.

Wanneer een kind opgroeit in een min of meer permanent onveilige situatie, bijvoorbeeld als een van de ouders last heeft van onvoorspelbare driftaanvallen zoals die wel bij alcoholverslaving voorkomen, dan leert het constant op zijn hoede te zijn. Het ontwikkelt daardoor een fundamenteel gevoel van onveiligheid, waardoor het streven naar erkenning en liefde van anderen ernstig belemmerd wordt. Die gevoelens van onveiligheid zijn ernstiger als de onveilige situatie zich op vroegere leeftijd voordeed. Ook couveusebaby's of baby's die langdurig in het ziekenhuis hebben gelegen, ontwikkelen als volwassene vaker dan gemiddeld angststoornissen, en zijn daardoor vaak onvoldoende in staat om een succesvol ego in stand te houden.

Samenvattend ontstaat een falend ego dus door onhaalbare of tegenstrijdige regels in de tweede laag van de identiteit, en doordat te weinig zelfvertrouwen en veiligheidsgevoelens zijn aangeleerd om aan die regels te kunnen voldoen. In feite falen de bedekkingslagen van het negatieve geloof, er vallen geregeld 'gaten' in, waardoor de zelfafwijzing er telkens weer doorheen schijnt. Soms gebeurt dat door een min of meer permanent 'maar eigenlijk'-gevoel bij alles wat je doet: 'maar eigenlijk ben ik niks waard; maar eigenlijk tel ik niet echt mee' enzovoort. Of het manifesteert zich in sombere buien, extreme afhankelijkheid, verslaving, dwangmatigheid of angsten. In de reguliere psychologie spreekt men dan van een neurose, maar eigenlijk is er alleen een gradueel verschil tussen een gezond en een neurotisch ego, namelijk in de mate waarin het erin slaagt zijn fundamentele negatieve zelfbewustzijn te bedekken met erkenning en liefde van anderen. Vanuit een spiritueel oogpunt is het gezonde ego in feite zelfs iets verder van huis dan het neurotische, omdat met het succesvol bedekken van je negatieve geloof ook je natuurlijke staat van zijn dieper onder je identiteit begraven is. Daarover meer in het tweede deel van dit boek. Eerst gaan we verder met het onderzoek naar de misvattingen tijdens de ontwikkeling van onze identiteit, en hoe die ervoor zorgen dat de manier waarop we relaties aangaan tevens oorzaak is van het mislukken ervan.

7
Stagnaties in de groei van het bewustzijn

Haat wordt nooit door haat overwonnen;
Alleen liefde kan haat overwinnen.
Zo is in eeuwigheid de orde der dingen.

Boeddha

Tot nu toe hebben we gekeken naar het ontstaan en de gelaagdheid van onze identiteit, en gezien hoe die identiteit volledig gericht is op het verkrijgen van liefde en erkenning van anderen, als afdekking van ons negatieve geloof over onszelf. Maar onze identiteit is niet statisch, ze verandert in de loop der tijd door de behoefte aan groei van ons bewustzijn en onder invloed van de omstandigheden. De identiteit van een volwassene heeft dezelfde gelaagde constructie als toen hij nog een puber was, maar is toch niet dezelfde gebleven. Dat komt door de neiging van ons bewustzijn zich te willen verruimen, te ontwikkelen naar meer kennis, meer inzicht, meer liefde, meer realisatie. En wanneer die ontwikkeling geblokkeerd wordt door zelfafwijzing, zal ze zich manifesteren in het streven naar meer erkenning, meer bezit, meer genot, meer aanzien, kortom, in een of ander opzicht naar groei.

In de groei van het bewustzijn zien we twee elkaar afwisselende fasen: identificatie en overstijging. Laten we eerst eens kijken naar de ontwikkeling van een baby tot volwassene, en daarin deze twee fasen herkennen. Een baby heeft aanvankelijk geen enkel zelfbewustzijn, hij is als het ware volledig samengesmolten met zijn beperkte ervaringswereld. Dit lijkt een beetje op de eenwording in de hoogste spirituele staat van zijn, maar is daar in feite juist tegengesteld aan omdat de baby zich van deze samensmelting totaal niet bewust is. Hij is een speelbal van zijn eigen beperkte ervaringen van 'fijn' en 'pijn'.

Tijdens het eerste levensjaar ontstaat geleidelijk een bewustzijn van het eigen lichaam en vindt tevens een volledige identificatie ermee plaats: het kind ís zijn lichaam. Je zou kunnen zeggen dat de geest hier zichzelf verliest in zijn eigen lichaam.

Vanaf het begin van de taalontwikkeling, rond de leeftijd van één à twee jaar, ontstaat een eerste besef van een innerlijke wereld, te beginnen met de emoties. Het bewustzijn van het kind identificeert zich dan volledig met de nieuw ontdekte emoties, en krijgt tegelijkertijd enig gewaarzijn van zijn lichaam. Dit gewaarzijn schept als het ware een beetje afstand tussen het 'ik' en het lichaam. Het zelf is niet langer alleen maar lichaam, maar overstijgt dit stadium. Het kind ís niet langer zijn lijf, maar het hééft een lijf.

Op nog iets latere leeftijd ontwikkelt het kind een besef van de rationele processen in de geest en het zal zich dan volledig gaan identificeren met het denkende ik. Daardoor ontstaat enig gewaarzijn van zijn gevoelens. Het is niet langer volledig geïdentificeerd met die gevoelens en in staat ze te overstijgen. Het kind ís niet langer zijn gevoelens, het hééft gevoelens.

We zien dus dat door de identificatie met een hogere staat van bewustzijn de lagere staat het object wordt van dat hogere bewustzijn. Of anders gezegd: wat eerst het 'zelf' was, het subject, wordt door de overstijging ervan vervolgens object van de hogere staat van bewustzijn. Die hogere staat wordt dan het nieuwe 'zelf', het nieuwe subject. Lichaamsbewustzijn ('ik' en 'lijf' zijn één) wordt bewustzijn van het lichaam (ik heb een lijf), terwijl de zojuist ontdekte emoties de rol van 'ik' overnemen ('ik' en 'emoties' zijn één). In een volgend stadium verandert dit 'emotiebewustzijn' in bewustzijn van emoties, terwijl de zojuist ontdekte rationele geest de rol van 'ik' overneemt. En in een nog later stadium van groei – we komen dan op het spirituele vlak –

kan men zich vanuit een hoger bewustzijn losmaken van de identificatie met de eigen gedachtestroom, en dus niet langer zijn gedachten zíjn maar gedachten hébben.

Het bovenstaande is een vereenvoudigde weergave van de in werkelijkheid veel complexere fasen van de groei, maar het gaat hier om de essentie: telkens als de geest zich opent voor een hogere vorm van bewustzijn, zal hij zich daarmee volledig identificeren en kan hij van daaruit de lagere bewustzijnsstaat overstijgen en omvatten. Kán, want meestal gaat het hier geheel of gedeeltelijk mis: de groei van het bewustzijn stagneert, en wel op twee mogelijke manieren.

De eerste vorm van stagnatie vindt plaats als de geest er onvoldoende in slaagt om zich te openen voor een hoger stadium van groei. Meestal zijn angst of diepe gevoelens van onveiligheid er de oorzaak van dat het zelf zich blijft vastklampen aan het huidige stadium van ontwikkeling, en nieuwe, hogere fasen als bedreigend voor zijn bestaan opvat. Stagnatie in de lichamelijke fase leidt tot een soort 'lichaamsnarcisme', stagnatie in de emotionele fase tot egocentrisme en in de rationele fase tot spirituele stilstand: het onvermogen om voorbij de conceptuele geest te komen. De eerste vorm van stagnatie is dus een soort vastroesten in, of helemaal versmelten met de huidige identiteit, waardoor verandering en groei geblokkeerd worden. Ik noem deze vorm voor het gemak 'versmelting'.

De tweede vorm van stagnatie ontstaat als de geest wél openstaat voor een hogere fase in de groei, maar vervolgens de zojuist overstegen fase niet integreert in zijn bewustzijn, maar afstoot. Dit proces wordt dissociatie genoemd. Oorzaak hiervan is het negatieve geloof waardoor elke toename van zelfbewustzijn onmiddellijk verandert in zelfafwijzing. Dissociatie van het lichaamsbewustzijn leidt tot volwassenen die hun lichamelijke gezondheid verwaarlozen, die niet aan sport of beweging doen, of die een hekel hebben aan hun lijf en zichzelf lelijk voelen. Dissociatie van het emotionele bewustzijn leidt tot arrogantie en het onvermogen om gevoelsrelaties aan te gaan. Dissociatie van het rationele bewustzijn kan pas plaatsvinden in een hoger stadium van bewustzijn, bijvoorbeeld door extreme beoefening van bepaalde vormen van conceptloze meditatie, waarin de denkende geest tijdelijk volledig stilgelegd wordt. Kortom, deze vorm van stagnatie leidt tot mensen die belangrijke delen van hun identiteit proberen te onderdrukken, al dan niet met succes. Succesvolle onderdrukking leidt tot een min of meer permanente amputatie van het onderdrukte deel van het bewustzijn. Lukt de onderdrukking niet volledig, dan blijft men verwikkeld in een voortdurende afwijzing van en strijd tegen dit deel van de eigen identiteit.

De twee stagnerende mechanismen, versmelting en dissociatie, blijven ook nadat volwassenheid bereikt is werkzaam. Stagnatie door versmelting is heel moeilijk te zien bij jezelf, omdat de volledige identificatie met een bepaalde staat van bewustzijn elke reflectie erover uitsluit. We zien het gemakkelijker bij anderen, zoals bijvoorbeeld soms bij jonge ouders, die zich zo volledig identificeren met hun nieuwe rol als ouder, dat ze totaal niet openstaan voor enige kritische reflectie op die rol. Soms verliezen ze zelfs het merendeel van hun kinderloze vrienden omdat die het niet volhouden om alleen maar over kinderen en opvoeden te praten. Wie in zo'n 'versmeltingsfase' zit, heeft vanwege het geringe vermogen tot reflectie doorgaans geen twijfel over zichzelf, althans over het versmolten deel van zijn zelfbeeld. Dit moet je overigens niet verwarren met zelfvertrouwen, want dit gebrek aan twijfel is slechts een dwangmatige afscherming tegen de diepe angst voor zelfafwijzing. In moeilijke periodes hebben mensen in de versmeltingsfase de neiging zich slachtoffer te voelen van hun omstandigheden, en zich afhankelijk te voelen van anderen. Een subtielere vorm van versmelting is soms zichtbaar na een intensieve training of workshop waarin de deelnemers bepaalde angsten hebben overwonnen en blokkades doorbroken. Vaak vallen ze dan in de valkuil van de identificatie met hun nieuwe euforische staat van bewustzijn en geloven echt dat ze hun problemen nu voorgoed achter zich hebben gelaten. Als dat na enige tijd niet het geval blijkt te zijn, is de teleurstelling groot, waarna de stagnatie door versmelting vaak meteen verandert in een stagnatie door dissociatie, namelijk van hun verlangen naar groei.

Dissociatie kun je bij jezelf als volgt herkennen: telkens als je een belemmerend patroon of automatisme in jezelf hebt ontdekt, is er een sterke neiging om er vanaf te willen. We zijn er diep van overtuigd dat ontplooiing inhoudt dat 'lagere' psychische automatismen zoals remmingen, afhankelijkheden, verslavingen en dwangmatigheden bestreden en geëlimineerd moeten worden om een beter en gelukkiger mens te worden. Dit is een van de belangrijkste misvattingen waardoor ons ego en dus ons lijden in stand gehouden worden. Ik zal een voorbeeld geven uit mijn eigen rijke ervaring aan stagnaties door dissociatie.

Ik vertelde al dat ik de jongste ben en nakomertje in een gezin met zes kinderen, en onder andere het negatieve geloof 'ik ben zwak' aanleerde. Behalve de basisregel 'je moet lief zijn', die tot mijn nice guy-imago leidde, leerde ik ook de basisregel 'je moet slimmer zijn'. Ik ontwikkelde een sterke ambitie om slimmer te zijn dan de rest, als afdekking van mijn minderwaardigheidsgevoelens. Scherpzinnigheid werd deel van mijn imago: altijd slimme opmerkingen plaatsen en anderen op fouten in hun redenering wijzen. Het patroon dat hier verantwoordelijk voor is, noemen we arrogantie. Andersdenkenden (vooral zij die politiek rechts waren of religieus) werden in woord en geschrift vriendelijk doch genadeloos door mij afgemaakt. Toen ik na mijn grote burn-out met therapie en training begon, werd ik me geleidelijk bewust van dit patroon. Mijn totale identificatie met dit superioriteitspatroon werd voor mij zichtbaar door reflectie vanuit een hogere staat van bewustzijn, namelijk de rationele geest. In dit voorbeeld kun je trouwens ook goed zien dat mijn gebruik van logica en redeneren wel rationeel leek (en daardoor superieur) maar dat in werkelijkheid helemaal niet was. De motivatie erachter was immers slechts een poging om me af te schermen voor mijn minderwaardigheidsgevoelens.

Enfin, zodra ik me bewust werd van mijn eigen arrogantie ontstond meteen een veroordeling ervan en het streven me ervan te ontdoen. Onder invloed van mijn studie van het boeddhisme probeerde ik in feite een nieuw imago aan te leren van de verdraagzame en begripsvolle wijze. Mijn arrogantie werd onderdrukt en een tijdlang dacht ik ervan bevrijd te zijn. Maar op onverwachte momenten stak ze telkens weer de kop op, en merkte ik tot mijn schaamte dat ik soms op anderen neerkeek als religieuze stommelingen of rechtse slechteriken. Pas later zag ik in dat mijn streven om me te ontdoen van mijn arrogantie alleen maar werkte op het uiterlijke vlak. Ik gedroeg me beslist minder arrogant, ontwikkelde zelfs een soort terughoudendheid, werd bijna timide, om maar te voorkomen dat men mij voor arrogant zou aanzien. Ondertussen leefde de arrogantie ondergronds voort, met als ze soms tevoorschijn kwam, ergernis en zelfafwijzing als gevolg.

Misschien heb je zelf ook iets dergelijks ervaren, bijvoorbeeld na een tijdje therapie of training. Je hebt echt je best gedaan om je te bevrijden van bepaalde nadelige of destructieve patronen uit je verleden, en je bent daar tot op zekere hoogte in geslaagd. Maar af en toe blijkt er op een dieper niveau helemaal niks veranderd te zijn, en komt de oude eigenschap die je dacht kwijt te zijn, doodleuk weer de kop opsteken. Dat levert je een teleurstelling in jezelf op: 'ik dacht dat ik dit allang achter me had gelaten' en zelfafwijzing: 'wat stom, slap of slecht van me dat ik dit nog steeds heb'.

De meeste therapieën en trainingen helpen je inderdaad niet veel verder dan te dissociëren van een zelfafwijzend patroon, zonder dat men doorheeft dat hier eigenlijk tevens een meta-zelfafwijzing plaatsvindt (een afwijzing van de zelfafwijzing). En praktisch gesproken levert dissociatie ook best enige verbetering van je situatie: het negatieve patroon richtte veel meer schade aan toen je je er nog niet zo bewust van was, en is door de dissociatie enigszins op non-actief gesteld. Maar tegelijkertijd gaat het fungeren als een soort ballast, alsof je constant een lijk in je koffer meezeult. Je nieuw aangeleerde imago is weliswaar prettiger voor jezelf en anderen, maar het remt tevens verdere ontwikkeling af.

Hoe komt het dat een gedissocieerd patroon een belemmering vormt voor verdere groei? Het lijkt toch heel logisch dat je negatieve patronen zoals arrogantie, jaloezie, afhankelijkheid of verslaving moet elimineren voordat je verder kunt groeien? De vergissing die hier gemaakt wordt is dat we niet zien dat het negatieve patroon eigenlijk een geblokkeerde of verwrongen versie is van een positieve natuurlijke eigenschap. In hoofdstuk 5 zagen we al dat de kwaliteiten van onze natuurlijke staat die tijdens de jeugd afgewezen worden, in een verdraaide vorm terugkeren in het ego. Altruïsme wordt na afwijzing bijvoorbeeld helpaholisme, eerlijkheid verandert in botheid, integriteit in rigiditeit, kracht in stoerheid, en slimheid in arrogantie.

In het voorbeeld van mijn eigen arrogantie veroorzaakte de onderdrukking ervan tevens een blokkade op mijn natuurlijke slimheid. Ik kan me herinneren dat ik in lessituaties geen vragen durfde te stellen uit angst om voor dom aangezien te worden. Ik klampte me dus nog steeds vast aan het imago van 'slimmer dan de rest'. En als de leraar een open vraag stelde en ik wist als enige het antwoord, dan hield ik mijn mond, anders zou iedereen zien hoe trots ik op mezelf was dat ik de slimste was. Zo leverde de strijd tegen mijn arrogantie tevens een blokkade op van mijn intellectuele en spirituele ontwikkeling. In de tweede helft van dit boek vind je de manier om die neiging tot dissociatie te veranderen in integratie.

Op dezelfde wijze kun je bijvoorbeeld zien dat mensen die hun stoerheid proberen te onderdrukken, ook hun kracht beknotten. Of als je in jezelf de dwangmatige neiging tot hulpverlenen gaat bestrijden, ook je altruïsme geblokkeerd wordt. In mijn boek *De verslaving voorbij* heb ik beschreven dat het bestrijden van een verslaving niet alleen die verslaving in stand houdt, maar tevens een blokkade vormt voor de ontplooiing van de erachter liggende spirituele aspiraties. *Het einde van de opvoeding* beschreef hoe ouders die proberen negatieve eigenschappen in hun kinderen te bestrijden, deze daardoor juist versterken en de erachter liggende natuurlijke gevoelens van eigenwaarde die ze willen laten groeien, juist belemmeren.

Kijk eens goed naar de zogenaamde negatieve eigenschappen waar jijzelf van af probeert te komen. En kijk dan eerst naar de beperkte mate waarin je daar maar in slaagt. Kijk ook naar de prijs die je betaalt voor deze poging tot dissociatie en amputatie. Ben je aan het vechten tegen je slapheid en luiheid? Zie dan hoe je natuurlijke behoefte aan zelfexpressie nog verder geblokkeerd raakt. Probeer je af te komen van je behoefte aan oppervlakkige seks? Merk dan hoe je natuurlijke vermogen tot liefhebben steeds verder in de knel komt. Heb je een hekel aan je eigen somberheid? Zie dan hoe je steeds meer vervreemd raakt van je natuurlijke bron van vreugde. Elke poging tot het vermoorden van een deel van je zelfbeeld, hoe beknellend dat deel ook voelt, voegt toe aan de beknelling, en verwijdert je verder van je natuurlijke staat van zijn. Zo kan zelfs het spirituele streven naar verlichting en 'ego-loosheid' volkomen geblokkeerd raken door je pogingen het ego om zeep te helpen. De grote dichter schreef al:

Wat dood is is dood,
maar wat vermoord is leeft voort,
leeft voortaan minder gestoord
dan wat onbestorven leeft.

Martinus Nijhoff
uit: *Het uur U*

Zie je hoe die ene fundamentele vergissing, het niet herkennen van onze volmaakte natuur, aanleiding is tot een reeks van volgende vergissingen? Eerst is er de moeder van alle misvattingen, ons negatieve geloof dat we in wezen ontoereikend zijn en dus niet goed zoals we zijn, maar dat we goed kunnen worden door te voldoen aan allerlei voorwaarden. Vervolgens maken we onze eigenwaarde afhankelijk van de liefde en erkenning van anderen. We ontwikkelen een scala aan automatismen waarmee we die proberen te veroveren, en hun afwijzing te voorkomen. En dit hele ingewikkelde en onzekere spel van trucjes en manipulaties wordt bedekt door een imago van volmaaktheid, door een 'met-mij-is-alles-oké-show'.

In ons streven naar meer geluk ontstaan voortdurend twee soorten stagnatie: versmelting en dissociatie. De angst voor afwijzing leidt telkens tot versmelting met veilige delen van het zelfbeeld, terwijl zelfafwijzing zorgt voor dissociatie met onveilige delen van het zelfbeeld. We roesten vast in onze identificatie met patronen en rollen die ons liefde of erkenning van anderen opleveren, en we proberen ons te ontdoen van aspecten van ons zelfbeeld die we verwerpelijk vinden en dus door anderen afgewezen kunnen worden. In plaats van de rol van bijvoorbeeld moeder of vader te spelen, versmelten we met deze rol, zíjn we moeder of vader. We hébben niet een functie als wetenschapper of bakker, we zíjn wetenschapper of bakker. In het algemeen: we hébben niet gedachten en gevoelens, we zíjn die gedachten en gevoelens.

En als ons bewustzijn zich uiteindelijk dan toch opent voor een hogere en ruimere blik op onszelf, dan komt de andere pool van de fundamentele misvatting in werking: met afschuw kijken we naar die voorbije versmelting en proberen er zo snel mogelijk van af te komen en ons te identificeren met een nieuwe rol die beter past bij het nieuwe bewustzijn. Van de ene versmelting gaan we via de erop volgende dissociatie naar een nieuwe versmelting, alsmaar onszelf vastklampend aan een zelfbeeld dat het geloof in de eigen ontoereikendheid moet verbergen en erkenning van anderen moet opleveren. Kijk om je heen en zie deze dans van misvattingen. Als mensen vastzitten in de versmeltingsfase zie je ze passiever worden, of angstiger, of in een depressie terechtkomen. Als mensen in een dissociatie vastzitten, zie je vooral vluchtgedrag in *sex, drugs and rock and roll*, met als relatief eindstation de verslaving. Versmelting en dissociatie zijn de twee benen waarmee we constant op weg zijn naar liefde en erkenning van anderen, vervreemd van onze eigen natuur. Angst voor afwijzing en zelfafwijzing vormen de twee stokken achter de deur die ons op deze weg houden. Angstneuroses en depressies vloeien voort uit versmelting, schuldgevoelens en verslaving zijn het resultaat van dissociatie.

Onderzoek eens bij jezelf in welke mate je vastzit in een versmelting of een dissociatie. Trouwens, beide tegelijk kan ook, maar dan ten aanzien van verschillende patronen. Je kunt bijvoorbeeld versmolten zijn met je moederrol en tegelijk gedissocieerd van je drang tot rebelleren. Eén manier om jezelf te onderzoeken is door te kijken naar situaties waarin je je bijzonder ergert aan iemand. Als je je ergernis moeilijk kunt benoemen, als je niet goed snapt waarom je je zo ergert aan die persoon, dan is er een kans dat je zelf versmolten bent met hetzelfde patroon als die ander. Als je daarentegen glashelder ziet wat de ander verkeerd doet, bijvoorbeeld in gezelschap alle aandacht naar zich toe trekken, dan is er een goede kans dat je zelf van je neiging tot aandacht trekken gedissocieerd bent. In het algemeen geldt: als je je ergert aan iemands gedrag is dat óf omdat je zelf onbewust ook zo bent (versmelting), óf omdat je zelf heel bewust niet zo wilt zijn (dissociatie).

Tijdens mijn opleiding tot trainer werd ik getraind door iemand aan wiens gedrag ik me regelmatig kapot ergerde: hij kon op een verschrikkelijk dominante en onvriendelijke manier anderen confronteren, waarbij hij zichzelf voortdurend in een superieure positie plaatste. Later zag ik dat hij zonder enige remming juist die eigenschappen gebruikte die ik als nice guy al heel mijn leven in mezelf had weggeduwd. 'Maar,' zul je misschien tegenwerpen, 'was het dan niet wáár wat je zag in hem?' O ja, misschien wel, maar het feit dat ik me er zo aan ergerde was echt een gevolg van mijn dissociatie. Nu ik zelf mijn nice guy-patroon niet meer heb gedissocieerd, maar heb leren integreren in mijn zelfbeeld, stoor ik me ook niet meer zo aan zulke dominante aandachttrekkers. 'Maar,' – nog een mogelijke tegenwerping – 'ben je dan zelf in plaats van nice guy niet een dominante aandachttrekker geworden?' Nee, dat is het mooie als je dissociatie omzet in integratie (waarover meer in deel II): het zelfafwijzende patroon verandert door de integratie ervan weer in de oorspronkelijke en natuurlijke eigenschap waar het een verwrongen versie van was. Het nice guy-syndroom, eenmaal ontdaan van zelfafwijzing en angst voor afwijzing, wordt weer wat het in wezen altijd al was: pure vriendelijkheid!

Mocht zelfonderzoek je duidelijk hebben gemaakt dat je inderdaad versmolten bent met bepaalde patronen en/of gedissocieerd van andere patronen, wees dan niet teleurgesteld in jezelf of boos, maar feliciteer jezelf! Het erkennen van je stagnaties is de eerste en belangrijkste stap om ze te leren integreren. Verderop in dit boek zul je zien dat je helemaal niet hoeft te vechten tegen die zelfafwijzende patronen om ervan bevrijd te raken. Integendeel, het vechten ertegen levert in het gunstigste geval een iets minder negatieve manier op om liefde en erkenning van anderen te krijgen, maar ook dan ben je nog steeds ver verwijderd van het huis van je natuurlijke staat. Meestal levert het echter alleen maar meer zelfafwijzing op, achter een steeds beknellender imago van evenwichtigheid, succes, spiritualiteit, of wat dan ook je streven is. Dus begin met je zelfafwijzende patronen te herkennen met vriendelijkheid: het is niet jouw schuld dat je ze hebt, het is niemands schuld, en bovendien heeft iedereen ze, je bent hierin niet anders dan anderen. Je zelfafwijzende patronen zijn de bouwstenen waarmee op de fundamenten van je negatieve geloof je illusoire zelfbeeld is gebouwd. Het herkennen en erkennen ervan is reden tot feest: je bent bezig terug te keren naar het huis van je natuurlijke staat, waar je tot nu toe niet heen durfde uit angst voor die slang, uit angst voor je geloof dat je in wezen niet goed genoeg bent.

8
De creatie van het lijden

Laat rusten in natuurlijke vrede
Deze uitgeputte geest
Lamgeslagen door karma en neurotische gedachten,
Als door het meedogenloos geweld van de beukende golven
In de oneindige oceaan van samsara

Nyoshul Kenpo, Tibetaans-boeddhistische leraar
(1932-1999)

We hebben tot nu toe gezien dat zelfafwijzing de kern is van ons hele zelfbeeld, de motor achter ons voortdurende streven naar liefde en erkenning van anderen, en de belangrijkste reden waarom we telkens weer gedeeltes van ons zelfbeeld – zodra we ons ervan bewust worden – proberen om zeep te helpen. Het mechanisme van versmelting en dissociatie speelt echter niet alleen een rol bij denk-, voel- en gedragspatronen in onze identiteit, maar ook op een veel subtieler niveau, namelijk bij alle afzonderlijke pijnlijke emoties. Zelfafwijzing is in wezen de oorzaak van alle vormen van mentaal en emotioneel lijden! Zelfafwijzing is de kern van ons ego en daarmee de motor van het vicieuze proces van ellende dat door boeddhisten 'samsara' genoemd wordt. Hoe werkt dit mechanisme? De volgende uitleg over de oorzaak van het lijden is heel belangrijk om jezelf uit dat vicieuze proces te bevrijden. Toch is de uitleg niet bedoeld als een geloof of filosofie die je moet aannemen op gezag van anderen. Je moet zélf deze theorie op juistheid controleren door naar je geest te leren kijken op de manier die verderop in dit boek beschreven wordt. Pas dan gaat deze spirituele kennis ook echt 'werken'.

Wat gebeurt er precies als je lijdt onder een beknellende emotie? Eerst is er een aanleiding die de beknelling oproept, de *trigger* zeggen we tegenwoordig. Dat kan een situatie of een persoon zijn, of de gedachte aan een situatie of persoon, die direct of indirect verwijst naar een pijnlijke situatie in het verleden. Meteen na de trigger komt de beknellende emotie in je op: angst, woede, jaloezie, of wat dan ook. De eerste paar seconden of minuten is er een volledige versmelting met die emotie, je bent er volledig één mee, je bént die emotie. Bij sommige mensen duurt deze versmelting veel langer, ze blijven er als het ware in zitten en handelen uitsluitend vanuit deze emotie. Maar bij veel mensen, vooral zij die door training of therapie al enige zelfreflectie hebben ontwikkeld, ontstaat na korte tijd een besef van de beknelling. Ze zíjn niet langer die emotie, ze hébben die emotie. Dat is op zichzelf een heel belangrijke stap vooruit naar meer spirituele ontplooiing, ware het niet dat die vooruitgang meteen weer tenietgedaan wordt door dissociatie: we komen in verzet tegen de negatieve emotie, we willen die niet voelen, en de geest begint te kolken van alle gedachten en tegengedachten. Helaas, door dit verzet wordt de negatieve emotie alleen maar versterkt, en daardoor worden ook de gedachten weer heftiger, en die versterken op hun beurt de beknelling weer, kortom, je herkent hier weer de vicieuze cirkel van de afwijzing, waardoor dat wat je afwijst juist verergert.

Als je je geest vergelijkt met een bak sprinkhanen, en je pijnlijke emotie is één van die sprinkhanen, die alsmaar door je geest springt, dan kun je onze gebruikelijke reactie op die ene pijnlijke sprinkhaan vergelijken met het schoppen tegen de hele bak. Het resultaat is nog méér pijnlijke sprinkhanen in je hoofd. Dat is hoe we in grote lijnen met onze pijnlijke emoties omgaan. Hieronder volgt een nauwkeuriger beschrijving van de werking van negatieve emoties:

1 De trigger
Eerst is er een omstandigheid of een gedachte die een schijnbare overeenkomst heeft met een pijn uit het verleden. Dit kan een bewuste pijnlijke ervaring van vroeger zijn, of een onbewuste beknellende herinnering, zoals bijvoorbeeld aan je vroege jeugd, toen je natuurlijke spontaniteit werd afgewezen en je moest leren voldoen aan voorwaarden.

2 De identificatie
Onmiddellijk ontstaat er identificatie: er is een ik-gevoel dat zich de herinnering toe-eigent, of anders gezegd, er is een fase van versmelting met de herinnering aan lijden. Hoe vindt deze identificatie met het schijnbare lijden plaats? Door zelfafwijzing. Wat bij aanvang nog een herinnering aan lijden is, en dus slechts een schijn van lijden, wordt werkelijk gemaakt door de bijkomende ervaring van een 'ik' die kennelijk niet goed genoeg is, of stom, of slecht of slap, of wat dan ook je negatieve geloof is.

3 De reactie
Meteen nadat de herinnering aan pijn veranderd is in een werkelijke ervaring van pijn, volgt de reactie. We zetten onmiddellijk alle zeilen bij om van die pijn af te komen om zo snel mogelijk weer te voldoen aan de voorwaarden om ons goed te kunnen voelen. Die pogingen kunnen gericht zijn tegen de persoon of omstandigheid die de trigger was van de pijnlijke herinnering, of tegen jezelf, al naar gelang de patronen die je hiervoor ontwikkeld hebt. Let wel: tot hier is het hele proces nog automatisch, we zijn ons er niet van bewust. Het hoort allemaal bij de versmeltingsfase.

4 De reflectie en de dissociatie
Dan, na korte of langere tijd, afhankelijk van de mate van zelfreflectie die we ontwikkeld hebben, ontstaat er een besef van het hebben van de beknellende emotie. Tegelijkertijd gaat ook de onbewuste zelfafwijzing over naar het bewuste niveau. We zijn ons nu bewust van de beknelling, vinden het heel verkeerd van onszelf dat we daarin terechtgekomen zijn en proberen er zo snel mogelijk weer van af te

komen! Hiermee begint de poging tot dissociatie en de openlijke strijd tegen het beknellende gevoel. En het bizarre nu is dat de beknelling hierdoor alleen maar toeneemt!

De aanvankelijk onbewuste vicieuze cirkel van schijnbaar lijden en identificatie ermee door zelfafwijzing (versmelting) gaat dus via zelfreflectie op een bewust of 'metaniveau' verder als dissociatie. Je herkent het vast wel: in een eerder stadium reageerde je alleen maar op de oorzaak van je ellende zonder dat je daar jezelf bewust van was. Maar zodra er reflectie en zelfbewustzijn bij komen, wordt ook de zelfafwijzing ineens bewust: je gaat het stom vinden van jezelf dat je jezelf stom voelt. Je vindt het slap van jezelf dat je niet assertief bent. Je wordt kwaad op jezelf omdat je je woede niet kunt beheersen. Je hebt een hekel aan jezelf omdat je niet van jezelf houdt. Kortom, je wijst jezelf af voor het hebben van zelfafwijzende gevoelens! Het is beknelling in het kwadraat.

'Ja maar,' werp je misschien tegen, 'dat is toch noodzakelijk! Moet ik dan maar berusten in mijn zelfafwijzing en ermee leren leven?' Nee hoor, dat zou niet eens kunnen: wat eenmaal bewust geworden is kan niet meer terug onbewust gemaakt worden. Zodra je je bewust geworden bent van een zelfafwijzende emotie is de versmeltingsfase voorbij en daar kun je niet naar terug. Groei van bewustzijn is een eenrichtingsweg, en het is prachtig dat dat zo is! Het enige dat we daarna nog moeten leren is niet in de valkuil van de dissociatie te vallen, en in plaats daarvan de weg van de integratie te volgen. Daar gaat de tweede helft van dit boek over.

Maar eerst moet je het hele complexe patroon waarmee we ons eigen lijden creëren, in alle volledigheid zien te begrijpen. Want er is nog een complicerende factor, nog een vergissing boven op alle vorige: na de eerste vergissing, de zelfafwijzing, en daarna de tweede vergissing, het bouwen van een zelfbeeld om die zelfafwijzing te bedekken en erkenning van anderen los te peuteren, en daarna de derde vergissing: het telkens overgaan tot dissociatie na bewustwording van een patroon of een negatief gevoel, volgt er nog een vierde vergissing, die alle andere aan het oog onttrekt, en dat is de projectie van onze gevoelens op anderen en op de omstandigheden.

In de literatuur wordt weleens een soort omgekeerde projectie gebruikt als een middel om bij de lezer bepaalde gevoelens op te wekken door die gevoelens toe te schrijven aan materiële objecten:

Loom en uitgeblust lag daar het Hotel-du-Nord, eens de trots van het provinciestadje, nu ingeklemd tussen een bank en een supermarkt, niets vermoedend van de spectaculaire romance die er diezelfde zomer nog zou plaatsvinden.

Iedereen snapt dat een hotel zich niet loom en uitgeblust kan voelen, noch ooit vermoedens heeft van wat er gaat gebeuren, maar door de omgekeerde projectie worden deze gevoelens bij de lezer opgewekt.

Net zo in deze bluestekst:

*My baby she ain't comin back no more,
and now I'm sitting in my lonely room...*

De man zingt dat zijn kamer eenzaam is, maar in werkelijkheid is hij dat natuurlijk zelf. Iedereen weet dat kamers niet eenzaam kunnen zijn. Toch kun je in je eigen herinnering gemakkelijk nagaan dat als je in een sombere bui bent, het vrolijke lenteweer ineens niet meer zo vrolijk is, de inrichting van je huis eigenlijk nergens op lijkt, en die aardige vriend of vriendin ook behoorlijk tegenvalt. Terwijl omgekeerd, als je in een euforische stemming bent, zelfs het rottigste herfstweer zijn charme heeft, en de meest vervelende collega eigenlijk best wel oké is.

Het projectiemechanisme gaat echter nog veel verder dan alleen stemmingen projecteren op onze omgeving. Bij alle pijnlijke gevoelens projecteren we de oorzaak ervan en dus ook de verantwoordelijkheid ervoor op de persoon of situatie die de trigger vormde voor deze pijn. Kijk maar hoe dat werkt. Je collega zegt: 'Jij bent ook altijd de laatste als er op het werk eens iets extra's gedaan moet worden.' Je voelt je miskend door die opmerking en die collega is dus een vervelende, arrogante, zelfingenomen klier. Of: je geliefde bekent dat ze al een tijdje een minnaar heeft. Je voelt je vreselijk gekwetst, bedrogen en in de steek gelaten, en de geliefde is hier dus vreselijk fout, egoïstisch, gemeen of onbetrouwbaar. Maar is dat werkelijk zo? Of is hier het projectiemechanisme aan het werk? Laten we deze gebeurtenis nog eens precies onderzoeken aan de hand van de vier fasen op bladzijde 67:

1 De collega zegt iets, de geliefde bekent iets. Dit triggert een herinnering aan beknelling en lijden, gebaseerd op eerdere afwijzing en zelfafwijzing.
2 Onmiddellijk is er een 'ik'-gevoel dat zich identificeert met deze herinnering door zichzelf af te wijzen. De herinnering aan een gevoel wordt 'ik ben' dat gevoel. We versmelten ermee.
3 Die 'ik' wil zich niet zo voelen, er ontstaat verzet, we gaan een strijd aan met het gevoel.
4 Er kan door reflectie ook nog een meta-afwijzing ontstaan: je baalt van jezelf omdat je jezelf afwijst, en je probeert te dissociëren van dit pijnlijke gevoel. Maar of deze reflectie wel of niet plaatsvindt, maakt niet uit voor de volgende stap:
5 De strijd tegen het pijnlijke gevoel richt zich op datgene wat het gevoel heeft getriggerd: de collega of de geliefde zijn hier de oorzaak van het lijden en moeten daar dus mee ophouden. De collega moet zijn excuses aanbieden, de geliefde moet ophouden met vreemdgaan, kortom, de trigger moet stoppen.

Zie je het irrationele? Het is het oude verhaal van de boodschapper van slecht nieuws die onthoofd wordt. Het is alsof je de dokter verwijt dat zij kanker bij je geconstateerd heeft. De persoon of situatie die het pijnlijke gevoel heeft getriggerd, is daar in werkelijkheid helemaal niet de oorzaak van. De oorzaak ligt in je eigen fundamentele misvatting dat je niet goed bent zoals je bent. En om dit pijnlijke gevoel bedekt te houden heb je ooit geleerd je eigenwaarde aan anderen uit te besteden. Dáárom kunnen zij dit bouwwerk van geleende eigenwaarde ook zo gemakkelijk doen instorten. Telkens als dat gebeurt, ontvang je in feite een pijnlijk duidelijke boodschap: 'Je strategie werkt niet, je eigenwaarde is nep!' Maar omdat je je helemaal niet bewust bent van je streven naar erkenning van anderen, herken je ook niet de projectie van je zelfafwijzing op degene die die voelbaar heeft gemaakt. Met het projecteren van je negatieve gevoelens op anderen en omstandigheden veroordeel je jezelf tot machteloosheid, verlies je het vermogen om zelf die negatieve gevoelens op te lossen en lever je jezelf over aan de willekeur van anderen.

Projectie is de ultieme bedekker van de werkelijkheid, het meest versluierende mechanisme van samsara, de vicieuze cirkel van lijden en ons verzet daartegen. Het is de motor achter oneindig vaak herhaalde klachten van alle mensen: mijn moeder moet mij respecteren, mijn geliefde moet bij me blijven, mijn kind mag niet ongelukkig zijn, mijn auto zou niet kapot mogen gaan, mijn collega mag mij niet miskennen. Mijn huis moet groter zijn, mijn auto nieuwer, mijn werk interessanter, mijn lichaam mooier, ik zou gezond moeten zijn, de mensen moeten bewuster zijn, er zou geen oorlog moeten zijn, de wereld zou niet naar de knoppen mogen gaan. Onze meest individuele klachten zijn allemaal al ontelbare malen gerecycled. Het zijn telkens dezelfde projecties van telkens dezelfde zelfafwijzing.

'Ja maar,' wil je misschien tegenwerpen, 'soms doen mensen elkaar toch echt pijn, dat is toch geen projectie? Sommige dingen zijn toch echt verkeerd? En dan is het toch logisch dat je je ongelukkig voelt?' Jawel, het is logisch dat je je dan ongelukkig voelt vanuit de versluierde staat van zijn waar we doorgaans in leven. Let goed op, dit is heel subtiel: ik zeg niet dat je je niet ongelukkig zou mogen voelen; dat zou immers ook een vorm van dissociatie zijn. Ik zeg alleen dat iemand die werkelijk vrij is van zelfafwijzing en angst voor afwijzing, iemand die contact heeft met zijn natuurlijke staat die vol is van liefde en erkenning, dat zo iemand zich nooit meer machteloos voelt of slachtoffer van het gedrag van anderen. Want kijk eens goed naar je verwijten aan anderen, je afwijzing van personen of situaties. Zijn die werkelijk slecht of verkeerd omdat ze bij jou pijn hebben opgeroepen? Draai het eens om en kijk naar momenten in je verleden dat anderen zich gekwetst hebben gevoeld door jouw gedrag. Had je toen werkelijk de opzet om die ander te kwetsen? Wees eerlijk, hoe lang is het geleden dat je met opzet en met genoegen een ander pijn of verdriet hebt gedaan? Misschien is dat zelfs nog nooit gebeurd! Als je al ooit bij iemand pijn hebt opgeroepen, dan was het uit machteloosheid of woede, uit angst of uit domheid, uit onwetendheid of zelfs met goede bedoelingen. Anderen zijn net als jij! Ook zij zijn afhankelijk van jouw erkenning en als je die soms eens niet geeft, zijn ze gekwetst en boos op je. Zie je hoe we elkaar in de tang houden met onze behoeftigheid aan liefde en erkenning enerzijds, en de projectie van onze zelfafwijzing anderzijds?

Je kunt het elke dag bij jezelf onderzoeken: telkens als je verwijt voelt jegens iemand, of verzet tegen een situatie, is er in werkelijkheid een pijnlijk gevoel van zelfafwijzing opgewekt, plus je automatische verzet tegen dat gevoel, plus je projectie ervan op de ander of op de situatie, waardoor je je machteloos voelt en slachtoffer van de omstandigheden. Soms moet je echt goed zoeken, want onze geest is gewend zijn eigen projecties bloedserieus te nemen: 'het is toch écht klote wat Piet tegen me zei' of 'het is toch écht waardeloos dat ik net nu een lekke band moet krijgen'. Maar als je oefent (waarover later meer) zul je steeds beter zien dat achter die verwijten een gevoel ligt dat je gefaald hebt. Dat je jezelf een sukkel vindt als Piet iets afwijzends tegen je zegt. Dat je jezelf laks vindt, omdat je al veel eerder die band had moeten verwisselen. Kortom, als je goed kijkt zul je je zelfafwijzing leren zien in elke pijnlijke of beknellende situatie.

Moeten we dus leren om op te houden met projecteren? Dat is een begrijpelijke reactie, helemaal passend in onze eerder beschreven neiging tot dissociatie: als het niet deugt, moeten we er vanaf. Maar nee, dissociatie van projectie werkt niet, omdat projectie zelf immers al een gevolg van dissociatie is. Proberen van projecties af te komen zou tamelijk rampzalig zijn, net zoiets als denken dat je op moet houden met denken; je zou daar behoorlijk gek van worden. Maar je kunt je wel bewust worden van het projectiemechanisme en het integreren in het beeld van jezelf en de werkelijkheid. Iemand die baanbrekend werk heeft verricht in het zichtbaar maken en bevrijden van onze projecties is Byron Katie (zie appendix 1). Het tweede deel van dit boek gaat over hoe je je kunt bevrijden van het beknellende duo dissociatie en projectie. Want is het niet tamelijk beknellend om alsmaar afhankelijk te zijn van die liefde en erkenning van anderen? Om altijd weer gekwetst te zijn als anderen ons die erkenning onthouden? Om altijd voor ons geluk en onze eigenwaarde afhankelijk te zijn van anderen en omstandigheden? Dat is niet hoe we in werkelijkheid zijn! Dat is het resultaat van een serie van vergissingen, die allemaal beginnen met en gevoed worden door onze fundamentele miskenning van onze volmaakte natuur. Al die vergissingen komen tot uiting in de relatie die we met onszelf hebben en in de projectie daarvan: onze relatie met anderen. En de ultieme kroon op deze reeks van vergissingen is – je raadt het misschien al – de liefdesrelatie! Lees verder en huiver hoe het mooiste wat er is, tevens de absolute top vormt van ons lijden.

9
De vrije markt van liefde en erkenning

Al zoek je de hele wereld af naar iemand
die je liefde meer waard is dan jezelf,
je zult die nooit vinden.

Boeddha

In het vorige hoofdstuk schreef ik dat het projecteren van onze zelfafwijzing op anderen de laatste is in een opeenstapeling van vergissingen. Maar eigenlijk volgt er daarna nóg een: nadat we onze gevoelens hebben geprojecteerd op een ander, gaan we er ook nog een relatie mee aan! 'Dat doet de deur dicht!' Dat is de laatste en definitieve stap waarmee we de eigen verantwoordelijkheid voor ons geluk uit handen geven. Hiermee worden alle eerdere mentale en emotionele vergissingen verhard tot een muurvast stelsel van afhankelijkheden. Is heel onze identiteit erop gericht liefde en erkenning van anderen te krijgen, relaties zijn een soort onderlinge overeenkomsten om stabiliteit in die wederzijdse afhankelijkheid te creëren. Net als een arbeidscontract je enige veiligheid moet bieden in de relatie met je werkgever, zo gaan we op allerlei niveaus relaties aan met collega's, kennissen, vrienden en geliefden om stabiliteit te scheppen in de aanvoer van onze dagelijkse dosis liefde en erkenning. We zijn daarbij tamelijk selectief: van sommigen hebben we meer erkenning nodig en van anderen minder of niets. Heb je je ooit afgevraagd waarom je sommige personen wel aardig vindt en andere niet? Omdat sommige personen nou eenmaal leuker zijn dan andere, denken we meestal. Maar is het niet vreemd dat personen die jij niet aardig vindt, door andere mensen wel aardig gevonden worden? En dat jij door sommige mensen aardig gevonden wordt en door anderen niet? Sta eens even stil bij dit aller-vanzelfsprekendste verschijnsel, en zie dat er iets niet klopt. Immers, als 'aardig' of 'onaardig' eigenschappen waren van de personen zelf, dan zouden er dus in absolute zin aardige en onaardige mensen moeten zijn, en dan zouden alleen de aardige mensen door iedereen aardig gevonden worden, terwijl de onaardige door niemand aardig gevonden zouden worden. Maar in werkelijkheid heeft de – in jouw ogen – grootste etterbak ook mensen die hem aardig vinden, en is jouw beste vriend misschien wel een klier in de ogen van iemand anders. Natuurlijk zijn er ook wel objectieve verschillen tussen mensen wat betreft vriendelijkheid en toegankelijkheid. Maar onze waardering van anderen is grotendeels gebaseerd op projectie van onze eigen gevoelens. Hoe werkt dat?

De identiteit van elk mens is een uniek bouwwerk van methoden en automatismen om zijn negatieve geloof bedekt te houden en zich te verzekeren van liefde en erkenning van anderen. Het toepassen van die methoden gebeurt meestal niet bewust, het is gewoon wat we normaal vinden in de omgang met anderen. Het is trouwens ook niet verkeerd, het levert alleen veel ellende op als je het niet dóórhebt. Dit is dus geen pleidooi om je van niemand nog wat aan te trekken, of om anderen geen erkenning en liefde meer te geven. Dat zou immers zelf weer een voorbeeld van dissociatie zijn. Nee, probeer gewoon eens te kijken naar de manieren en maniertjes die jij gebruikt, zonder erover te oordelen.

Hier zijn wat voorbeelden van de verschillende en soms tegengestelde manieren waarop we liefde, genegenheid of erkenning proberen te krijgen. De nice guy doet het door altijd vriendelijk te zijn en de ander gelijk te geven en op zijn gemak te stellen. Maar er zijn ook mensen die het tegenovergestelde doen en proberen respect te verwerven door de ander af te troeven en het altijd beter te weten. De uitblinker stelt zijn talenten tentoon om waardering te oogsten. Maar er zijn ook mensen die waardering proberen te krijgen door een bescheiden en terughoudende opstelling of door anderen te bewonderen. Er zijn mensen die hun gevoelens met anderen delen en zo anderen aan zich binden. En er zijn mensen die hun gevoelens voor zichzelf houden, en door een stoere houding van onveranderlijke betrouwbaarheid erkenning krijgen.

Dit is maar een kleine greep, er zijn zoveel meer mogelijkheden. Elk mens gebruikt bovendien niet altijd dezelfde strategie, maar wisselt soms tussen meerdere opties om anderen voor zich in te nemen. Ik gebruik zelf bijvoorbeeld vaak de nice guy-methode, maar soms ook de 'ik-ben-slimmer-dan-de-rest-houding', af en toe gekruid met een snufje 'anti-autoritaire hippie', of een vleugje 'romantische zonderling', en de laatste jaren ook nog een flinke scheut 'hulpverlener'. En ik word bijvoorbeeld aangetrokken door mensen die zich bescheiden opstellen, een beetje kwetsbaar zijn of verlegen, en over hun gevoelens en problemen durven praten. Aandachttrekkers en drukdoeners daarentegen, of dominante mensen, of mensen die onredelijk doen en geen rekening met mij houden, daar heb ik een aversie tegen.

Zo vinden we sommige mensen aardig omdat we ons kunnen verhouden tot een of enkele van hun kenmerken, en anderen onaardig omdat we ons storen aan een of meer van hun kenmerken. Maar we zagen al dat projectie de eigenlijke reden is dat je je stoort aan een ander! Je bent dan óf zelf nog versmolten met die storende eigenschap, óf je probeert er juist van te dissociëren. Je vindt iemand onaardig omdat hij storende kenmerken tentoonspreidt die jij zelf ook hebt zonder dat je het weet (versmelting), of die jij zelf absoluut niet (meer) wilt hebben (dissociatie). En je vindt iemand aardig omdat hij prettige kenmerken heeft die je zelf ook hebt, of die je graag zou willen hebben. Zie je hoe wonderlijk dit werkt? Omdat we vervreemd zijn van onze natuurlijke zelfwaardering, is onze geest gericht op het krijgen van waardering van anderen, en wat we in ruil daarvoor waarderen in de ander zijn geprojecteerde prettige kenmerken van onszelf! We zijn op de vlucht voor onze zelfafwijzing, en wat we in anderen afwijzen zijn onze eigen geprojecteerde onprettige kenmerken.

Door die vele combinatiemogelijkheden binnen ieders identiteit is er een zeer gevarieerde markt van vraag en aanbod van liefde en erkenning. Er zijn mensen die het met bijna iedereen goed kunnen vinden, anderen die zeer selectief zijn in hun contacten, en weer anderen die zo verstrikt zijn in hun zelfafwijzing dat ze bijna niemand meer aardig kunnen vinden. Hoe sterker je zelfveroordeling, hoe sterker je projectie ervan, en dus hoe scherper ook jouw oordeel over andere mensen. Ben je je niet bewust van die zelfveroordeling en de projectie ervan, dan vind je alleen de ander stom, slap of slecht en ben je nog versmolten met die zelfafwijzende patronen. Is het je daarentegen duidelijk dat veroordelen van anderen eigenlijk zelfafwijzing is, dan ontstaat meteen de drang om ervan te dissociëren: je verbiedt jezelf om anderen te veroordelen, en veroordeelt jezelf als je het toch doet. Maar helaas: je zelfafwijzing neemt daardoor alleen maar toe.

Is elk oordeel dan eigenlijk een projectie, vraag je je misschien af? Dit is een vraag met vele filosofische consequenties die buiten het kader van dit boek vallen. Praktisch gesproken is het voldoende om te zien dat in elk geval iedere veroordeling of afwijzing een projectie is. Als je bijvoorbeeld het gedrag van een verslaafde autodief als negatief beschouwt, is dat op zich nog geen veroordeling; je maakt dan gewoon onderscheid tussen sociaal en asociaal of zelfs misdadig gedrag. Maar wanneer je die verslaafde verafschuwt en afwijst als een minderwaardig soort wezen nadat hij in jouw auto heeft ingebroken, dan projecteer je een zelfafwijzing op hem. Welke zelfafwijzing? Dat is moeilijk te zeggen. Misschien is het de confrontatie met je angst dat je eigenlijk te weinig geld hebt om een auto te hebben en nu komt die schade er ook nog bij. Of het is je gevoel van machteloosheid waar je niet mee om kunt gaan. Of je hebt je zo geïdentificeerd met je auto als verlengstuk van je status dat elke kras erop een kras in je ziel is. Wie weet wat de autodief in je losmaakt. Maar als je er op deze manier naar leert kijken, kun je zelfs van een autodief nog iets leren! In het algemeen: als je je sterk benadeeld voelt door een ander, onrechtvaardig beoordeeld, in de steek gelaten, misbruikt, verwaarloosd, miskend, gemanipuleerd of gekwetst, dan kun je er donder op zeggen dat je zelfafwijzing zich met grote zelfrechtvaardiging op de ander geprojecteerd heeft. Misschien dat er soms tevens écht sprake is van manipulatie, miskenning of benadeling, dat kan. Maar zodra jij je daar het machteloze slachtoffer van voelt, is het je eigen miskenning, benadeling of zelfmanipulatie waar je onder gebukt gaat.

Een ander interessant verschijnsel op de markt van liefde en erkenning is het ruilprincipe. Als de bakker tegen je zegt: 'Wat ziet u er stralend uit vandaag!' dan is dat best leuk, maar als de persoon waar je al maanden in stilte verliefd op bent dezelfde uitspraak doet, kan je dag niet meer stuk! Als je buurman zegt: 'Wat speel je mooi gitaar!' dan vind je dat best wel leuk, maar als Harry Sacksioni of Joe Bonamassa, of wie dan ook jouw gitaaridool is, hetzelfde tegen je zou zeggen, dan ging je uit je dak! Het is duidelijk dat erkenning en waardering meer waarde hebben als ze komen van iemand die door jou ook erkend en gewaardeerd wordt, en geen enkele waarde hebben of zelfs irritant zijn van iemand die door jou totaal niet gewaardeerd wordt. 'Wat ziet u er stralend uit vandaag' uit de mond van die vervelende en naar drank stinkende portier op je werk draagt vermoedelijk weinig bij aan je eigenwaarde, zal integendeel misschien zelfs eerder een vervelend gevoel achterlaten. Toch zie je er in al die gevallen even stralend uit, zowel in de ogen van de bakker of de dronken portier als van de geheime geliefde. De mate waarin hun erkenning bijdraagt aan jouw eigenwaarde is evenredig aan de mate van waardering die jij voor hen hebt.

Zo investeren we waardering in anderen in ruil voor hun waardering voor ons en met de bedoeling door hen gewaardeerd te worden. En anderen doen hetzelfde bij ons, want het proces is wederzijds. Sterker nog: wat je het meest in iemand waardeert is diens waardering voor jou. Stel je maar eens deze situatie voor: je kent iemand in je omgeving die je regelmatig tegenkomt, en je vindt hem of haar niet sympathiek, door haar uiterlijk, of haar gedrag dat stug en afwijzend overkomt, of omdat ze misschien een beetje arrogant is of aandacht trekt. Je hoort verhalen over haar die je negatieve oordeel nog eens bevestigen, kortom, ze is voor jou iemand om te mijden. Maar op een dag stapt diezelfde persoon op je af en zegt: 'Ik wou je even zeggen dat ik het heel erg waardeer wat je deze week zei in de buurtvergadering. Ik vond dat echt moedig van je en het heeft me aan het denken gezet.

Dank je wel.' En ze groet vriendelijk en loopt verder. Zie je wat er nu gebeurt? Je hele projectie die je tot dan toe voor de werkelijkheid had gehouden, valt in één klap in duigen! Je werd gewaardeerd! Hoogstwaarschijnlijk ga je deze persoon nu ook waarderen, je gaat haar heel anders zien, misschien ontstaat er zelfs vriendschap, allemaal afhankelijk van de positieve eigenschappen die je op elkaar kunt projecteren.

Zo zijn we allemaal levenslange speculanten op de ruilmarkt van liefde en erkenning. Nog een eigenaardigheid van deze ruilmarkt: liefde en erkenning kunnen niet doorgegeven worden zoals andere ruil- of betaalmiddelen. Kijk maar: Piet houdt van zijn echtgenote Marie. Zij houdt echter van hun homofiele buurman Bert, maar die is weer stapelverliefd op Piet. In iedere economie zou dit een prima deal zijn, iedereen tevreden, maar niet op de ruilmarkt van liefde en erkenning. We waarderen alleen degenen die ons waarderen en enkele kenmerken vertonen die we prettig vinden. We wijzen iedereen af die ons afwijst en die voor ons onprettige kenmerken vertoont. Ongemerkt maar heel nauwkeurig houden we bij of de waarderingsbalans niet te ver uit evenwicht raakt. Iemand die nooit eens iets aardigs terug doet, verliest op den duur onze waardering. Ook als iemand ons veel meer waardeert dan wij kunnen retourneren, houdt de deal geen stand. Overgewaardeerd worden kan zelfs tamelijk gênant voelen (zeker voor iemand die weinig zelfwaardering heeft).

We gaan oppervlakkige en wisselende deals aan met de bakker en de caissière: 'Hier is uw bon en nog een hele prettige dag verder.' Bij collega's, buren en kennissen gaat er al wat meer erkenning of genegenheid over de toonbank. Nog meer en standvastiger investeren we in vriendschappen. Maar de top van alle beleggingen, die met de meeste kans op hoge opbrengst en zwaar verlies, is de liefdesrelatie! Resultaten behaald in het verleden, geven geen garantie voor de toekomst! Lees in het volgende hoofdstuk hoe we de hoogste top van geluk bereiken, of de diepste hel van eenzaamheid en verlating, en via die toppen en dalen uiteindelijk vaak terechtkomen in een laagland van gezapig samenzijn, dan wel min of meer draaglijk alleen zijn.

10
De liefdesrelatie

Natuurlijk is de liefde eeuwig.
Alleen de partners wisselen.

Martine Carol, filmster
(1920-1967)

Er zijn verschillende soorten liefdesrelaties, eigenlijk zoveel soorten als er combinaties van mensen zijn, maar in het ontstaan ervan kun je globaal twee soorten onderscheiden. In het ene geval ontstaat de liefdesrelatie uit een andere relatievorm. De partners waren eerst een tijdlang collega's van elkaar, of buren of goede vrienden, of alleen seksuele partners, en pas daarna ontstond de liefdesrelatie. In het andere geval begint het met verliefdheid, en groeit daaruit een relatie. In de eerstgenoemde vorm komt ook wel verliefdheid voor, echter niet als diepste basis van de relatie maar meer als een romantische stemming afhankelijk van de juiste omstandigheden. In de tweede vorm is verliefdheid wel de diepste basis van de relatie, maar de verliefde gevoelens zelf kunnen na verloop van tijd grotendeels of helemaal verdwijnen, of heel af en toe als romantische stemming de kop opsteken.

De relatieproblemen die in dit boek uiteengezet zullen worden, komen in hun zuiverste vorm voor in de op verliefdheid gebaseerde relatie, en wel vanaf het allereerste begin. In de andere soort relatie is er aanvankelijk nog meer zelfstandigheid van beide partners mogelijk. Op den duur echter ontstaan op basis van een aantal fundamentele misvattingen min of meer dezelfde beknellingen als in op verliefdheid gebaseerde relaties. Ik zal beide soorten relaties dan ook niet apart behandelen, en me beperken tot de zuiverste verschijningsvorm, de vanuit verliefdheid ontstane relatie.

Verliefdheid is eigenlijk een bijzonder merkwaardig verschijnsel. Ineens is er die ene persoon die bijna licht lijkt te geven te midden van de grauwe meerderheid van medemensen. Hij of zij straalt gewoon aantrekkingskracht uit. Ze is leuk, lief, schattig, sexy, mooi, slim, hartelijk, warm en puur. Ze is doortastend of juist vertederend afwachtend, heel erg open of juist intrigerend gesloten, lekker makkelijk over seks of juist heel zuiver in het aangeven van haar grenzen. Ik geef hier al aan hoe sommige kwaliteiten van de geliefde meteen naar een positieve interpretatie omgebogen worden. En dat gebeurt wederzijds: hij is stoer of juist vertederend onzeker, hij is ervaren en doortastend op seksueel gebied of juist heel kwetsbaar en puur, hij is heerlijk zelfverzekerd en regelt alles, of hij kan zichzelf opzijzetten en heel veel ruimte geven.

Zie je, het spel van projecteren is vanaf het allereerste begin volop aan de gang. Er is totaal geen ruimte voor een min of meer objectieve afweging of deze man of vrouw wel geschikt is om nader contact mee te zoeken. Zodra de attractie van de verliefdheid toegeslagen heeft, wordt alles naar de verliefdheid toe geïnterpreteerd. Zelfs als je nog wel in staat bent om bepaalde nadelen van iemand waar te nemen, zijn ze meteen zo onbetekenend in vergelijking met de enorme fantastische kwaliteiten van de ander dat ze meteen genegeerd worden. We hebben daar zelfs een uitdrukking voor: ze worden bedekt met 'de mantel der liefde'. Een andere uitdrukking zegt ongeveer hetzelfde maar is iets minder vriendelijk: 'liefde maakt blind'.

In de aanloopfase van de verliefdheid, als nog onzeker is of ze wel wederzijds is, vindt er een enorme geestvernauwing plaats. De geliefde is bijna permanent in je gedachten, en de gedachtestroom maalt overuren over de vraag of de liefde wel of niet wederkerig is, en hoe daarachter te komen. Er vindt een enorme intensivering van hoop en vrees plaats, met hoog oplopende fantasieën van samenzijn en eeuwig geluk, en diepe angsten voor afwijzing, eenzaamheid en eeuwig verstoken blijven van deze diepste liefde. En dan, in deze storm van tegenstrijdige gevoelens van hoop en angst, vindt de ontdekking van wederzijdsheid plaats. Wat een onvoorstelbaar geluk! Het is haast niet te bevatten dat juist deze allermooiste, allerliefste, boeiendste, veelbelovendste, opwindendste en bijzonderste van alle wezens mij de allerliefste, boeiendste, veelbelovendste, opwindendste en bijzonderste van alle wezens vindt! Het verstand staat hier soms letterlijk bij stil, en we ervaren het hoogst haalbare geluk op de markt van liefde en erkenning: '... *to love and be loved in return*'*.

Misschien heeft de bovenstaande beschrijving een beetje scepsis bij je opgewekt of vond je het allemaal een beetje overdreven of zelfs enigszins spottend. Dan ben je op dit moment waarschijnlijk niet verliefd. Het is heel opmerkelijk dat je je, wanneer je niet verliefd bent, haast niet kunt voorstellen dat je zo verliefd kunt zijn, ook als je het in het verleden wel geweest bent. Vooral dat absolutistische, dat volkomen gebrek aan relativering, die overtreffende trap van ultieme bewondering, komt ons dan tamelijk vreemd voor, of zelfs behoorlijk stompzinnig. 'Dat zal mij niet meer overkomen, daar ben ik nu te volwassen voor', zo menen veel mensen. Anderen kijken terug op eerdere verliefdheden als op een mooie droom; het was leuk zolang het duurde, maar het sloeg eigenlijk nergens op. Weer anderen blijven een heel leven lang ronddraaien in het gemis van de verloren geliefde.

Hoe dan ook, verliefdheid blijft iets heel merkwaardigs, en hoe we erover denken verschilt doorgaans heel veel van hoe we denken terwíjl we verliefd zijn. Nu we in de vorige hoofdstukken hebben gezien hoe onze hele identiteit erop gericht is liefde en erkenning van anderen te krijgen als bedekking van onze diepste zelfafwijzing, en hoe we daartoe versmelten met veilige eigenschappen, en dissociëren van onveilige, en hoe we deze eigenschappen vervolgens projecteren op andere mensen, kortom, nu we dat allemaal enigszins doorheb-

---

* Uit: 'Nature Boy' van Nat King Cole.

ben, kunnen we onderzoeken wat er werkelijk met ons gebeurt als we verliefd worden.

Naast de gebruikelijke mechanismen waarmee we een positief zelfbeeld in stand proberen te houden, gebeurt er bij verliefdheid nog iets extra's, iets unieks. Hier is het namelijk de diepste basis zélf van al die bedekkende mechanismen, onze diepste zelfafwijzing, die op de markt van liefde en erkenning terechtkomt. Bij verliefdheid ontstaat namelijk de indruk dat deze diepste zelfafwijzing door de ander ongedaan kan worden gemaakt. Die zelfafwijzing is immers tijdens je jeugd ontstaan onder invloed van de afwijzing door je ouders. Om die reden word je altijd verliefd op iemand die dezelfde afwijzende eigenschappen heeft als (een van) je ouders, maar die tevens de stellige indruk wekt jou niet te zullen afwijzen, maar integendeel onvoorwaardelijk van je te zullen houden. Het is die combinatie van oude afwijzing en nieuwe, schijnbaar onvoorwaardelijke liefde die iemand onweerstaanbaar aantrekkelijk maakt. Alles wat in het verleden is misgegaan, wordt nu goedgemaakt; alles wat afgewezen werd, zal nu erkend en omhelsd worden. Het is daardoor dat tijdens wederzijdse verliefdheid die indruk ontstaat dat al je problemen opgelost zijn, dat al je oude beknellingen en negatieve gevoelens in één klap verdwenen zijn, en dat je volkomen vrij bent van je negatieve geloof, vrij van zelfafwijzing. Daarmee ben je in feite ook eventjes vrij van de hele egoconstructie die verantwoordelijk was voor al die beknelling en zelfafwijzing. Door dit tijdelijk wegvallen van onze egoconstructie tijdens de gelukkigste verliefde momenten komen we daadwerkelijk heel even in aanraking met onze natuurlijke staat, die zuiver is, helder en vol onvoorwaardelijke liefde, verbondenheid en altruïsme.

Helaas hebben de meeste mensen helemaal niet dóór wat de werkelijke oorsprong is van die pure liefdesgevoelens. Het projectiemechanisme gaat immers gewoon door, dus je herkent de ander niet als slechts de trigger van die ervaring, maar je projecteert de hele ervaring op de ander. Daardoor lijkt het alsof het de geliefde is die zo zuiver en helder en vol onvoorwaardelijke liefde is. Hier ligt de bron van alle ellende die in latere stadia uit verliefdheid voortvloeit. Omdat je meent dat het de ander is die jou bevrijdt van je beknelling en zelfafwijzing, word je volledig afhankelijk van die ander voor het in stand houden of herhalen van deze kortstondige ervaringen van zuiver geluk. Die ervaring van onvoorwaardelijke liefde, inherent aan jouw eigen natuur, wordt meteen voorwaardelijk gemaakt door onwetendheid van je natuurlijke staat en door de projectie van die ervaring op de aanleiding ervan: de geliefde. Daardoor wordt de ander niet alleen de ogenschijnlijke leverancier van dit diepste geluk, maar ook degene van wie je ten diepste afhankelijk wordt, en waardoor je je dus ook ten diepste afgewezen kunt voelen. En die afwijzing zal na verloop van tijd onherroepelijk gaan plaatsvinden, immers, juist die latent aanwezige afwijzende eigenschap maakte de geliefde aanvankelijk zo aantrekkelijk voor je. En dit alles is wederzijds, de ander is ook op jouw afwijzende eigenschappen gevallen, toen het erop leek dat jij hem nooit zou afwijzen. Wordt het je te ingewikkeld? Laat ik een voorbeeld uit de praktijk geven, de relatie van Bram en Gina.

Gina is 35 jaar, al twaalf jaar getrouwd met Bram en ze hebben twee dochtertjes, van vier en zes. Ze is een gevoelige en getalenteerde vrouw, ze werkt als leerkracht op een basisschool, ze speelt piano en zingt, ze mediteert en is geïnteresseerd in spiritualiteit. Ze was een couveusekindje, en werd als baby nog een aantal malen in het ziekenhuis opgenomen, waardoor ze een heel basaal gevoel van onveiligheid heeft aangeleerd. Haar moeder was bovendien een zeer afwijzende en strenge opvoedster, niet in staat tot het geven van knuffelwarmte en erkenning. Haar vader was een emotioneel geblokkeerde man die zich altijd afzijdig hield en niet opgewassen was tegen de sterke afwijzende emoties van zijn vrouw. Gina's negatieve geloof is 'ik ben niks waard', 'ik ben zwak en onzelfstandig' en 'ik ben anderen tot last'. Haar belangrijkste strategie ter bedekking van dit geloof is zich heel erg uit te sloven om goed te zijn in alles wat ze doet en vooral niemand tot last of nadeel te zijn. Vandaar dat ze een sterk imago heeft ontwikkeld van de vrouw van de wereld, in staat om alle ballen in de lucht te houden van een drukke baan, moederschap, echtgenote, dochter en schoondochter. Kortom, ze slaagt er aardig in om het iedereen naar de zin te maken, behalve natuurlijk zichzelf.

Op haar 34ste krijgt ze een burn-out, stopt met werken en komt in een depressie terecht.

Bram is 37 jaar, een vriendelijke, zelfverzekerde, jongensachtige man met een succesvolle carrière als computerspecialist en hij speelt niet onverdienstelijk klassiek gitaar. Hij komt uit een gereformeerd gezin met een dominante en afwijzende vader, met wie hij als kind regelmatig in botsing kwam en door wie hij dan telkens zeer denigrerend en kwetsend werd afgewezen. Zijn moeder was een hele warme, sensitieve vrouw die echter zelf net zo leed onder de agressie van haar man, waardoor ze haar zoon nooit tegen zijn vader in bescherming durfde te nemen. Brams negatieve geloof is 'ik ben slecht' en 'ik doe er niet toe'. Zijn overlevingsstrategie is het dissociëren van pijnlijke gevoelens, keihard te werken aan zijn carrière en heel veel energie steken in de leuke dingen van het leven. Naast zijn baan van 70 uur per week speelt hij in twee muziekensembles, is actief bestuurslid van een tennisclub en heeft hij een vriendenkring waar hij intensief contact mee houdt. *Never a dull moment* is zijn devies, hij wil genieten van het leven en nooit meer last hebben van afwijzing, beknelling en ander moeilijk gedoe. Toch is het zeker geen oppervlakkige man, integendeel, in anderen is hij zeer geïnteresseerd, hij is een trouwe echtgenoot, een loyale collega en een goede vriend. Alleen zijn eigen diepere gevoelens zitten heel ver weggestopt onder lagen van plezierige en nuttige afleidingen. Hij werd verliefd op Gina vanwege haar warmte, haar sensitiviteit, haar (ogenschijnlijke) zelfredzaamheid, maar op een dieper niveau ook haar enorme afhankelijkheid, haar angst en onzekerheid. Die maakten haar tot een veilige keuze, door die afhankelijkheid zou ze immers altijd bij hem blijven.

Gina werd verliefd op Bram vanwege zijn robuuste zelfstandigheid: hij had zijn leven dik voor elkaar en had alles goed geregeld. Als zij nog aan het tobben was over een nieuwe auto of wasmachine, had hij alle informatiebrochures al gedownload en werd er binnen een dag een verantwoorde keuze gemaakt. Met Bram geen moeilijk gedoe, je wist altijd wat je aan hem had, hij was de rots in de branding van haar angstige bestaan.

Zo zie je dat Gina's streven om niemand tot last te zijn, goed aansloot bij Brams streven om van niemand ooit nog last te hebben.

Maar onder deze overeenstemming zat de wederzijdse afwijzing al verborgen. Bram voelt zich aangetrokken tot Gina's warme en afhankelijke eigenschappen, want het zijn diezelfde eigenschappen die zijn moeder ook had. Bram valt voor die eigenschappen omdat hij die warme en afhankelijke gevoelens in zichzelf gedissocieerd heeft. En hoewel zijn moeder hem juist door die eigenschappen in de steek liet tegenover zijn agressieve vader, zal Gina dat nooit doen, omdat ze immers afhankelijk van hem is. Afhankelijke moeders kiezen bij conflicten altijd de zijde van hun man en wijzen daarmee hun kinderen af. Maar in je partner is afhankelijkheid juist een veilige eigenschap: ze zal jou nooit in de steek durven laten.

En andersom is Gina weg van Bram vanwege zijn solide zelfstandigheid in de wereld, iets wat in haarzelf nooit tot stand is gekomen vanwege haar diepe angsten en onzekerheid. Bram is echter zo geworden omdat hij zijn warme en kwetsbare kant permanent heeft onderdrukt. In dat opzicht lijkt hij op Gina's vader, die haar om die reden in de steek liet toen ze door haar moeder verwaarloosd werd. Bram heeft dus dezelfde afwijzende eigenschappen als Gina's vader, maar hij zal haar niet in de steek laten: dissociatie van zijn warmte en kwetsbaarheid maakt hem immers juist afhankelijk van Gina, die deze eigenschappen volop in de aanbieding heeft.

Een belangrijk aspect van wederzijdse verliefdheid is dus de veilige 'garantie' dat de ander je niet zal afwijzen, omdat de ander van jou afhankelijk is voor iets wat hem of haarzelf ontbreekt. De ontbrekende eigenschap is niet voldoende ontwikkeld (Gina's zelfstandigheid) of grotendeels gedissocieerd (Brams gevoeligheid). In het algemeen missen beide partners dus een belangrijk ingrediënt voor geluk en zelfstandigheid dat de ander juist in de aanbieding heeft. Gina heeft in haar vroege jeugd onvoldoende veiligheid kunnen ontwikkelen, en Bram biedt haar dat. Bram heeft zich gedissocieerd van zijn warme gevoelens uit angst voor afwijzing, en die warmte kan Gina hem bieden. Ze zal hem daarbij nooit afwijzen omdat ze immers net zo hard zijn veiligheid nodig heeft. Zij voelt zich veilig bij Bram vanwege zijn solide persoonlijkheid, maar ook omdat hij niet zonder de warme gevoelens kan die hij in zichzelf heeft geamputeerd en die zij hem kan geven.

Is de liefde tussen twee mensen dan altijd zo'n onbewuste koehandel van veiligheid en warmte, zul je je misschien afvragen? Nee, in essentie is er ook iets heel moois aan de hand, maar omdat dat niet als zodanig herkend wordt, neemt die koehandel al snel het voortouw, met alle beknellende gevolgen van dien. We zagen al dat door die enorme wederzijdse gevoelens van liefde en erkenning onze diepste zelfafwijzing tijdelijk buiten werking raakt, waardoor het hele bouwwerk van onze identiteit soms even zijn schijnbare soliditeit verliest en enigszins transparant wordt. Daardoor kan onze diepste en volmaakte natuur – tijdelijk bevrijd van de bedekking door ons zelfbeeld – zichtbaarder en werkzamer zijn dan doorgaans het geval is. Vandaar dat verliefde mensen soms zo kunnen stralen. Vandaar ook dat je tijdens verliefdheid zo'n zeldzaam heldere blik kunt werpen op wat de ander in werkelijkheid is. Je wordt niet alleen verliefd op de zelfafwijzende eigenschappen van de ander, maar ook op wat je daarachter ziet. Tijdens die verliefde fase kun je soms een glimp opvangen van de diepste natuur van de ander, en die is echt altijd de moeite waard. Zo zag Gina in Bram niet alleen zijn stoere stevigheid, ze zag wel degelijk ook zijn liefdevolle, warme, vriendelijke kern, die echter haast nooit aan de oppervlakte kwam. En Bram zag in Gina niet alleen haar warme, kwetsbare afhankelijkheid, maar ook de belofte van een sterke, zelfstandige, getalenteerde vrouw, die echter nooit waargemaakt werd. Omdat beide partners onkundig zijn van de ware aard van hun diepe en pure gevoelens, gaan ze in hun relatie precies die dingen doen waardoor de diepere aspecten van de ander die ze zo graag aan het licht zouden willen brengen, steeds verder begraven worden onder lagen van zelfafwijzing en van beveiliging tegen elkaars afwijzing. Dat wordt het duidelijkst zichtbaar tijdens de relatiecrisis, waarover het volgende hoofdstuk gaat.

Maar kijk eerst eens naar je eigen ervaringen met relaties, in het heden of in het verleden. Kijk naar de eigenschappen van je partner die voor jou het meest aantrekkelijk waren toen de relatie begon. Dat zijn eigenschappen die je zelf in meer of mindere mate mist, omdat ze nooit ontwikkeld zijn, of omdat je ze onderdrukt hebt. Kijk ook naar situaties waarin je je door je partner afgewezen voelt, of bang bent dat dit zou kunnen gebeuren. En zie dan dat er een verband bestaat tussen wat je in de ander waardeert, en dat waardoor je je afgewezen voelt. Hij waardeert haar warmte, kwetsbaarheid en afhankelijkheid, want die geven hem warmte en veiligheid. Maar hij voelt zich miskend en belemmerd in zijn behoefte aan vrijheid en aan activiteiten zonder haar. Zij waardeert zijn kracht en stabiliteit, maar voelt zich tekortgedaan door zijn gebrek aan warme zorgende gevoelens, en ervaart zijn behoefte aan activiteiten zonder haar erbij als een afwijzing. Probeer eens of je kunt zien welke afwijzende eigenschap in je partner ook voorkwam in je ouders, en hoe die eigenschap tijdens het verloop van de relatie steeds duidelijker en storender werd. En ten slotte het moeilijkste onderzoek: kijk eens of je kunt zien dat wat je het meeste irriteert in je partner, een eigenschap is die je zelf onbewust ook hebt, of bewust probeert te elimineren. En als je moe bent van al die onderzoeken, en bevangen wordt door een gevoel dat je alles verkeerd gedaan hebt, stel jezelf dan gerust: iedereen doet dit 'verkeerd', en in het tweede deel van dit boek zul je zien dat wat 'verkeerd' is, eigenlijk helemaal niet verkeerd is, maar een noodzakelijk stadium op weg naar onvoorwaardelijk geluk, al dan niet in een relatie.

11

De relatiecrisis

Er is bijna geen activiteit, geen onderneming,
die gestart wordt met zo verschrikkelijk veel hoop en verwachtingen
en die toch zo vaak mislukt, als de liefde.

Erich Fromm, Duits-Amerikaanse filosoof en psycholoog
(1900-1980)

Je houdt zielsveel van iemand. Die iemand vindt jou ook de allerleukste en allerliefste die er is. Je wilt altijd samen blijven en je bent enorm gemotiveerd om van dat samenzijn een groot succes te maken. 'Wat kan er dan eigenlijk nog misgaan?' zou je zeggen. En toch gaat het met veel relaties mis. In het pijnlijkste geval lopen ze uit op een scheiding. Dat is eigenlijk nog de meest gunstige uitkomst, omdat het tenminste een kans biedt op verandering en groei. Veel vaker komen ze terecht in een gezapig soort bij elkaar blijven, niet al te eenzaam maar ook niet erg gelukkig, en altijd ver verwijderd van dat grootse ideaal van onvoorwaardelijke liefde en geluk waar de relatie mee begonnen is. Waarom gaat het mis?

In feite is het natuurlijk al 'mis' vóórdat de verliefdheid toeslaat, omdat we nou eenmaal verstrikt zitten in een zelfbeeld dat er uitsluitend op gericht is gevrijwaard te blijven van onze diepste gevoelens van waardeloosheid. In dit streven is wederzijdse verliefdheid het hoogst haalbare: je diepst verborgen zelfafwijzing lost tijdelijk op in de diepste onvoorwaardelijke liefde van je partner. Eventjes ben je vrij van zelfafwijzing en kom je in contact met de pure liefde uit je natuurlijke staat. Die pure liefde omhelst de diepst verborgen zelfafwijzing van je partner, waardoor die hetzelfde meemaakt. Beiden vangen een glimp op van de diepste natuur van alles, die doorgaans verborgen is achter ons individuele zelfbeeld. Maar omdat de meeste mensen dit in wezen spirituele gebeuren niet als zodanig herkennen, ontstaat onmiddellijk de neiging om de ervaring van dit moois vast te houden, te willen bewaren en beschermen tegen verlies. Je voelt een sterke motivatie om altijd samen te blijven en alles wat bedreigend zou kunnen zijn voor deze relatie achterwege te laten. Omdat we het diepe geluk niet herkend hebben als onze eigen onvervreemdbare natuur, wordt het geprojecteerd op de partner en op de relatie, en die worden daardoor het hoogste goed, het meest waardevolle bezit dat nooit verloren mag gaan. Het gedrag dat uit deze houding voortvloeit, dit beschermen en afschermen van de relatie, is de oorzaak van het op den duur vastlopen ervan.

Een van de eerste symptomen van die wederzijdse afhankelijkheid is het verschijnsel dat als je na een heerlijk gelukkig samenzijn met de geliefde weer alleen bent, je na een tijdje de ander heel erg gaat missen. Dit is eigenlijk een heel vreemd verschijnsel. Daarvóór voelde je je tamelijk oké als je alleen was. Vervolgens heb je een heerlijk liefdevol samenzijn met de geliefde. En daarna, als de euforie is weggeëbd, kun je je ineens niet meer zo oké voelen als je alleen bent. Er ontstaat een gemis en een sterke behoefte aan herhaling van dat fijne samenzijn. Zie je de overeenkomst met een verslavend middel? Ook daar ontstaat de afhankelijkheid aan een middel pas ná het gebruik. Hoe komt het dat gelukkig samenzijn met een geliefde datzelfde verslavende effect heeft?

We zagen hierboven al dat door dat gelukkige samenzijn en die totale omhelzing van elkaars zelfafwijzing er heel even – zij het meestal onbewust – contact is met je natuurlijke staat. Daardoor verliest je zelfafwijzing en het hele bouwwerk van afdekkingen ook tijdelijk zijn stevigheid, het wordt tijdelijk een beetje transparant, je natuur schijnt erdoorheen, je 'straalt' van geluk. Maar als je identiteit tijdelijk haar soliditeit verliest, betekent dat ook dat je na afloop van dat gelukkige samenzijn gevoeliger bent voor je diepe gevoelens van onvolkomenheid en waardeloosheid, die daarvoor nog veilig door je identiteit afgedekt waren. Deze afkick na een gelukkig samenzijn wordt doorgaans niet als zelfafwijzing gevoeld; het manifesteert zich meestal als een sterk gevoel van nodig hebben, van niet langer zonder de ander kunnen. Dit 'behoeftigheidsbewustzijn' wordt door ons niet herkend als het negatieve geloof, niet gevoeld als het afgewezen kleine kind in onszelf, maar in plaats daarvan meteen geprojecteerd op de geliefde: je kunt of wilt niet langer zonder hem of haar. En dat sterke gevoel van 'missen' en 'nodig hebben' wordt verward met, en neemt algauw de plaats in van, die aanvankelijk onvoorwaardelijke liefde vanuit de natuurlijke staat van zijn. Is die aanvankelijk onvoorwaardelijke liefde nog alleen gericht op geven van liefde en geluk aan de ander, de 'behoeftige' liefde die ervoor in de plaats komt, is vooral gericht op het krijgen van geruststelling. Zo wordt het uiten van 'ik-kan-niet-zonder-jou'-gevoelens verward met liefde geven, terwijl geruststellende 'ik-blijf-bij-je-tot-de-dood-ons-scheidt'-beloftes ervaren worden als liefde ontvangen. En dit gebeurt wederzijds: mijn behoeftigheid is jouw geruststelling, en andersom. Zo wordt een in wezen diep spirituele gebeurtenis, de wederzijdse omhelzing van de zelfafwijzing, meteen omgezet in een wederzijdse bedekking van de zelfafwijzing. De geliefde wordt onze grootste leverancier van liefde en erkenning, en daarmee het belangrijkste onderdeel van ons zelfbeeld. Wat een hulpmiddel bij de bevrijding van dat zelfbeeld had kunnen zijn, wordt een versteviging ervan. Het spel van geven en nemen op de markt van liefde en erkenning vindt in de liefdesrelatie zijn meest complexe en geraffineerde hoogtepunt. Dat kan een tijd goed gaan en veel veiligheid en voldoening opleveren. Maar als de perfect op elkaar ingespeelde behoeftes en geruststellingen ergens beginnen te stagneren, ontstaat onmiddellijk een relatiecrisis, en verandert dit heerlijk versluierende spel in een slagveld van angst en verwijt, van kwetsen en jezelf afschermen tegen kwetsuren. Dan blijkt inderdaad dat *'love is a battlefield'*. Maar laten we eerst eens kijken hoe in de beginfase van de liefdesrelatie de veiligheidsbakens uitgezet worden.

In de eerste maanden van de relatie wordt al snel duidelijk waar ieders gevoeligheden liggen. Welk gedrag van de ander wekt in jou de angst voor verlating of een gevoel van behoeftigheid op? Het kan niet anders of je zult dat aan de ander laten merken. Krijg je bijvoorbeeld na twee dagen niks gehoord te hebben van de ander een gevoel van ongerustheid, al dan niet gemaskeerd als zorg voor de ander? Dan zul je heel gauw de gewoonte ontwikkelen om elkaar elke dag even te bellen. Wordt je geliefde ongerust als je op een feestje te lang met een andere vrouw of man staat te babbelen? Dan ga je al snel je contacten met andere vrouwen of mannen beperken of verhullen. Ga je twijfelen aan de liefde van je partner als er een paar weken geen seks geweest is? Dan zal er wat betreft seks al snel een gewoontepatroon ontstaan, zoals 'één keer in de week, nodig of niet', of 'telkens als de kinderen bij opa en oma zijn'. Heb je een hekel aan je schoonfamilie, maar vindt je geliefde dat je mee moet naar familiefeesten, dan zul je algauw een middenweg vinden en af en toe meegaan. Natuurlijk kun je ook meegaan vanuit een oprechte behoefte om je partner een plezier te doen, maar dan vind je het gewoon leuk om mee te gaan. Is familiebezoek daarentegen een soort noodzakelijk kwaad geworden waar je je in schikt omwille van de lieve vrede, dan valt het in de categorie beveiligen tegen (de angst voor) afwijzing. Datzelfde geldt voor alle dingen die je uitsluitend doet of laat met het oog op je partner. Ga je mee naar zijn sportborrel omdat hij dat leuk vindt? Bezoek je samen die balletvoorstelling terwijl jij er geen moer aan vindt? Ga je niet meer alleen naar het café omdat zij daar ongerust van wordt? Ben je gestopt met zingen in een band omdat hij jaloers was? Ben je een avondstudie begonnen omdat je dan tenminste af en toe alleen kunt zijn zonder dat dat tot spanningen leidt? Ben je gestopt met werken omdat hij vond dat je vaker thuis moest zijn? Maak je juist veel overuren op je werk omdat je het niet meer zo leuk vindt om thuis te komen? Ga je niet meer alleen op vakantie omdat je nou eenmaal samen op vakantie hoort te gaan? Verzwijg je je slippertje, je kortstondige affaire of je bezoekje aan een prostituee omdat je opziet tegen alle ellende als de ander het zou weten? En ten slotte: blijf je éígenlijk bij elkaar omdat je opziet tegen alleen zijn? Of omwille van de kinderen?

Al die honderden kleine en grote concessies en uitvluchten worden doorgaans beschouwd als 'investeren in de relatie'. Alleen die uitdrukking impliceert al dat de relatie dus iets belangrijkers is dan elk van de twee individuen afzonderlijk, en dat de investering gedaan wordt met het oog op een opbrengst, namelijk een soort toekomstige veiligheid en geluk. In werkelijkheid betekent 'investeren in de relatie' doorgaans jezelf verloochenen, bedreigende aspecten van je persoonlijkheid amputeren, onecht gedrag in stand houden, en dat alles om maar niet met je behoeftige zelf geconfronteerd te worden, alles om maar niet de angst voor afwijzing te voelen, alles om maar niet de bedekking kwijt te raken van het geloof dat je waardeloos bent of niet goed genoeg. Waarmee dat geloof dus juist versterkt wordt, en we de relationele bedekking ervan steeds harder nodig hebben.

In veel relaties ontstaat op den duur een situatie die heel erg lijkt op de afhankelijkheid en beknelling die je voelde als kind bij je ouders. Relaties zijn vaak een voortzetting van zowel de veiligheid als de afwijzing die je bij je ouders hebt ervaren, een verlenging van de ouder-kind-beknelling in je jeugd. Je durft elkaar niet als volwassenen te behandelen uit angst om elkaar als veilige ouder kwijt te raken. Maar die veilige ouder is tevens de afwijzende ouder. Zo blijf je gevangen tussen angst voor afwijzing en zelfafwijzing. En het bizarre is dat die veiligheid waar je je autonomie voor opgeeft, uiteindelijk een schijnveiligheid blijkt te zijn, zoals iedereen weet die een stukgelopen relatie gehad heeft. Die veiligheid is namelijk volledig afhankelijk van de wederzijdse behoefte eraan. Zodra een van de partners die veiligheid doorbreekt, loopt het hele symbiotische raderwerk met ongelooflijk veel pijn in de soep. Laten we eens kijken hoe het misging bij Bram en Gina.

We zagen al dat Gina er enorm veel energie in moest steken om te voorkomen dat ze anderen tot last is. Op haar werk liep ze altijd op haar tenen om voor iedereen klaar te staan, om maar te voorkomen dat anderen zouden zien dat ze '...eigenlijk niks voorstelt en niet goed genoeg is...' (haar eigen negatieve geloof). Maar ook ten opzichte van Bram doet ze altijd haar best, ze kookt zijn lievelingseten, ze gaat mee naar zijn borrels op het werk, zijn tennisfeestjes, de uitvoeringen van zijn ensembles. Ze doet haar best om haar angstaanvallen en depressieve gevoelens voor hem te verbergen, of ten minste hem er niet te veel mee lastig te vallen. Al deze inspanningen leiden op haar 34ste tot een burn-out en een depressie. Steeds meer ervaart ze een gemis aan diepe gevoelens van liefde en verbondenheid in haar relatie, steeds duidelijker ziet ze hoe Bram deze gevoelens voortdurend uit de weg gaat met zijn snelle en uitbundige levensstijl.

Voor Bram is dit allemaal niet gemakkelijk: steeds vaker moet hij voor de kinderen zorgen en het huishouden doen als Gina te moe is om nog iets te doen. Steeds meer krijgt hij het gevoel dat zijn liefde niet goed genoeg is voor haar. Zij begint hem te manipuleren om meer warme knuffelaandacht van hem los te krijgen. Hij begint intimiteit met haar te vermijden omdat hij steeds het gevoel heeft daarin tekort te schieten, wat in haar beleving ook zo is. Ongedwongen vrijen komt steeds minder vaak voor: zij voelt zich gebruikt voor oppervlakkige seks, hij voelt zich afgewezen in zijn verlangens naar haar, krijgt steeds meer het gevoel dat ze iets van hem wil wat hij niet kan leveren. Zo sukkelt de relatie jarenlang door in een steeds toenemende beknelling en emotionele armoede, voornamelijk in stand gehouden door een sterk plichtsbesef ten opzichte van de kinderen, en dat vage gevoel van liefde voor elkaar, liefde voor die diepe essentie van puurheid in de ander. Die liefde verdwijnt echter steeds meer achter dikke lagen van neurotische beknelling en wederzijdse afwijzing.

Als Bram een leuke vrouw ontmoet op zijn tennisclub, gaat alles ineens heel snel. Hij is immers de doortastende die alles regelt zodat pijnlijke gevoelens snel opgelost kunnen worden. Hij speelt meteen open kaart, bekent dat hij een nieuwe vriendin heeft en met haar verder wil. Gina is aanvankelijk geschokt door deze snelle ommekeer, maar ervaart algauw ook enige opluchting, en zelfs waardering voor Brams doortastendheid. Ze ziet dat deze weg de enige mogelijkheid biedt tot zelfstandigheid en ontplooiing. Zelf zou ze nooit gedurfd hebben om de relatie te beëindigen, maar nu Bram de knoop heeft doorgehakt, voelt ze geleidelijk een grote last van zich afvallen. Na een periode van ontwenning, en rouw over de mislukte relatie, ontstaat er zelfs weer enig wederzijds respect en vriendschap voor elkaar als co-ouders van hun twee kinderen.

Zo zien we bij elke relatie een min of meer idyllische beginfase waarin beide partners genieten van elkaars liefde en erkenning, en waarin de aanvankelijke grote onrust over een mogelijke afwijzing tot rust komt, bedekt met de veilige zekerheid dat de ander jou net zo hard nodig heeft als omgekeerd. De relatie kent dan vaak een periode van bloei, de liefde is nog fris, de veiligheid nog niet verstikkend. Daarna, geleidelijk aan, beginnen de afwijzende eigenschappen in de partner, die aanvankelijk volledig bedekt werden door de 'mantel der liefde', aan de oppervlakte te komen. Of anders gezegd: de keerzijdes van de voordelen van de partner komen nu aan bod. De snelle, autonome regelaar blijkt niet erg goed in warme knuffelaandacht. De warme, lieve moedervrouw blijkt angstig en afhankelijk. De altijd vriendelijke man met wie je nooit ruzie hebt, manifesteert zich steeds vaker als een watje. Die pittige, niet op haar mondje gevallen, zelfstandige vrouw verandert regelmatig in een *bitch*.

Wat er eigenlijk gebeurt is dat de verliefdheid vervaagt, en dus ook het vermogen om alles van de geliefde op een positieve wijze te interpreteren. Nu blijkt ook steeds meer dat deze liefde zeker niet onvoorwaardelijk is. Het wordt steeds duidelijker welk gedrag beslist niet kan binnen de relatie op straffe van pijnlijke afwijzing, en welk gedrag wel de gewenste liefde en erkenning oplevert. Bepaalde aspecten van onafhankelijk gedrag die je aanvankelijk uit vrije wil achterwege liet om de ander gerust te stellen en te plezieren, blijken nu dus ook echt niet te mogen, omdat de ander zich er vreselijk onveilig door voelt. Vond je het in het begin nog leuk om tijdens je avondjes uit zonder je partner af en toe een geruststellend sms'je te sturen, nu wordt de partner ernstig ongerust als je alleen uitgaat en géén sms'jes stuurt. Vond je het in het begin nog leuk om mee te gaan naar zijn tenniswedstrijd of haar zangkooruitvoering, in een later stadium wordt thuisblijven als een afwijzing ervaren. Heb je aanvankelijk een levendige interesse getoond voor zijn uiteenzettingen over racewagens of klassieke muziek, nu blijkt dat je die verhalen eigenlijk niet echt interessant vindt, wordt dat als een pijnlijke afwijzing ervaren. Heb je in de beginfase je gewoonte om eens in de maand door te zakken in het café verzwegen of zelfs beheerst, nu worden die uitspattingen beslist niet gewaardeerd en zorgen steevast voor een koude crisis in de relatie. En natuurlijk wordt het relationele mijnenveld bij uitstek, de seksualiteit, al heel snel omgeven met diverse in- en expliciete waarschuwingsborden. Monogamie is in bijna alle liefdesrelaties een noodzakelijke voorwaarde voor beide partners om zich veilig te kunnen voelen, en alles wat maar de schijn opwekt van vreemdgaan of de behoefte daaraan, is doorgaans taboe, of – als het zich toch voordoet – een bron van veel pijn en afwijzing, en de meest voorkomende aanleiding tot het stuklopen van relaties.

In dit gewennende stadium van de relatie blijkt dat niets zo verslavend is als veiligheid: de minste afwijking van de veilige gang van zaken wordt als bedreigend opgevat, als een gevaar voor de relatie. In een 'goede' relatie zullen beide partners dan ook automatisch overgaan tot een meer of minder ernstige vorm van zelfamputatie: die eigenschappen in mij die in de ander angst oproepen en mogelijk tot afwijzing zullen leiden, moeten gedissocieerd worden. Houden partners daarentegen vast aan hun 'vrijheid' dan zal de relatie doorgaans in dit stadium al sneuvelen. Het is een pijnlijk dilemma waar je in terechtgekomen bent: óf de relatie gaat eraan, óf je moet onderdelen van jezelf amputeren.

In deze fase komen ook allerlei kunstgrepen voor die de veiligheid moeten garanderen en nieuw leven in de sleur moeten brengen. Een grootse huwelijksceremonie kan een feest zijn om je geluk met elkaar te vieren, maar het is meestal ook een vorm van 'bezegeling' van de afspraak elkaar nooit te zullen afwijzen. In het grootstedelijk milieu komt nog een andere vorm van bezegeling voor: beide partners hebben aanvankelijk hun eigen huis aangehouden, maar wonen steeds vaker samen in een van beide huizen. Dan komt het moment dat het huis dat toch haast nooit meer bewoond wordt, beter afgestoten kan worden. Het samenwonen krijgt nu een officiële status, er is geen plekje meer waar de partners zich afzonderlijk kunnen terugtrekken. De aanvankelijke openheid van de relatie wordt nu ook formeel beëindigd, en vaak zie je niet lang daarna de eerste symptomen van de relatiecrisis ontstaan.

De meest ingrijpende bezegeling van de wederzijdse belofte elkaar niet te zullen afwijzen, vindt plaats als er een kind komt. Natuurlijk is dat ook een uiting van liefde en verbondenheid, maar het neveneffect is toch ook een sterk geloof dat als er eenmaal een kind is, de partner je niet meer in de steek zal laten. Deze veiligheid leidt in een later stadium van de relatie vaak tot extra beknelling: er rust een groot taboe op uit elkaar gaan als je kinderen hebt omdat je die arme schatjes geen pijn wilt doen. Dat de kinderen ondertussen zwaar gebukt gaan onder de spanning van een permanente relatiecrisis wordt meestal niet onderkend. Uiteindelijk blijken ook kinderen slechts een schijnbare beveiliging tegen het stuklopen van de relatie. Het kan de levensduur van een vastlopende relatie wat rekken, maar het vergroot tevens de spanning tussen de partners, zodat de relatie uiteindelijk toch stukloopt, ongeacht – of zelfs mede door – de aanwezigheid van een of meer kinderen.

Houdt de relatie stand tijdens deze fase van bezegeling van de wederzijdse veiligheid, dan komt er een min of meer stabiele fase. De relatie wordt ervaren als veilig, als boven elke twijfel verheven, als een onvoorwaardelijk toevluchtsoord, als een symbiose. Elk ontwikkelt zijn of haar niet-bedreigende eigenschappen en is succesvol in het dissociëren van bedreigende eigenschappen. Deze relaties kennen vaak een hele duidelijke scheiding van taken: waar de een goed in is, wordt door de ander nooit meer gedaan. Traditioneel zit hij altijd achter het stuur, doet de klussen in huis en regelt de grote financiën als hypotheek en verzekeringen, terwijl zij de verzorgende taken in huis doet, meer tijd heeft voor de kinderen en familieaangelegenheden, en het huishouden bestuurt. Maar tegenwoordig kan de taakverdeling ook totaal anders liggen. Voor het principe maakt dat niks uit, beide partners stoten bepaalde complementaire delen van zichzelf af, en gaan samen één hele symbiotische entiteit vormen. En dat gebeurt niet alleen op praktisch gebied: hij had altijd al moeite met zijn diepere emoties, daar zorgt zij nu voor in de relatie. Zij had altijd al moeite met zich veilig voelen, daar zorgt hij nu voor. In het algemeen zien we dat de mannelijke partner beter is in het dissociëren van onwelkome eigenschappen, en de vrouwelijke partner beter is in het volledig versmelten met welkome eigenschappen. De 'versmolten' partner voelt zich onveilig als speelbal van haar eigen emoties en wordt daarom aangetrokken tot de 'dissociërende' partner, die zijn emoties immers onder controle schijnt te hebben. De 'dissociërende' partner voelt zich eenzaam of oppervlakkig vanwege zijn gedissocieerde emoties en wordt daarom aangetrokken door de warmte en diepgang van de 'versmolten' partner. Een 'goede' relatie is dus niets anders dan een succesvolle symbiose van twee 'halve' mensen. 'De relatie' wordt het hoofdbestanddeel van het zelfbeeld van beide partners, en in veel gevallen zelfs het hoofdzakelijke doel om voor te leven.

Hierboven werden de eigenschappen dissociatie en versmelting respectievelijk mannelijk en vrouwelijk genoemd. In de praktijk zie je dissociatie inderdaad vaker bij mannen en versmelting vaker bij vrouwen. Vrouwen dóén het meest en mannen láten het meest voor de veiligheid in de relatie. Niettemin komt het ook voor dat de vrouwelijke partner de dissociërende is, en de mannelijke de versmolten partner. We zien dan soms relaties waarin de vrouw een 'mannelijke' rol speelt, bijvoorbeeld als kostwinner, en de man een 'vrouwelijke' rol op zich heeft genomen, bijvoorbeeld als 'huisman', en dat beiden zich daar heel goed in voelen. En om het nog ingewikkelder te maken, kunnen beide partners een deel gedissocieerd hebben en met een ander deel versmolten zijn. Je versmelt met die eigenschappen die je partner gedissocieerd heeft, je onderdrukt of verwaarloost die eigenschappen waarmee je partner versmolten is. Tezamen vorm je een symbiose, een geheel van twee halve mensen. Trouwens, in liefdesrelaties tussen mannen of vrouwen onderling gebeurt dit op precies dezelfde wijze, vandaar dat je in dit boek geen apart hoofdstuk aantreft over homoseksuele relaties. Er is geen enkel verschil.

Natuurlijk zie je soms ook relaties die niet of maar ten dele in die 'symbiosevalkuil' terechtkomen, en waarin beide partners er tevens in slagen om belangrijke delen van hun autonomie in stand te houden. Daar zijn wel fundamentele keuzes voor nodig die niet altijd gemakkelijk zijn, hoewel ze beslist minder ellende opleveren en veel meer geluk dan in de symbiotische relatie ooit mogelijk is. Over die keuzes en over niet-symbiotische liefdesrelaties gaat het tweede deel van dit boek.

12

De vicieuze cirkel van samsara

Volledig afwezig, niet denkend aan de naderende dood,
Voortdurend zinloos bezig.
Nu met lege handen terug te keren zou totale verdwaasdheid zijn;
Nodig is herkenning, het spirituele onderricht,
Dus waarom niet nu het pad van wijsheid volgen?
Uit de mond der heiligen komen deze woorden:
Als je het onderricht van je leraar niet koestert in je hart,
Ben je dan niet je eigen bedrieger?

uit: Het Tibetaanse dodenboek

Als je in de voorgaande hoofdstukken de indruk hebt gekregen dat het hebben van een relatie in feite één grote valkuil is van kommer en kwel, dan denk je nu misschien dat dit boek je aanraadt vrijgezel te worden of te blijven. Maar het wel en het niet hebben van een liefdesrelatie zijn twee kanten van dezelfde munt op de wisselmarkt van liefde en erkenning. Als vrijgezel ben je meestal al bezig de voorwaarden te scheppen voor het vastlopen van je eventuele toekomstige relatie. Ook het single-bestaan richt zich immers op het veroveren van liefde en erkenning, al wordt de 'jackpot' van wederzijdse verliefdheid een tijdlang niet gewonnen, of door sommigen zelfs angstvallig vermeden. Als vrijgezel heb je je afhankelijkheden doorgaans beter gespreid: je bent niet afhankelijk van de liefde van één partner, maar je hebt niettemin net als iedereen je eigenwaarde uitbesteed aan een aantal vrienden of vriendinnen, je succes op het werk, contacten met collega's, leuke hobby's, eventueel wat roesverwekkende middelen, misschien af en toe een korte affaire, een *one-night stand* of een bezoekje aan een prostituee. De ellende bij teleurstellingen is misschien minder diep, het geluk tijdens de momenten van succes ook, en door de spreiding van afhankelijkheden slaag je er beter in om voor anderen en jezelf een schijn van autonomie in stand te houden.

Als alleenstaande heb je altijd een opvatting over liefdesrelaties. Het kan zijn dat je nog maar kort geleden een pijnlijke beëindiging van een relatie hebt meegemaakt, en dat je nog in een rouwfase verkeert: je eigenwaarde heeft een flinke deuk opgelopen, je voelt nog regelmatig verdriet, pijn, verwijt, frustratie, boosheid of een mengsel van deze gevoelens over het stuklopen van de relatie. Misschien heb je nog een vage hoop dat het weer goed komt. Of je bent al volop bezig een nieuw leven op te bouwen, leuke dingen te gaan doen, nieuwe mensen te ontmoeten, kortom, alles te doen om nieuwe liefde en erkenning te ontvangen om maar zo snel mogelijk af te komen van dat schrijnende gevoel van eenzaamheid en gemis. En daar zit nu net al weer de oorzaak van een volgende relatieronde van verliefdheid-veiligheid-beknelling-afwijzing. Het is eigenlijk heel simpel: zolang je niet in staat bent om zélf je diepste gevoelens van onvolkomenheid en behoeftigheid te integreren in je spirituele groei, zul je jezelf telkens weer afhankelijk maken van anderen om die behoeftigheid te vullen, en daarmee die fundamentele misvatting van behoeftigheid in stand houden en vergroten. Zo zal de manier waarop je geluk nastreeft, steeds dat geluk belemmeren. Zo blijft de manier waarop je ellende probeert te vermijden steeds nieuwe ellende veroorzaken.

'Is het echt allemaal zo erg, het leven is toch best wel leuk ook?' zul je misschien tegenwerpen. Ja, het leven is inderdaad heel leuk, maar de manier waarop we het leven, is vaak contraproductief, levert onnodige ellende op. Het kan zijn dat je eerst nog wat beter moet kijken om de pijnlijkheid van je situatie echt goed te gaan zien. Het zijn echt niet alleen de openlijke schlemielen, mafketels en *losers* waarop dit verhaal betrekking heeft. Het zijn niet alleen verslaafden, psychoten en depressieven die hun eigen geluk verknallen en hun eigen lijden veroorzaken: iedereen doet het. Als je wat langer en beter kijkt, zie je dat de meest succesvolle zakenman zich eenzaam voelt op zijn hotelkamer en verslaafd is aan *call girls*. Dan blijkt de beeldschone en gevierde actrice zich altijd onzeker en lelijk te voelen en de ene relatie na de andere te verslijten. Dan blijken achter die mooie en dure gevels in Amsterdam-Zuid relaties te wonen vol openlijke of bedekte beknelling en verwijt. Dan blijkt de wereld vol veilige schuilers en succesvolle vluchters. Dan zie je dat veel 'goede relaties' voornamelijk gericht zijn op het bewaren van een bedrieglijk gevoel van veiligheid en geborgenheid. Dan zie je dat een volgeplande vrijgezellenagenda met leuke activiteiten met vrienden, boeiende theatervoorstellingen en creatieve hobby's één grote vlucht is voor de angst om met jezelf alleen te zijn. Kortom, dan zie je dat het grote geluk dat doorgaans met liefde en erkenning geassocieerd wordt, bijna altijd óf een lonkend toekomstbeeld is waar we naar smachten, óf een kortstondige heerlijke ervaring die inmiddels al weer verwaterd is in de sleur van de vaste relatie, of een pijnlijke herinnering die we proberen kwijt te raken met de hoop op een nieuwe aflevering van het grote geluk.

Misschien klinkt dit je toch wat somber en zwartgallig in de oren? Dat snap ik, en ik wil niet ontkennen dat er in je leven ook geluk voorkomt, dat je misschien zelfs best een leuk leven hebt. Prima, niks mis mee, gefeliciteerd! Maar is het echt in overeenstemming met je hoogste opvattingen over geluk? Of heb je die opvattingen aangepast aan de 'realiteit'? Dat valt eenvoudig te verifiëren. Ga maar eens na of je bewust of ongemerkt hoopt op meer geluk en minder lijden. Kijk eens of je bewust of ongemerkt aan het werk bent voor een verbetering van je positie. Heb je soms gedachten over een betere baan, een mooier huis, een snellere auto, een lievere man, een jongere vrouw? Heb je zorgen over de prestaties van je zoon, de gezondheid van je dochter, de loyaliteit van je vriend, de trouw van je partner, de voortgang van je carrière, de ontwikkeling van je talenten, de erkenning door anderen van je prestaties? En als je misschien álles goed voor elkaar hebt in je leven, ben je dan misschien aan het tobben over je gebrek aan waardering ervoor, verwijt je jezelf dat je ondankbaar bent, of niet aardig genoeg voor anderen, of misschien tekortschiet als vader of moeder, vriend of geliefde?

Ja, maar dat is toch allemaal normaal! zul je misschien denken. Inderdaad, het ís normaal in de betekenis van: iedereén heeft dit. Ik probeer je alleen te laten zien dat het misschien niet 'normaal' is dat we dit normaal vinden. Dat het een symptoom is van de fundamentele misvatting. Dat we altijd bezig zijn met geluk na te streven en ellende uit de weg te gaan, en nooit echt honderd procent tevreden zijn. Dat de manier waarop we de illusie van onze eigen onvolkomenheid alsmaar proberen te bedekken met de liefde en erkenning van anderen, een vicieuze mallemolen is waar je alsmaar nieuwe energie in stopt en waar nooit een eind aan komt. Totdat ziekte en ouderdom een eind aan de *ratrace* maken, en je moet erkennen dat je je hele leven lang niet hebt ontdekt wie en wat je in werkelijkheid bent. Heel je leven op een kist met goud wonen en uit onwetendheid elke dag weer gaan bedelen, dat is onze existentiële situatie. Sommige bedelaars zijn misschien een tijdlang heel succesvol, andere minder. Maar voor bijna iedereen geldt dat we leven in onwetendheid van onze volmaakte natuur terwijl we de frustratie daarover telkens weer ontvluchten of toedekken. Krijg je zin om deze vicieuze cirkel van samsara te doorbreken? Om op zoek te gaan naar het meest boeiende, vervullende en gelukkig makende inzicht in je eigen natuur, die tevens de natuur is van alles wat bestaat? Lijkt het je wat om relaties weer te gaan benutten voor wat ze in wezen zijn: een weg terug naar onze diepste natuur? Dan nodig ik je uit om het tweede deel van dit boek te lezen, over het spirituele pad.

DEEL 2

Alles is zoals het is

De herberg

Dit mens-zijn is een soort herberg:
elke ochtend weer bezoek.

Een vreugde, een depressie, een benauwdheid,
een flits van inzicht komt
als een onverwachte gast.

Verwelkom ze; ontvang ze allemaal gastvrij!
Zelfs als er een menigte verdriet binnenstormt
die met geweld je hele huisraad kort en klein slaat.

Behandel dan toch elke gast met eerbied.
Misschien komt hij de boel ontruimen
om plaats te maken voor extase...

De donkere gedachte, schaamte, het venijn,
ontmoet ze bij de voordeur met een brede grijns
en vraag ze om erbij te komen zitten.

Wees blij met iedereen die langskomt.
De hemel heeft ze stuk voor stuk gestuurd
om jou als raadgever te dienen.

Jalaluddin Rumi, Perzische dichter
(1207-1273) vert. R. van Zeyl

13

Het spirituele pad

De geest van de Boeddha is alles-doordringend,
Het Gewaarzijn van levende wezens is onsamenhangend:
Het is belangrijk om openheid te ontwikkelen,
Net zo open als de hemel.

Sri Simha, boeddhistische leraar in India
(8ste eeuw)

Het allerbelangrijkste is
te ontdekken
wat het allerbelangrijkste is.

Shunryu Suzuki, zenleraar
(1904-1971)

Als je het eerste deel van dit boek tot je door hebt laten dringen, en je beseft hoe je identiteit bepaald wordt door een enorme complexiteit van in elkaar grijpende en elkaar afdekkende misvattingen, dan zou je bevangen kunnen worden door een diepe moedeloosheid en het gevoel dat het nooit, nooit, nooit zal lukken om je van al die ingesleten patronen te bevrijden! Wees gerust, deze reactie is zelf onderdeel van het probleem, want opnieuw een zelfafwijzing en poging ons te willen dissociëren van wat ons last bezorgt. Juist het idee dat we iets aan onszelf moeten veranderen om goed of waardevol te worden, is immers de kern van het hele probleem. Het wonderlijke van de spirituele benadering is dat die niet de gevolgen van de misvatting bestrijdt, maar de oorzaak ervan wegneemt. Ze pakt de essentie van alle problemen aan, namelijk de geest die al die problemen zowel creëert als ervaart. Als je al je pijnlijke automatismen voorstelt als bladeren aan een boom, dan kun je wel proberen om elk blad afzonderlijk af te knippen, maar dat is inderdaad een eindeloze klus, temeer omdat er telkens weer nieuwe bladeren aangroeien. De spirituele benadering snijdt de wortel van de identiteitsboom door, waardoor alle pijnlijke bladeren ineens verschrompelen. De fundamentele misvatting mag dan doorgedrongen zijn in bijna ál je handelingen, ál je gedachten, en in ál je ervaringen, het blijft steeds één en dezelfde misvatting, en de oplossing is dus simpel: beëindig de misvatting.

Het boeddhisme heeft een leuke vergelijking om dit te verduidelijken: we lopen allemaal op blote voeten. Dat doet soms pijn als we over scherpe doornen of harde rotsen lopen. Onze gebruikelijke reactie is alle pijnlijke plekjes, elke harde rots of doornige struik, met leer te bekleden zodat we onze voeten er niet aan verwonden. Er komt geen eind aan. De spirituele benadering leert ons dat het handiger is om schoenen te dragen: we herkennen dat het onze eigen geest is die ons lijden creëert en we zorgen ervoor dat hij daarmee ophoudt.

Op welke manier vormt de geest de essentie van al onze problemen? Laten we nog eens kijken naar de reeks van misvattingen die tezamen onze identiteit vormen. We zagen al dat onze situatie gekenmerkt wordt door onwetendheid of vervreemding van onze volmaakte natuur. Dit is de hoofdoorzaak van alle ellende. Daaruit ontstaat een kettingreactie van misvattingen. De moeder van alle misvattingen is dat we menen dat onze natuur onvolkomen is, waardeloos of niet goed genoeg. Dit is zelfafwijzing. Meteen daarna vluchten we weg van deze pijnlijke misvatting; de geest wendt zich af van zijn vermeende waardeloosheid en probeert een gevoel van eigenwaarde te baseren op liefde en erkenning van anderen. Dit is eigenlijk een afwijzing van onze zelfafwijzing, en dus wederom een vorm van zelfafwijzing.

Hieruit ontstaat het hele complex van patronen en gedragingen om erkenning van anderen te krijgen en afwijzing te voorkomen. Vervolgens proberen we onze hele identiteitsconstructie weer te verbergen achter een imago van zelfverzekerdheid, een met-mij-is-alles-dik-voor-mekaar-show. Wat het imago probeert te verbergen is een soort gêne voor onze onzekerheid en onze afhankelijkheid van anderen, en dat is dus ook een vorm van zelfafwijzing.

In de groei van onze identiteit naar volwassenheid versmelten we met veilige patronen (angst voor afwijzing) en dissociëren we van onveilige patronen (zelfafwijzing). Ten slotte projecteren we onze gedissocieerde eigenschappen op anderen, die we vervolgens veroordelen en afwijzen, hetgeen in wezen dus ook weer een verkapte vorm van zelfafwijzing is.

Zo zie je dat de moeder van alle misvattingen, ons negatieve geloof, niet alleen de kern is van ons zelfbeeld, maar tevens de energie levert aan alle andere lagen van onze identiteit, en dus de essentie is van alle andere misvattingen. Zelfafwijzing is de bril waardoor we alle andere aspecten van ons zelfbeeld bekijken en waardoor we in een permanente strijd met onszelf terecht zijn gekomen. Kijk maar naar jezelf, het is makkelijk te zien. Komt het weleens voor dat je jezelf zwak of machteloos voelt, vervolgens naar jezelf kijkt, en jezelf dan ook nog eens een zwakkeling vindt omdat je jezelf zwak voelt? Of dat je het stom vindt van jezelf dat je jezelf stom vindt? Of dat je kwaad wordt op jezelf omdat je je woede niet onder controle hebt? Of dat je een hekel hebt aan jezelf omdat je niet van jezelf houdt? Telkens als je je bewust wordt van een pijnlijk, beknellend of machteloos gevoel, is dat bijna altijd een afwijzend bewustzijn. Dat is het negatieve geloof, de donkere bril waardoor je bijna altijd naar jezelf kijkt.

Het spirituele pad geeft je inzicht in deze allesdoordringende misvatting, en de middelen om je ervan te bevrijden. Je hoeft daarbij dus beslist niet een strijd aan te gaan met alle ellende veroorzakende patronen, zo'n strijd zou de ellende alleen maar vergroten omdat hij opnieuw een vorm van zelfafwijzing zou zijn. 'Ja maar,' denk je nu misschien, 'als je alles van jezelf maar oké vindt, zonder af te wijzen, dan verandert er toch ook niks?' Toch wel, juist wel, want verandering is de natuur van alle verschijnselen. Alles verandert vanzelf als jij je er niet meer tegen verzet. Het is juist door ze af te wijzen dat je zelfafwijzende patronen in stand worden gehouden of in telkens nieuwe vormen de kop opsteken. Als je altijd met een zelfafwijzende blik naar je zelfafwijzing kijkt, hoe zou je dan ooit je zelfafwijzing kunnen beëindigen? Pas door in plaats daarvan een open en vriendelijk gewaarzijn van jezelf te ontwikkelen, lost de verkramping op, en verandert alles op natuurlijke wijze. Dat betekent dat alles verandert in overeenstemming met je natuur, die al volmaakt is. Het is zelfafwijzing die ons verhindert die volmaakte natuur te zien. Het is zelfafwijzing die ons verhindert ons verkrampte streven naar liefde en erkenning van anderen onder ogen te zien en los te laten. Het is zelfafwijzing die ons verhindert om ons verharde imago van zelfverzekerdheid en zelfbescherming los te laten. Het is zelfafwijzing die ons telkens weer doet dissociëren van pijnlijke patronen en gevoelens, waardoor die juist in stand worden gehouden.

Maar let op: ophouden met zelfafwijzing is niet hetzelfde als berusten in je gevoelens van waardeloosheid, dat zou eerder een slachtofferrol zijn en leiden tot depressie. Het is ook niet jezelf wijsmaken dat je van nature goed bent, dat zou eerder een soort new-age-geloof zijn waarmee je je zelfafwijzing alleen maar tijdelijk toedekt. Ophouden met zelfafwijzing is die donkere bril afzetten en beginnen met kijken naar en erkennen van wie je werkelijk bent.

Een andere manier om hetzelfde uit te leggen is door het woord 'zelfafwijzing' te vervangen door 'aversie'. Uit onwetendheid van onze volmaakte staat van zijn ontstaat aversie tegen onze vermeende onvolkomen natuur, ons negatieve geloof. Daaruit ontstaat gehechtheid aan liefde en erkenning van anderen als bedekking van die onvolkomen natuur. Maar er ontstaat tevens aversie tegen de fundamentele onzekerheid en kunstmatigheid van die bedekkingen, en dus gehechtheid aan de bedekking van de bedekking: we verbergen onze afhankelijkheid en onzekerheid, dit 'innerlijke zelfbeeld', achter een imago van zelfverzekerdheid, een 'ideaal zelfbeeld'. En telkens als we ons na een tijdje bewust worden van een bepaald aspect van die gehechtheid (versmelting), is er meteen weer aversie en de

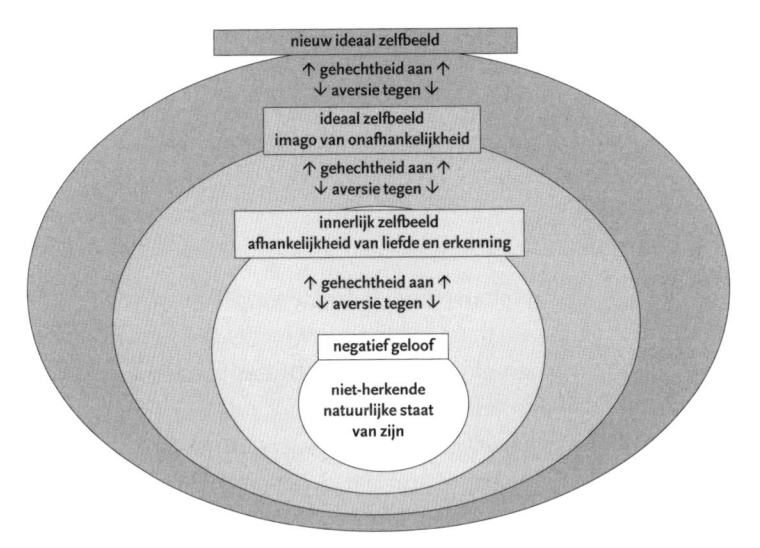

```
        ┌─────────────────────┐
        │  nieuw ideaal zelfbeeld  │
        └─────────────────────┘
          ↑ gehechtheid aan ↑
          ↓ aversie tegen ↓
            ideaal zelfbeeld
          imago van onafhankelijkheid
          ↑ gehechtheid aan ↑
          ↓ aversie tegen ↓
            innerlijk zelfbeeld
       afhankelijkheid van liefde en erkenning
          ↑ gehechtheid aan ↑
          ↓ aversie tegen ↓
              negatief geloof
              niet-herkende
              natuurlijke staat
                  van zijn
```

Afbeelding 3: Aversie tegen een gevoel of patroon (dissociatie) veroorzaakt tevens gehechtheid aan de bedekking van dat gevoel of patroon (versmelting).

neiging te dissociëren van dat patroon en te versmelten met een alternatieve vorm van zelfbescherming, een nieuw 'ideaal zelfbeeld'. Zo zijn het onze aversie en onze gehechtheid aan de bedekking ervan die ons lijden in stand houden (zie afbeelding 3).

Zie je dat aversie of zelfafwijzing de motor is achter alle problemen? Dat is heel erg goed nieuws, want zelfafwijzing doe je zelf; daar kun je dus leren mee op te houden! Het tegendeel van zelfafwijzing en aversie is toelaten, omarmen, integreren. Hoe fijn om te merken dat dát de oplossing is, het toelaten. Alles hoeft niet eerst veranderd of verbeterd te worden. Want dan is het eind nooit in zicht. Simpelweg toelaten, verzachten, openen is de oplossing. Vriendelijkheid in plaats van aversie. Zelferkenning in plaats van zelfafwijzing.

Het spirituele pad omvat oefeningen en strategieën waarmee je die vriendelijkheid voor jezelf kunt ontwikkelen. Je zult in dit boek overigens tevergeefs zoeken naar instructies om te gaan houden van jezelf. Houden van jezelf kan namelijk alleen spontaan ontstaan als je leert op te houden met zelfafwijzing. Als je daarentegen van jezelf probeert te houden als strategie om van je problemen af te komen, wordt het algauw een trucje om van vervelende gevoelens af te komen. En dat is een vorm van dissociatie en is dus gedoemd om meer ellende op te leveren dan je ermee kwijtraakt. Het echte houden van jezelf is ook beslist niet een fijn gevoel van waardevolheid; het is een allesdoordringend besef dat je waardevol bent ongeacht hoe goed of hoe waardeloos je je voelt.

Het beëindigen van zelfafwijzing is dus de simpelste oplossing voor al onze problemen. En zelfafwijzing was weer het gevolg van het niet herkennen van onze volmaakte natuur. Dus ophouden met zelfafwijzing en het realiseren van onze volmaakte natuur zijn eigenlijk twee aspecten van hetzelfde spirituele proces. Want dat is uiteindelijk de essentie van ieder spiritueel pad: het ontdekken van de ware staat van zijn, de werkelijke natuur van alle verschijnselen en dus ook van één verschijnsel in het bijzonder, namelijk mijzelf en mijn geest. De Tibetaans-boeddhistische leraar Tulku Urgyen (1920-1996) omschreef het aldus:

Samsara is de geest naar buiten gericht, zichzelf verliezend in zijn eigen projecties;
Nirvana is de geest naar binnen gericht, zijn eigen natuur herkennend.*

Dit omkeren van de richting van de geest is een cruciaal kenmerk van elk spiritueel pad. Je kunt de hele dag mantra's reciteren, trancedansen, bidden tot God of Allah, de moeilijkste yogahoudingen aannemen, andere mensen helpen of inspirerende boeken lezen en workshops volgen, maar als je niet je geest omkeert op zoek naar zijn eigen diepste natuur, ben je niet op een spiritueel pad in de diepste betekenis van het woord. Je bent misschien religieus bezig of gezond, altruïstisch of sociaal en dat kunnen allemaal heel zinvolle bezigheden zijn, maar ze worden pas spiritueel als ze gericht zijn op het beëindigen van de vervreemding van je eigen natuur.

---

* *Samsara* is Sanskriet voor 'cyclus' of 'ronddwalen'. Met *nirvana* wordt 'verlichting' bedoeld, maar het is Sanskriet voor 'uitdoven', namelijk van de oorzaken van samsara.

Daar kan overigens van alles bij misgaan, waardoor onze pogingen tot spirituele groei die groei juist belemmeren. Hetzelfde contraproductieve mechanisme dat tot het ontstaan van onze beknellende identiteit heeft geleid, kan ook gaan werken in onze pogingen ons ervan te bevrijden. We kunnen bijvoorbeeld onze zelfafwijzing weer als een vijand gaan beschouwen die overwonnen moet worden. We kunnen onze identiteit, ons ego gaan zien als de grote boosdoener die geëlimineerd moet worden. We kunnen de prettige gevoelens die het gevolg zijn van minder zelfafwijzing gaan beschouwen als doel op zich en er weer een nieuwe gehechtheid aan ontwikkelen. Kortom, wat mis kan gaan zal beslist ook af en toe misgaan en het herkennen en niet afwijzen daarvan maakt van alle vergissingen weer stappen vooruit op het spirituele pad.

Het spirituele pad kent twee benaderingen, de relatieve en de absolute. De relatieve benadering houdt in dat je alle pijnlijke automatismen in je zelfbeeld leert doorzien, de zelfafwijzing erin beëindigt, en in plaats daarvan positieve automatismen ontwikkelt. Deze benadering is heel concreet, vereist inspanning en doelgerichte training, en levert een langzame maar zekere vermindering van ellende en een toename van geluk op.

De absolute benadering richt zich rechtstreeks op het beëindigen van de hoofddoorzaak van de hele reeks van misvattingen: onwetendheid van onze volmaakte natuur. Deze benadering is moeilijk in woorden te vatten; ze brengt je direct in aanraking met je natuurlijke staat, en is alleen te leren van een spirituele vriend of leraar. Je bent misschien geneigd de laatste benadering het meest aantrekkelijk te vinden, maar toch zijn ze allebei noodzakelijk; de een kan niet zonder de ander. Je kunt via de absolute benadering weliswaar in korte tijd al glimpen opvangen van je volmaakte natuur, maar hoe inspirerend dat ook is, onder invloed van je negatieve automatismen raak je die ervaringen even snel weer kwijt. Anderzijds kun je wel proberen om al je destructieve automatismen één voor één te beëindigen en te vervangen door positieve, maar als je daarbij niet geïnspireerd wordt door de herkenning van je volmaakte natuur, wordt het wel een heel lange weg.

Er zijn tegenwoordig leraren die de absolute methode aanprijzen als de enige echte. Hun boodschap is dat je al verlicht bént, maar het alleen nog niet ziet. Je hoeft niets te doen, niets te veranderen, niets te trainen. Alles is al volmaakt, je hoeft het alleen nog maar toe te laten in je geest. Alle spirituele training is overbodig, zeggen ze, en houdt je zelfs af van de realisatie van je verlichte staat. Het grappige is dat ze op een absoluut niveau best gelijk hebben. Helaas realiseren de meeste mensen dat absolute niveau niet, en hoe vaak je ook zegt dat het bestaat, spontane realisatie vindt toch slechts bij een zeldzame enkeling plaats. De rest, zoals wij, zal toch ook een relatieve benadering moeten volgen. Alleen dan worden de negatieve automatismen verzwakt en ontstaat er ruimte om de richting van je geest om te keren en je eigen volmaakte natuur te leren herkennen. Alleen door de combinatie van relatieve en absolute benadering zul je ooit het punt bereiken van waaruit je kunt zien dat je altijd al verlicht was en dat alles altijd al volmaakt is geweest.

In de relatieve benadering van het spirituele pad zijn er globaal drie hoofdstromen te onderscheiden, die in het boeddhisme *hinayana*, *mahayana* en *vajrayana* genoemd worden. Ze omvatten een enorm rijk scala aan kennis en methoden voor spirituele groei en realisatie, meer dan voldoende om je een heel leven lang in te verdiepen. Maar ze kunnen ook heel essentieel samengevat worden als drie strategieën die los van elkaar of tezamen toegepast kunnen worden, al naar gelang de situatie dat vraagt. De hinayana-strategie leert je om situaties en gedachten die ellende veroorzaken, wat we hiervoor al de triggers noemden, uit de weg te gaan of te elimineren. Deze strategie houdt in dat je destructieve gewoontes zoals verslavingen of zelfverwaarlozing, en situaties waarin je jezelf erg bekneld voelt of waarin je anderen benadeelt, probeert te beëindigen. Het creëert meer rust in je leven, meer eenvoud, minder stress, en dus ook minder vluchtgedrag, zoals in alcohol, drugs of tv-kijken. Het betekent niet noodzakelijk een ascetisch leven, en genieten van de goede dingen blijft aanbevolen.

De mahayana-strategie richt zich op de ontwikkeling van positieve automatismen als tegengif voor de negatieve. Dus niet alleen ophouden met zelfdestructie maar tegelijk ook beginnen met het ontwikkelen van automatismen die positief zijn voor jezelf en anderen. In de mahayana-strategie verander je je behoeftigheidsbewustzijn, van waaruit je altijd anderen nodig hebt voor liefde en erkenning, in een soort 'overvloedigheidsbewustzijn' van waaruit je liefde en erkenning geeft aan alle wezens, inclusief jezelf. In deze strategie oefen je liefdevolle vriendelijkheid als tegengif voor je oude neiging tot aversie en (zelf)afwijzing. Je ontwikkelt inzicht in de veranderlijkheid van alle omstandigheden als tegengif voor je neiging tot vastklampen aan prettige dingen. Je wordt je steeds meer bewust van de onderlinge afhankelijkheid van alle verschijnselen als tegengif tegen moreel dogmatisme en je neiging om anderen en jezelf te veroordelen. In werkelijkheid zijn er geen goed en kwaad, alleen maar handelingen die tot meer geluk leiden of tot meer ellende voor jezelf en anderen.

De vajrayana-strategie gaat niets uit de weg, en gebruikt ook geen tegengifmethode om negatieve patronen om te zetten in positieve, maar richt zich op het herkennen van de zuivere essentie in alle negatieve patronen. In deze benadering worden emoties die doorgaans als negatief worden beschouwd, zoals agressie en obsessie, aversie en gehechtheid, dus niet vermeden of geneutraliseerd, maar volledig doorzien en 'doorvoeld', en getransformeerd tot hun zuivere essentie. Het transformeert iedere vorm van aversie in helderheid, en iedere vorm van gehechtheid in warmte en liefde. En dat zijn precies de basiskwaliteiten van onze natuurlijke staat van zijn: helderheid en liefde.

Je kunt de drie strategieën toepassen op elke problematische situatie. In een fikse relatiecrisis kun je bijvoorbeeld besluiten om een tijdje apart te gaan wonen om jezelf en elkaar wat rust en ruimte te geven. Dat is de hinayana-methode. Maar je kunt tegelijk een relatietherapie doen om je onderlinge communicatie te verbeteren en negatieve automatismen te herkennen en te vervangen door positieve. Dat is de mahayana-methode. Als je daarnaast ook nog eens de volle verantwoordelijkheid neemt voor al je pijnlijke gevoelens, en deze via contemplatie en meditatie transformeert in liefde en helderheid, dan gebruik je de vajrayana-methode. Je kunt het ook nog simpeler samenvatten:

1. probeer negatieve en destructieve patronen te beëindigen (hinayana-methode)
2. creëer positieve, gelukbrengende patronen (mahayana-methode)
3. keer de richting van de geest om naar zijn eigen volmaakte natuur (vajrayana-methode)

De komende hoofdstukken bevatten concrete uitwerkingen van deze spirituele beginselen, en hoe je jezelf kunt bevrijden van zelfafwijzing, zowel in de relatie met jezelf als in je liefdesrelaties. Het is goed om bij dit alles niet te vergeten dat spirituele kennis niet bedoeld is om klakkeloos aan te nemen, maar als een uitnodiging om zelf de juistheid ervan te onderzoeken. Hoe je dat kunt doen, behoort eveneens tot die spirituele kennis. Sommige kennis zal je misschien aanspreken en inspireren tot onderzoek. Andere kennis zal je misschien onverschillig laten of zelfs afstoten, en die kun je het beste gewoon opzijschuiven als (misschien voorlopig) onbruikbaar.

Er is een zenverhaal over een spirituele leerling die zo vol was van zijn eigen ideeën dat zijn leraar er niet in slaagde hem iets nieuws bij te brengen. Op een dag vroeg de leraar aan zijn leerling: 'Wil je nog een kopje thee?' De leerling had zijn eerste kopje echter nog niet aangeroerd en bedankte beleefd. Toen pakte de leraar de theepot en begon thee te schenken in het volle kopje van zijn leerling. De thee stroomde over de tafel en op het gewaad van de leerling. 'Hé, wat doet u nou?' riep hij verbaasd uit. De leraar antwoordde: 'Zo is het ook met jouw geest: die is zo vol dat er totaal geen nieuwe inzichten meer bij kunnen.'

14

Loslaten van het 'relatiedenken'

De ware ontdekkingsreis is geen speurtocht naar nieuwe landschappen, maar het waarnemen met nieuwe ogen.

Marcel Proust, Franse schrijver
(1871-1922)

Als je doorkrijgt dat je zelfbeeld voor het grootste deel bepaald wordt door je afhankelijkheid van liefde en erkenning, en je weet dat de liefdesrelatie de absolute top is in deze wederzijdse uitwisseling daarvan, dan hoeft het je niet te verbazen dat het wel of niet hebben van een liefdesrelatie een grote rol speelt in ons denken. Voor veel mensen is de liefdesrelatie het ultieme doel in hun leven, hetzij door een relatie na te streven als ze er geen hebben, hetzij door eraan vast te houden als ze wel een relatie hebben. En bij sommigen ontstaat na een reeks van pijnlijke ervaringen soms een tegenovergestelde reactie: nooit meer een relatie willen wordt dan het belangrijkste levensperspectief. Beide houdingen zijn symptomen van het relatiedenken. Als je serieus overweegt om wat meer geluk en harmonie in je leven te creëren, kun je het beste beginnen met dit relatiedenken los te laten en een spiritueel perspectief te kiezen. Dat houdt in dat je erkent dat al je streven naar liefde en erkenning van anderen de oorzaak is van heel veel lijden en hoogstens tijdelijk geluk kan brengen, en dat het realiseren van je volmaakte natuurlijke staat wél tot onvoorwaardelijk en ultiem geluk leidt. Tegenwoordig is het populair om dan te spreken van 'een goede relatie met jezelf', en die beeldspraak kan best een tijdje nuttig zijn, totdat je ontdekt dat er in die natuurlijke staat geen onderscheid meer is tussen de relatie met jezelf en je relatie met anderen.

Het loslaten van het relatiedenken houdt dus in dat je het wel of niet hebben van een relatie niet langer als levensdoel beschouwt, maar als een omstandigheid die wel of niet op je weg komt, en waarvan je kunt leren en genieten zolang het duurt. Het relatiedenken suggereert dat een 'goede relatie' definitief en permanent is, dus 'tot de dood ons scheidt'. In werkelijkheid is niets definitief en permanent, en denken dat een relatie dat wel is of zou moeten zijn, maakt dat we ons er krampachtig aan vastklampen, en heel veel pijn hebben als de relatie daardoor stukloopt.

In onze samenleving is het relatiedenken volledig ingeburgerd. Als er cijfers bekendgemaakt worden over het aantal huwelijken dat op een echtscheiding uitloopt (ca. 30%) wordt er vaak bij vermeld dat dat een hoog percentage is, en dat het een negatief verschijnsel is (soms met verwijzing naar vroeger, toen dat percentage lager was). Maar als je het relatiedenken eenmaal doorziet, dan zie je dat er niets zorgwekkends is aan echtscheidingen en dat de problemen die ermee samengaan voortvloeien uit de misvatting dat ze niet zouden mogen voorkomen. We zagen al dat de meeste traditionele liefdesrelaties in meer of mindere mate een voortzetting zijn van de afhankelijkheid en veiligheid van het ouderlijk gezin. Vandaar dat voor veel mensen het stuklopen van een relatie een stap vooruit betekent naar volwassenheid. We zien ook dat relaties die op latere leeftijd beginnen, en nadat beide partners al eerder relaties hebben gehad, soms wat minder die wederzijdse afhankelijkheid vooropstellen, en meer ruimte laten voor individuele ontplooiing. Natuurlijk zijn er ook mensen die bij het stuklopen van een relatie hun neurotische problemen onmiddellijk meenemen in de volgende. Het wisselen van relatie staat dan geheel in het teken van de dissociatie van pijnlijke gevoelens, of simpel gezegd, het is een vlucht uit de huidige problemen naar nieuwe problemen in de toekomst. Hoe dan ook, het hebben van een gelukkige relatie is iets wat je kunt leren (evenals gelukkig zijn als je géén relatie hebt), en de ervaring van een of meer vastgelopen relaties kan heel erg bijdragen aan dat leerproces.

Dat het relatiedenken zo algemeen ingeburgerd is, hoeft je niet te verbazen: het is een directe afgeleide van het 'behoeftigheidsbewustzijn' dat bijna iedereen heeft: het diepe gevoel dat je in wezen onvolkomen bent, niet compleet, niet goed genoeg (het negatieve geloof) plus de sterke aandrang om dat gevoel te bedekken met liefde en erkenning van anderen. De enige manier om echt van dat behoeftigheidsbewustzijn af te komen is door het realiseren van je volmaakte natuur. Maar dat zal je nooit lukken als je streven uitsluitend gericht blijft op het veroveren van die liefde en erkenning van anderen. Dus moet je beginnen met het loslaten van het relatiedenken. Maar pas op: dit betekent niet dat je ermee moet ophouden! Dat zou niet eens kunnen, je bent er immers ook nooit bewust mee begonnen, het is eerder zo dat het je is overkomen onder invloed van onwetendheid en omstandigheden. Loskomen van het relatiedenken gebeurt vanzelf als je de symptomen ervan in jezelf leert herkennen en omvatten met vriendelijk gewaarzijn. Ook betekent het niet dat je geen relatie meer zou kunnen aangaan of je huidige relatie moet beëindigen. Het betekent simpelweg onderzoeken op welke wijze je vasthoudt aan het relatiedenken, en vervolgens de resultaten van dat onderzoek omhelzen met vriendelijk gewaarzijn, dus zonder te oordelen.

Als je een relatie hebt, stel je dan eens voor dat je geliefde op een dag aan je vertelt dat hij dolgraag een jaar alleen wil gaan reizen. Of dat zij een jaar lang in retraite wil bij een spirituele leraar hoog in de Himalaya. Probeer eens te voelen wat je reactie zou zijn. Oordeel niet over die gevoelens. Misschien herken je angst om de ander te verliezen, boosheid over zo'n stom plan of verwijt dat de ander je in de steek laat. Misschien voel je ook zelfafwijzing vanwege deze gevoelens, zou je liever ruimhartig willen zijn en de ander deze kans gunnen. Of je hebt een sterk gevoel van verontwaardiging: de ander zit echt fout, zoiets doe je niet als je van elkaar houdt! Kijk eventjes niet naar de praktische consequenties van zo'n plan, maar naar je neiging om de ander als kind te willen behandelen en aan je te binden of juist af te stoten. Kijk naar je neiging om de ander verantwoordelijk te stellen voor jouw pijnlijke gevoelens.

Als je het relatiedenken hebt losgelaten, is er in de eerste plaats een sterk besef dat je geen recht hebt op de ander, en dat je de ander ook niets kunt en wilt verbieden. Dat neemt niet weg dat je je in het bovenstaande voorbeeld misschien afgewezen of verlaten voelt, en bang bent om de ander te verliezen. Die gevoelens zijn volstrekt normaal en zijn niet het eigenlijke probleem. Dat ontstaat pas als je de ander ervoor verantwoordelijk stelt. Dan maak je van jezelf een slachtoffer en kun je niets anders meer doen dan de ander manipuleren tot hij of zij ophoudt met wat jouw pijn opwekt. De ander voelt dit als afwijzing en probeert jou te manipuleren. Wederzijdse beknelling is het gevolg. Al die ellende wordt voorkomen als je zelf verantwoordelijkheid neemt voor alles wat je voelt. Bovendien kun je pas dan je pijnlijke gevoelens benutten op het spirituele pad en de ander de ruimte geven zijn eigen weg te gaan. Het kan zijn dat in het bovenstaande voorbeeld de relatie eindigt, of dat ze na dat jaar van vrijwillige scheiding juist opbloeit met nog meer wederzijdse liefde en dankbaarheid. In beide gevallen is er sprake van groei, van een grote stap naar de bevrijding van het behoeftigheidsbewustzijn en realisering van je natuurlijke staat van zijn.

Binnen een traditionele relatie zul je zo'n wens om een jaar bij elkaar weg te gaan waarschijnlijk niet eens tot uiting brengen en bij jezelf al veroordelen als slecht, egoïstisch en in strijd met de relatieregel dat je altijd samen moet blijven. En als je wens toch ter sprake komt, zal dat in de meeste gevallen leiden tot veel ellende en – als je eraan vasthoudt – tot een pijnlijke relatiebreuk. Niet vanwege het plan zelf, maar vanwege de reactie van de partners die elkaar verantwoordelijk stellen voor de beknellende of angstige gevoelens die er het gevolg van zijn. Zie je: als je echt meent dat de ander verantwoordelijk is voor je diepe gevoelens van angst en afwijzing, dan kun je op den duur niets anders meer doen dan de relatie verbreken. Hoeveel meer liefde en ruimte is er mogelijk in een relatie waarin de partners zélf verantwoordelijkheid nemen voor hun gevoelens. Als je daar echt goed in wordt, is er eigenlijk nooit meer een reden om niet van de ander te houden. De vorm van de relatie kan en zal veranderen in de loop der tijd, maar de liefde die rechtstreeks voortvloeit uit je natuurlijke staat, is blijvend. Zo zie je ook hier weer die contraproductieve paradox verschijnen: als je vasthoudt aan je relatie als levenslange garantie op veiligheid, raakt je liefde telkens weer bekneld. Maar als je erkent dat relaties tijdelijk en veranderlijk zijn, is je liefde blijvend.

Een soortgelijk gedachte-experiment kun je ook doen als je geen relatie hebt. Onderzoek eens hoe het verlangen naar een vervullende liefdesrelatie aanwezig is in je geest. Stel je eens voor dat je de rest van je leven nooit meer zo'n relatie zult hebben. Zie jezelf op hogere leeftijd, in een huisje alleen of in een bejaardentehuis, zonder levenspartner, zonder geliefde. Welke gevoelens komen er op? Angst voor eenzaamheid en dood? Verzet tegen dit pijnlijke idee? Wat precies mis je het meest in dit relatieloze toekomstbeeld? Het samenzijn? De liefde? Goede seks? Veiligheid? Eigenwaarde? Geluk?

Zo zie je dat we ongeveer alle fijne dingen des levens koppelen aan het hebben van een liefdesrelatie. Geen wonder dat het niet hebben of kwijtraken daarvan beangstigend is. Maar in werkelijkheid kunnen liefde, geluk, veiligheid, eigenwaarde en zelfs goede seks ook ervaren worden zonder liefdesrelatie. Als je behoeftigheidsbewustzijn is omgevormd tot een overvloedigheidsbewustzijn leef je permanent in liefde, en geef je moeiteloos liefde aan anderen, ongeacht of je wel of geen liefdespartner hebt.

Lijkt het je een goed idee om je behoeftigheidsbewustzijn los te laten en te streven naar een overvloedigheidsbewustzijn vanuit je natuurlijke staat? Denk nog even niet aan alle beangstigende consequenties, dát is namelijk het behoeftigheidsbewustzijn dat zich verzet tegen zijn eigen opheffing. Kijk gewoon naar de uitzichtloosheid van het relatiedenken, hoe het je telkens een worst voorhoudt van eeuwig geluk met de geliefde, waardoor je altijd afhankelijk blijft, bang voor afwijzing, strevend naar toekomstig geluk en ondertussen jezelf telkens weer kwijtrakend, altijd behoeftig naar liefde en erkenning van anderen, nooit in contact met wie je werkelijk bent. Laat de keuze die je nu hebt eens goed tot je doordringen. Kijk hoe bijzonder het is dat je nieuwsgierig bent naar de diepere lagen van je bestaan en ontdekt dat er inderdaad een keuze is voor een gelukkiger en zinvoller bestaan.

Kijk ook hoe snel je leven voorbijgaat: als je geen keuze maakt kies je eigenlijk voor het verspillen van je tijd. Blijf niet wachten en hopen dat een ander je het grote geluk komt brengen dat je in werkelijkheid al in je draagt. Erken dat er geen andere uitweg is uit de beknellende vicieuze cirkel van misvattingen dan de keuze voor je eigen volmaakte natuur. Zie hoe je leven al jarenlang doordendert over hetzelfde spoor. Is het je al opgevallen hoe lastig het is om werkelijk een andere koers te gaan volgen? Misschien ben je al langer geïnspireerd door bepaalde denkbeelden of boeken of leraren, maar komt het er nooit van om echt anders te gaan leven. Dat komt omdat het behoeftigheidsbewustzijn bang is voor zo'n keuze en je influistert dat je al je comfort en luxe en veiligheid zult moeten opgeven. Maar dat is een vertekening van de werkelijkheid gezien door die behoeftigheidsbril. In werkelijkheid zul je op den duur comfort minder belangrijk gaan vinden omdat je jezelf al comfortabel genoeg voelt. Je zult je minder vastklampen aan veilige omstandigheden omdat je je veilig genoeg voelt in jezelf. Kortom, het loslaten van je behoeftigheidsbewustzijn is alleen beangstigend zolang je het overweegt. Is die beslissing eenmaal genomen, dan is het de belangrijkste, diepzinnigste en meest vreugdevolle keuze die je ooit hebt gemaakt. Het is de keuze voor het spirituele pad naar je eigen diepste natuur, tevens de natuur van iedereen en alle verschijnselen.

15

Kijken naar je eigen geest: wie kijkt?

Lente-ochtend aan het meer:
De wind vermengt zich met de regen.
Wereldse beslommeringen lijken op bloemen
Die afvallen, om vervolgens opnieuw op te bloeien.
Ik trek me terug om te mediteren.
Vol vreugde is dit oord,
Terwijl de wolken aan- en afdrijven,
Heel de dag lang.

Zhengue, zenleraar
(12de eeuw)

De keuze voor het spirituele pad houdt dus het loslaten van het relatiedenken in. Het relatiedenken vloeit voort uit het 'behoeftigheidsbewustzijn'. Dit is weer het gevolg van zelfafwijzing. Ophouden met zelfafwijzing gaat gelijk op met het realiseren van je volmaakte natuur. Uit die realisatie ontstaat een 'overvloedigheidsbewustzijn'.

Heb je eenmaal de fundamentele keuze voor je volmaakte natuur gemaakt, dan volgt daaruit vanzelf de belangrijkste consequentie: oefenen. Het omkeren van de richting van je geest terug naar zijn eigen volmaakte natuur vereist training. Immers, je hebt al heel je leven het vluchten voor je eigen natuur geoefend vanwege de misvatting dat die ontoereikend en minderwaardig is. Die vluchtmechanismen zijn tamelijk ingesleten, en om ze af te leren is oefening nodig. Het spirituele pad biedt een breed scala aan methoden, zodat je je training altijd kunt afstemmen op je individuele behoefte. In dit boek vind je een paar van die methoden, en we beginnen met de allerbelangrijkste en de basis van alle andere methoden: leren kijken naar de essentie van je eigen geest.

Je geest is een drukke praatjesmaker die een constante stroom van gedachten produceert, telkens één tegelijk, de een na de ander, lange reeksen die samen een verhaal vormen, nieuwe verhalen produceren, of in bekende oude verhalen ronddraaien. Die verhalen gaan over de werkelijkheid, sterker nog: ze bepalen volledig onze waarneming van de werkelijkheid. Als je probeert ze te bestrijden, of bepaalde gedachten niet te denken, worden ze juist sterker. Als je de geest probeert stil te zetten wordt hij alleen maar drukker en glipt hij weg langs alle kanten. Dit is wat we de conceptuele of denkende geest noemen.

De bovenstaande beschrijving vertelt je niks nieuws, je wist het al. Hoe dan? Vanwege het feit dat je niet alleen een denkende geest hebt maar ook een gewaarzijn van die denkende geest. Anders zou je immers je eigen gedachten niet weten. Die gewaarzijnde geest is permanent aanwezig, zelfs terwijl je dit leest. Kijk maar: je weet wat je nu aan het lezen bent terwijl je aan het lezen bent. Wat is het dat met je mee leest en weet wat je aan het lezen bent, en op dit moment zelfs weet dat je weet wat je aan het lezen bent? Lees nog even verder terwijl je het gewaarzijn 'ik ben aan het lezen' tot je door laat dringen. Ben je op dit moment gewaar dat je deze zin leest? Zie je dat dat gewaarzijn er altijd is, en dat je je daar meestal niet van bewust bent? Maar omdat je er nu eventjes van bewust bent dat je dit leest, wordt dit permanente gewaarzijn zich eventjes bewust van zichzelf. Dit zichzelf bewustzijnde gewaarzijn is de essentie van de geest. Stop nu even met lezen en verblijf een paar seconden in dit zichzelf gewaarzijnde gewaarzijn...

Je zult wel merken dat het niet lang duurt of dit zichzelf kennende gewaarzijn verliest zichzelf weer in een nieuwe reeks van gedachten.

Ook dan is er nog steeds gewaarzijn, maar het is zich niet langer bewust van zichzelf, het verliest zichzelf in de stroom van gedachten of gebeurtenissen. Hoe weet je dat het er dan nog steeds is? Omdat je anders geen weet zou hebben van je gedachten. Je zou zijn als een computer. Een computer kan ook waarnemen als je er een camera op aansluit, en luisteren als je er een microfoon op aansluit. Een computer kan denken als je er een bewerking door laat uitvoeren, en de resultaten onthouden. Maar wat de computer ook doet, hij wéét niet dat hij het doet, er is geen bewustzijn, geen gewaarzijn van zijn eigen bestaan. Onze geest kan net als een computer waarnemen, luisteren, mentale bewerkingen uitvoeren en onthouden, maar heeft bovendien bij dit alles permanent een bewuste kwaliteit. Dat is de essentie van de geest. Doorgaans zijn we ons niet bewust van die bewuste of 'kennende' kwaliteit. Het gewaarzijn heeft zichzelf verloren en wordt meegesleurd in de denkstroom. Maar als je wilt, of je wordt er even aan herinnerd, dan kun je dat gewaarzijn weer in contact met zichzelf brengen.

Doorgaans noemen we dat alledaagse gewaarzijn, dat zichzelf verloren heeft en meegevoerd wordt door de gedachtestroom, het bewustzijn. Het is de hele dag aanwezig, ook als je droomt en zelfs een klein beetje tijdens je droomloze slaap. Immers, als er tijdens je slaap een hard geluid klinkt, dringt dat kennelijk tot je bewustzijn door: je wordt er wakker van. Alleen na een harde klap op je kop kun je tijdelijk echt 'bewusteloos' zijn.

Zodra het bewustzijn zich van zichzelf bewust is, noemen we het gewaarzijn. De keuze voor de termen 'bewustzijn' en 'gewaarzijn' is tamelijk willekeurig en dient alleen om verwarring te voorkomen. Belangrijker is dat je het onderscheid tussen die twee vormen van zijn herkent. Bij alles wat je doet is het bewustzijn ongemerkt aanwezig. Maar als je eraan herinnerd wordt, en je laat je geest zich bewust zijn van zichzelf, dan is er eventjes gewaarzijn. Kijk maar, dan laat ik het nog een keer zien. Je bent nu deze zin aan het lezen. Kun je deze zin lezen en tegelijkertijd gewaar zijn dat je dit aan het lezen bent? Zie je dat je dan even in een soort helderheid komt, niet alleen van je geest maar tegelijk ook van een soort 'hier-en-nu-gevoel'? Voel je de 'hier-en-nu-ruimte' om je heen? Ben je je op dit moment heel eventjes bewust van je bewustzijn? Dat is je gewaarzijn, de zelfkennende essentie van de geest. Het is heel subtiel en het verdwijnt weer meteen nadat het zichzelf even 'aangeraakt' heeft. Maar je kunt het ook telkens weer oproepen: bewustzijn van je bewustzijn, gewaarzijn, bewust 'zijn'. Zie je dat het helder en open is, en volkomen vrij van oordelen en afwijzen? Het kan alles omhelzen.

Wanneer je bewustzijn zich bewust is van zichzelf, wil dat niet zeggen dat al het andere verdwijnt. Je ziet nog steeds door je ogen, je hoort nog steeds door je oren, je voelt, gedachten komen op, maar bij dat alles is er ook even die wetende kwaliteit, dat gewaarzijn dat vrij is van oordeel en afwijzing. En even later is het weer weg, ben je weer meegevoerd in je denkstroom, bén je je denkstroom.

Hoe weet je dat het gewaarzijn vrij is van oordeel en afwijzing? Omdat die plaatsvinden in de denkende geest. Tijdens het oordelen en afwijzen kun je wéten dat je aan het oordelen of afwijzen bent. Dat is het gewaarzijn van het oordelen of afwijzen, dat zelf dus vrij is van oordelen of afwijzen.

Het gewaarzijn wordt ook weleens 'de getuige' genoemd, omdat het altijd getuige is van alles wat zich in je geest en om je heen afspeelt. Die 'getuige' wordt nooit aangetast door wat zich in je geest afspeelt, net zoals een spiegel nooit vuil wordt door de voorwerpen die erin weerspiegeld worden. Het gewaarzijn is altijd puur, zuiver en helder. Het is de essentie van de geest. Zie je dat telkens als je bewustzijn zich bewust is van zichzelf, het de geest is die naar zijn eigen essentie kijkt? Probeer die essentie eens waar te nemen. Zie je dat het de geest is die probeert zichzelf waar te nemen? Ben je al jaren aan het zoeken naar je 'ziel', je 'boeddhanatuur', de 'zin van het leven' of je 'natuurlijke staat van zijn'? Keer je dan om en kijk naar je zoekende geest. Je zult overigens niet 'iets' vinden als je naar die zoeker kijkt, de geest is niet een ding dat je kunt aanwijzen. Je kunt hem het beste vergelijken met de open, onbegrensde ruimte. Dat is gewaarzijn: open, onbegrensde ruimte die getuige is van alles wat zich in die ruimte afspeelt: gedachten, gevoelens, waarnemingen.

Doorgaans raakt die ruime gewaarzijnde geest zichzelf kwijt in de stroom van gedachten, gevoelens en gebeurtenissen. Hij heeft zich dan geïdentificeerd met die gedachtestroom en ervaart ook de tijdelijke vreugdes en beknellingen ervan. Maar je kunt je de-identificeren met die beknellende identiteit. Laat de geest gewaar zijn van zichzelf. Rust in die open ruimte van de zichzelf gewaarzijnde geest. Je zult merken dat je telkens maar heel even in dat gewaarzijn kunt verblijven, en dat het zichzelf telkens weer verliest in de stroom van gedachten of gebeurtenissen. Met oefening verleng je die momenten en kun je steeds vaker en langer in die gewaarzijnde staat verblijven. Die wordt daardoor steeds helderder en steeds liefdevoller. En daardoor wordt het weer gemakkelijker om er langer in te verblijven. Uiteindelijk bereik je een moeiteloze staat van permanent gewaarzijn. Dat is het definitieve einde van al je lijden.

Om die moeiteloze natuurlijke staat van zijn te realiseren zijn er de diverse soorten oefeningen waaraan het spirituele pad zo rijk is. Een heleboel oefeningen zijn gericht op het kalmeren van de geest. Als je geest erg wild is en voortdurend heen en weer schiet tussen allerlei verhalen over de werkelijkheid, over het verleden of de toekomst, dan is het haast onmogelijk om hem van richting te veranderen en naar zijn eigen essentie te laten kijken. Vandaar dat je hem eerst enigszins moet kalmeren. Die kalmeringsoefeningen worden samengevat onder de term *shamata*, Sanskriet voor 'kalm verblijven'. Het is een training in het richten van je aandacht.

Aandacht is overigens iets anders dan gewaarzijn. Gewaarzijn is de geest die zich van zichzelf bewust is. Aandacht is de geest die gericht is op een object. Er zijn twee soorten aandacht: spontane en gecontroleerde aandacht. Als je een mooi muziekstuk beluistert, of naar een spannende film kijkt, is je geest heel aandachtig gericht op dat object van muziek of film. Dat gebeurt spontaan omdat je de muziek mooi vindt en de film spannend. Je hoeft er geen moeite voor te doen. En als de muziek klaar is en de film uit, gaat je geest vanzelf weer naar andere objecten. Eigenlijk vliegt je aandacht de hele dag heen en weer tussen wat je ziet en hoort en denkt en voelt, zonder dat je daar veel invloed op hebt. Daar kun je soms behoorlijk opgefokt van worden.

In de beoefening van shamata richt je de geest op een object dat van zichzelf niet al te veel aantrekkingskracht heeft, en je probeert je aandacht een tijdje bij dat object te houden. Dat is gecontroleerde aandacht. Je kunt een steen of een bloem gebruiken, of een afbeelding van een boeddha, een kaarsje, of een stuk kristal, het maakt niet uit. Probeer maar eens of je een tijdje aandachtig kunt kijken naar een volstrekt oninteressant object, zoals een stoel of kast in je kamer.

Je zult algauw merken dat je geest dit niet leuk vindt en telkens wegglipt naar interessantere objecten, gedachten over het verleden of de toekomst, of naar dingen die om je heen plaatsvinden. Je zult ook merken dat je hierover een lichte vorm van frustratie kunt voelen: je bent niet de baas over je eigen geest en die constatering is niet leuk. Er zijn spirituele tradities die van deze oefening een strijd maken om de volledige controle over je eigen geest. Als je jarenlang heel erg hard oefent, kun je dat inderdaad bereiken. Dat levert wel een heel kalme geest op, maar nog steeds niet een die zijn eigen natuur herkent. Vandaar dat ik je hier een andere benadering voorstel, waarin je niet volledig de baas hoeft te worden over je geest, maar er in plaats daarvan vriendschap mee sluit. In deze benadering train je tegelijkertijd je aandacht en je gewaarzijn. Ik leg eerst de fysieke houding en daarna de mentale houding van deze methode uit.

De fysieke houding tijdens deze oefening wordt gekenmerkt door de combinatie van ontspanning en alertheid. Je gaat op een kussen zitten, in kleermakerszit of lotushouding, of gewoon op een stoel. Het maakt echt niet uit, als je maar gemakkelijk zit en met een rechte rug. Je hoofd rechtop, je schouders ontspannen, je handen omlaag op je benen of gevouwen in je schoot. Het belangrijkste is dat je ontspannen zit, maar wel met een rechte rug zodat je ook aandachtig en alert blijft.

In deze methode moet je leren met je ogen open te oefenen. Er zijn veel meditatiemethoden waarbij je de ogen dichtdoet, maar die streven uitsluitend naar het kalmeren van de geest door jezelf af te sluiten voor de afleiding om je heen. Deze methode legt de nadruk op het steeds helderder zien van je eigen geest, en daarvoor kun je je het beste aanwennen je ogen open te houden.

De mentale houding tijdens deze oefening is eveneens ontspannen en alert. Je brengt je aandacht heel lichtjes naar een object. Je kunt bijvoorbeeld een bloem of een steen gebruiken, maar het allerbeste object is je eigen ademhaling. Kijk naar het uitzetten en inkrimpen van je buik bij elke ademhaling, of naar het gevoel van de lucht die door je neus of keel stroomt. Probeer je aandacht héél lichtjes te focussen op de ademhaling, zonder je te concentreren of te forceren, en zonder je af te sluiten. Je blijft tegelijkertijd heel open en ruim aanwezig bij alles wat zich in je geest en om je heen voordoet. Je ziet gedachten opkomen, je hoort geluiden om je heen, alles mag er zijn, maar je probeert steeds een beetje aandacht bij je ademhaling te houden. En bij dit alles probeer je je telkens bewust te zijn van je eigen geest; je wéét dat je dit aan het doen bent. Terwijl je inademt, weet je dat je inademt, terwijl je uitademt weet je dat je uitademt.

Je zult merken dat je telkens afgeleid raakt door je eigen gedachtestroom. En dat je de neiging hebt om dat te veroordelen. Maar dit hoort juist bij de oefening! Je kunt er niets aan doen dat je geest telkens afgeleid wordt door gedachten of gebeurtenissen. Wat je hier dus eigenlijk oefent is niet te oordelen over het telkens weer afgeleid raken. Op die manier sluit je vriendschap met je eigen geest. Telkens als je merkt dat je afgeleid was, is dat vanzelf al het einde van het afgeleid zijn en kun je je aandacht weer naar je ademhaling brengen. Zo kent de oefening dus achtereenvolgens deze fasen: je bent aandachtig en gewaar, dan raak je ongemerkt afgeleid, even later merk je dat je afgeleid was en probeer je daar niet over te oordelen, en ten slotte breng je je aandacht weer terug naar de ademhaling en je gewaarzijn weer bij zichzelf. Telkens en telkens weer doorloop je deze fasen.

Als je heel goed kijkt, zie je dat in deze cyclus onze diepgewortelde neiging tot versmelting of dissociatie haar oorsprong vindt. Telkens als de geest ongemerkt afgeleid wordt door de gedachtestroom, is dat een subtiele vorm van versmelting met de inhoud van je geest. En telkens als je je daarvan bewust wordt en merkt dat je afgeleid was, is daar de veroordeling, de neiging om te dissociëren van die drukke en afleidende gedachtestroom.

Als hulpmiddel kun je jezelf telkens als je merkt dat je afgeleid was, feliciteren. Dat moment is namelijk de minuscule voorloper van de totale verlichting: de afgeleide geest die ineens zichzelf terugvindt. Het zijn eigenlijk telkens momentjes van vreugde en helderheid, als je goed kijkt.

Zie je hoe meditatie de basis van onze versluierde geest zichtbaar maakt? Door te oefenen in vriendelijk gewaarzijn in plaats van versmolten te blijven met je gedachtestroom, of ervan te dissociëren, wordt de oorzaak van alle pijnlijke identiteitspatronen aan de wortel opgelost. Kijk maar eens hoe dat in de praktijk werkt, wanneer je bijvoorbeeld aan het piekeren bent over een problematische situatie. Af en toe is er een moment dat je je bewust wordt van je gepieker. Onmiddellijk zal dit bewustzijn gekleurd worden door zelfafwijzing en een vervelend gevoel opleveren. Dat gevoel wil je graag kwijt, waardoor je geest automatisch nog meer gaat nadenken over een mogelijke uitweg uit die beknelling. Zo blijf je alsmaar ronddraaien in het gepieker over een probleem. Maar als je enige ervaring met meditatie hebt, bieden die momenten van bewustzijn tijdens het piekeren juist de uitweg eruit: in plaats van af te wijzen en te dissociëren, blijf je naar jezelf en je gepieker kijken met vriendelijk en oordeelvrij gewaarzijn. Dat wordt daardoor niet langer gevoed met afwijzing en lost na een tijdje vanzelf op.

Een belangrijke valkuil waar iedereen die mediteert af en toe in terechtkomt, is doelbewust een kalme geest nastreven. Dit streven ontstaat door je aversie tegen een drukke en je gehechtheid aan een kalme geest, en is dus een vorm van dissociatie. Bovendien helpt het niet: de geest wordt er alleen maar drukker van. Tijdens de meditatie zal de geest soms vanzelf kalmer worden. Dat is een prettige ervaring en daar mag je best van genieten, als je daarna die kalmte maar niet probeert na te streven.

Tijdens het oefenen gebeurt het vaker dat de geest als een jonge hond heen en weer springt en dat je alleen maar onrust voelt. Dit is niet verkeerd, integendeel! Dit is de echte oefening: aanwezig kunnen blijven bij een drukke, geagiteerde of geïrriteerde geest! Je zult merken dat je in het begin een sterke neiging voelt om de kalme geest te waarderen en na te streven, en de drukke, geagiteerde geest te veroordelen en te onderdrukken. Dit is dus die meest subtiele vorm van onze neiging te versmelten met wat ons bevalt en te dissociëren van wat ons niet bevalt, en in feite dus de essentie van zelfafwijzing. Vandaar dat deze oefening op het diepste niveau die neiging tot zelfafwijzing verandert in een vriendelijke houding ten aanzien van je eigen geest, ongeacht de inhoud ervan. En het mooie is dat uiteindelijk een vriendelijke gewaarzijnde geest vanzelf ook een kalme geest blijkt te zijn. Daarvoor moet je de drukke geest dus niet bestrijden maar juist leren omhelzen met aandacht en gewaarzijn. Dat is de essentie van meditatie.

Meditatie is het mooiste en grootste geschenk dat je jezelf ooit kunt geven. Alleen door te oefenen kun je een vriendelijke en kalme geest ontwikkelen en daarmee de moeiteloze natuurlijke staat van zijn realiseren. Alleen door te oefenen kun je de geest afleren zichzelf af te wijzen en in plaats daarvan zijn eigen diepste essentie te leren zien. Alleen door te oefenen kun je je zelfafwijzing beëindigen, je beknellende identiteit doorzien, en je losmaken van je afhankelijkheid van liefde en erkenning van anderen. Alleen door te oefenen, oefenen en oefenen.

Dit klinkt misschien als een vervelende en zware klus die uiteindelijk weliswaar een mooi resultaat oplevert, maar ondertussen wel jarenlang voor extra werk zorgt. Maar zo is het helemaal niet. Zodra je begint met oefenen zul je merken dat het leuk is en steeds leuker wordt. Al vrij snel zul je merken dat je geest kalmer, vriendelijker en helderder wordt, terwijl je pijnlijke en beknellende emoties steeds minder pijnlijk en beknellend worden. Je hoeft ook beslist niet te beginnen met twee uur meditatie per dag, dat zou helemaal niet goed zijn! Het beste is om te beginnen met vijf minuten per dag, het liefst dagelijks en op een vast tijdstip. Hoe eerder op de dag hoe beter, omdat het al snel een effect gaat krijgen op je geest tijdens de rest van de dag. Creëer een plekje in je huis waar je alleen en ongestoord kunt zijn, maak het gezellig, zet er wat voorwerpen neer die jou inspireren zoals foto's van je geliefden, of van mensen die je inspirerend vindt, een kaarsje, een bloem, een Boeddhabeeldje, wat dan ook. Alles mag als het je helpt je er thuis te voelen. En doe het dan, ga gewoon zitten en kijk naar je eigen geest. Je zult al snel merken dat het een veilig rustpunt wordt in je leven, een plek waar je even helemaal niets hoeft.

Overigens zul je ook al gauw een heel merkwaardig verschijnsel leren kennen: als je je oefening doet, zul je het fijn vinden, maar als je van tevoren dénkt aan oefenen, zal je geest protesteren en geen zin hebben om te beginnen. De gewone dagelijkse drukke geest wil namelijk helemaal niet naar zichzelf kijken, heeft immers een hekel aan zichzelf en wil juist afgeleid worden, leuke, spannende dingen meemaken en zich richten op de liefde en erkenning van anderen. Als je dus te veel nadenkt over wel of niet gaan mediteren, zal het er nooit van komen. Je moet in het begin je zelfafwijzende geest te slim af zijn door er niet over na te denken maar gewoon elke dag te gaan zitten en het te doen. Na een tijdje ben je eraan gewend en wil je gewoon niet meer zonder deze kostbare momenten met jezelf. Dus maak een plannetje. Beslis op welk moment, op welke plek en hoe lang je elke dag gaat zitten om te oefenen. Maak een geschikt plekje. Bedenk van tevoren welke oefening je wilt doen en wat je erbij nodig hebt. Sommige mensen vinden het prettig om heel inspirerende uitspraken op een kaartje te schrijven en tijdens de beoefening na te lezen. Of om een bladzijde uit een inspirerend boek te lezen en meteen erna vijf minuten te mediteren. Leer jezelf te inspireren met welk hulpmiddel dan ook.

Als je na een tijdje gewend bent aan de beoefening en er steeds meer plezier in krijgt, kun je deze geleidelijk uitbreiden van vijf naar tien minuten per dag, misschien naar twintig. Probeer niet keihard naar topprestaties toe te werken, het is immers een training in vriendelijkheid! Je kunt beter twee keer per dag een kwartiertje zitten dan één keer per dag een uur. Beter elke dag een kwartier dan eens per week twee uur achter elkaar.

Natuurlijk valt er nog veel meer uit te leggen over meditatie. Er zijn nog zoveel andere technieken die allemaal weer op een andere manier hetzelfde doel nastreven: een kalme, vriendelijke geest die zijn eigen natuur realiseert. Verderop in dit boek zul je nog enkele oefeningen tegenkomen die je kunt inpassen in je dagelijkse beoefening. En in appendix 1 vind je suggesties voor cursussen en boeken die je verder kunnen helpen. Maar er is geen enkele reden om niet meteen al te beginnen. Besluit dat je minstens twee weken zult doorgaan voordat je gaat nadenken of je er verder mee wilt. En begin meteen! Je zult zien hoe snel je het leuk gaat vinden.

16
Pijnlijke emoties: de deur naar je natuurlijke staat

*Hel is geen straf
het is een training*

Shunryu Suzuki, zenleraar

(1904-1971)

Meditatie beoefen je niet om een goede meditator te worden. Je doet het om in je dagelijkse leven vriendelijkheid te ontwikkelen voor jezelf en anderen, en te leren leven vanuit je natuurlijke volmaakte staat van zijn. Vandaar dat je de vorderingen in je meditatiebeoefening ook echt moet toepassen in je dagelijkse leven. Meditatie en je dagelijkse leven moeten zich steeds meer met elkaar gaan vermengen. Ook daar zijn allerlei hulpmiddelen voor. Eén ervan is de '1-minuut-meditatie'. Je kunt haar de hele dag zo vaak je wilt toepassen, telkens als je even niks te doen hebt, bij de bushalte of op de wc, of wanneer je van de ene bezigheid naar de volgende gaat. Je doet gewoon hetzelfde als in de formele meditatiebeoefening: je gaat zitten (of je blijft staan) met een rechte rug, ontspannen en alert, en je brengt je aandacht naar je ademhaling, terwijl je geest zich even van zichzelf bewust is. Je laat alles in je geest en om je heen gewoon gebeuren zonder er iets aan te veranderen. En na een minuutje ga je weer verder met je dagelijkse beslommeringen. Je zult zien dat deze rustpuntjes op den duur een kalmerende uitstraling krijgen op de rest van je dag.

Een ander hulpmiddel is de 'bliksemflits'-beoefening. Op elk moment van de dag kun je die doen, telkens als je eraan denkt. Wat je doet is heel even stoppen met wat je aan het doen bent, je geest naar zichzelf richten en jezelf vriendelijk vragen: 'Hoe voel ik me nu?' Heel eventjes richt je het licht van je aandacht op je lijf en je gevoel zonder daar iets aan te veranderen. Meteen daarna ga je weer verder met je bezigheden.

Je zult merken dat je bovenstaande oefeningen wel van plan kunt zijn, maar dat er in het begin maar heel weinig spontaan van terechtkomt. Je vergeet het domweg en je moet jezelf dus een handje helpen. In huis kun je her en der kleine herinneringetjes plaatsen, een kaartje met een vraagteken erop, een strikje rond de deurknop, een steen op je aanrecht. Telkens als je de aanwijzing ziet, stel je jezelf de vraag 'Hoe voel ik me nu?' en kijk je vriendelijk naar hoe je je voelt. Voor buitenshuis kun je de traditionele knoop in je zakdoek leggen of een steentje in je broekzak doen, of met een pen een vraagtekentje op je hand zetten. Ik heb maandenlang met een touwtje rond mijn ringvinger gelopen. Telkens als je eraan denkt, breng je even de geest bij zichzelf, geef je jezelf aandacht zonder te oordelen, en zonder te willen veranderen. En meteen daarna ga je weer verder met je dagelijkse leven.

Deze toegepaste meditatie-oefeningetjes zijn minstens even belangrijk als de formele meditatiebeoefening die je op je vaste meditatieplekje doet. Je kunt de formele meditatiebeoefening vergelijken met het vullen van een thermoskan vol vriendelijk, oordeelvrij gewaarzijn. Tijdens de dag kun je hieruit in de '1-minuut-meditaties' telkens een kopje vriendelijk gewaarzijn drinken, en tijdens de 'bliksemflits'-oefeningetjes neem je telkens vlug een slokje. Het is de formele beoefening die de kracht en de helderheid van je geest vergroot. Maar het zijn de snelle informele oefeningetjes tijdens de dag die de stabiliteit van de geest in elke omstandigheid vergroten. Het is door de combinatie van die twee vormen van beoefening dat de geest steeds beter in staat is tot de hoogste vorm van oefenen op het spirituele pad: het transformeren van pijnlijke en beknellende emoties in helderheid en liefde.

Maar voordat je met die belangrijkste beoefening begint, kun je jezelf erop voorbereiden met de beoefening van liefdevolle vriendelijkheid. Dat is een eenvoudige oefening in vriendelijk en oordeelvrij waarnemen, ongeacht wat het object van die waarneming is. Je begint met je geest bij zichzelf thuis te brengen, op de manier die in het vorige hoofdstuk is uitgelegd. Na een paar minuten van aandachtige aanwezigheid bij alles wat zich in je en om je heen voordoet, begin je met de eigenlijke oefening. Je probeert een gevoel van liefdevolle vriendelijkheid in jezelf op te wekken. Elk middel is toegestaan. Je kunt herinneringen gebruiken aan een liefdevolle persoon in je leven, of aan een situatie waarin je jezelf bemind voelde of vriendelijk behandeld werd. Je mag een foto gebruiken of een stukje tekst, of wat dan ook in staat is om bij jou een gevoel van liefdevolle vriendelijkheid op te wekken, hoe gering ook. Vervolgens begin je de visualisatie.

Traditioneel wordt in deze beoefening een beeld van een boeddha of een spirituele leraar gevisualiseerd als belichaming van de hoogste spirituele liefde. Maar je kunt ook een ander inspirerend beeld gebruiken, of gewoon een bron van helder en warm licht visualiseren. Vanuit die lichtbron laat je liefde in de vorm van stralend warm licht bij jezelf naar binnen stromen. Probeer of je werkelijk iets van een warm en liefdevol gevoel in jezelf kunt creëren. Zodra dat enigszins gelukt is, laat je de hele visualisatie los en richt je je liefdevolle aandacht op jezelf, op je lichaam en je ademhaling. Zie je: doorgaans denken we dat we alleen liefdevol kunnen kijken naar iets wat liefde in ons opwekt. Maar met deze oefening gebruik je eerst een liefdevol object om liefdevolle vriendelijkheid in jezelf op te wekken, waarna je die gevoelens transformeert in een liefdevolle manier van kijken. Kijken naar iets liefdevols verandert dan in liefdevol kijken. Vervolgens richt je die liefdevolle blik op jezelf en op je ademhaling. Als het liefdevolle gevoel weer wat wegzakt, kun je teruggaan naar het eerste deel van de oefening en opnieuw liefdevolle vriendelijkheid in jezelf opwekken. Zodra dat een beetje gelukt is, ga je weer verder met liefdevol kijken naar jezelf en naar je ademhaling.

Om de stabiliteit van je liefdevolle blik te oefenen, kun je na een tijdje ook een wat moeilijker object kiezen en bijvoorbeeld je liefdevolle blik richten op iemand die je nauwelijks kent, of zelfs op iemand aan wie je een hekel hebt. Je zult versteld staan hoe je waarneming van vervelende personen en pijnlijke situaties verandert door deze oefening. En telkens als je die liefdevolle manier van kijken weer verliest, keer je terug naar het begin van de oefening en wek je een nieuwe dosis liefdevolle vriendelijkheid in jezelf op.

Nog uitdagender wordt het als je met die liefdevolle blik naar jezelf kijkt in een situatie waarin je jezelf schaamde of schuldig voelde. Probeer eens of je – al is het maar heel even – met vriendelijkheid naar een pijnlijke herinnering van zelfafwijzing kunt kijken. Of naar iemand door wie je je heel erg afgewezen hebt gevoeld. En als dat niet lukt, probeer dan of je dáár met vriendelijkheid naar kunt kijken. Als je dit een tijdje oefent, ontwikkel je een liefdevolle en vriendelijke manier van kijken. Maar let goed op: liefdevol en vriendelijk kijken betekent niet dat je er per se een liefdevol of vriendelijk gevoel bij moet hebben. Het betekent vooral dat je manier van kijken open en vrij van oordeel wordt, welwillend en accepterend, ongeacht welk gevoel je op dat moment hebt. Op die manier kun je jezelf bevrijden van de beknelling die altijd weer ontstaat als je manier van kijken bepaald wordt door datgene waar je naar kijkt. Zie je dat je het meestal stom vindt als je jezelf stom voelt? Dat je meestal met een kwade blik naar je eigen kwaadheid kijkt? Dat je jezelf enorm afwijst wanneer je je afgewezen voelt? Dat je iemand die jou afwijst onmiddellijk en automatisch ook afwijst? Telkens weer wordt ons natuurlijke vriendelijke gewaarzijn gekleurd door de gedachten en emoties waarnaar gekeken wordt. Telkens weer laten we onze manier van kijken bepalen door het object waarnaar we kijken. Dat is geen vrijheid, dat is beknelling. En dat kun je afleren door de beoefening van liefdevolle vriendelijkheid. Hoe stabieler je oordeelvrije en liefdevolle waarneming wordt, hoe beter je in staat bent om je pijnlijke emoties te benutten als toegangsdeur naar je natuurlijke staat van zijn. Daarover gaat de volgende oefening.

In hoofdstuk 8 heb je kunnen lezen hoe je zelf je pijnlijke emoties creëert door je ermee te identificeren, en ze verergert door je ertegen te verzetten. Dat ging zo: eerst is er een gedachte of omstandigheid

– de zogenaamde 'trigger' – die een herinnering aan een pijnlijk gevoel uit het verleden oproept. Onmiddellijk wordt de geest meegesleurd door de gedachtestroom: hij identificeert zich met die herinnering en gaat ertegen in verzet. Wat aanvankelijk nog slechts een mentaal beeld is van een pijnlijke emotie uit het verleden verandert hierdoor binnen een fractie van een seconde in werkelijke pijn in het heden. We willen die pijn niet, dus ons verzet groeit. Dat vergroot weer de pijn, en de cirkel van samsara is rond. Heel vaak zullen we ook nog gaan handelen vanuit die pijnlijke vicieuze cirkel, waardoor we nieuwe omstandigheden creëren die op hun beurt weer als trigger gaan fungeren voor meer ellende. Als je anderen afwijst of manipuleert, gaan zij jou ook weer sneller afwijzen of manipuleren. Kortom, zo maken we zelf van oude pijn telkens weer nieuwe pijn. Met meditatie oefen je de geest in de omgekeerde richting. Je zult daarin verschillende fasen doormaken.

De eerste fase begint wanneer je je bewust wordt dat je in een pijnlijke emotie terecht bent gekomen (en dus je versmelting ermee beëindigt), en tevens niet probeert daar meteen weer van af te komen (dus niet meteen begint met dissociatie). In plaats daarvan probeer je aandachtig bij jezelf te blijven, zonder te handelen vanuit de emotie maar met een vriendelijke houding ten opzichte van jezelf en je pijnlijke emotie. Kortom: je mág je klote voelen van jezelf, zonder daar zelfafwijzende conclusies aan te verbinden. Het gevoel wordt er niet meteen minder pijnlijk door, maar je bereikt in dit stadium al wel dat je geen nieuwe ellende creëert als reactie op de huidige. Ook duurt de ellende minder lang omdat je je er minder tegen verzet. Je ontwikkelt vertrouwen in de vergankelijkheid van emoties: immers, heb je ooit meegemaakt dat dezelfde emotie langer dan een dag of zelfs maar een uur duurde? Hoe minder verzet tegen een emotie, hoe sneller ze oplost en ruimte maakt voor een volgende, en weer een volgende. In feite kan een pijnlijke emotie uit zichzelf – als jij je er niet druk om maakt – nooit langer dan enkele minuten bestaan. Je kunt dit vergelijken met het laten van een scheet: in een kleine ruimte blijft die heel lang stinken, maar als je op een bergtop staat lost de stank onmiddellijk op. Door je verzet tegen een negatieve emotie maak je je geest klein en bekrompen, alle ruimte wordt ingenomen door die emotie.

Maar als je geest ruim en open is, lossen de negatieve emoties onmiddellijk op.

In de tweede fase van de oefening gebruik je het pijnlijke gevoel als object van je meditatie. Je brengt je aandacht heel lichtjes naar het lichamelijke aspect van de emotie, terwijl je tevens ruim en open aanwezig blijft, en je geest zich bewust is van zichzelf. Je zult merken dat je geest steeds probeert af te dwalen naar het verhaal dat de aanleiding was voor deze ellende: 'hij mag mij niet in de steek laten, zij zou eerlijk moeten zijn, dit had niet mogen gebeuren'. In feite probeer je met je denken een einde aan de pijn te maken. Je zoekt koortsachtig naar de verlossende gedachte, het meest treffende verwijt aan de ander, de rechtvaardigste ontkenning van je eigen verantwoordelijkheid, de slimste uitweg uit de pijnlijke situatie. Maar hoe meer je denkt, hoe werkelijker het verhaal en hoe pijnlijker het gevoel. Toch zul je steeds automatisch weer van je pijn weglopen en in het verhaal ronddolen. Geeft niks: telkens als je merkt dat je dat doet, hou je ermee op zonder te oordelen en breng je je aandacht weer naar het lichamelijke aspect (sommigen noemen dit het 'energetische' aspect) van je beknellende emotie. Probeer echter niet om niet te denken aan het verhaal in je hoofd, ook dat is een bestrijding ervan. Breng alleen telkens weer je aandacht naar je lijf, naar de plek waar je pijnlijke gevoel zich bevindt, bijvoorbeeld in je keel, je borst of je buik. In deze fase kun je baat hebben bij een soort mantra die je herinnert aan je beoefening. 'Geeft niks, mag best, laat mij maar even' helpt je bijvoorbeeld om je verzet tegen de pijn los te laten. 'Ik mag dit voelen, ik ben mijn gevoel niet' helpt je op te houden met het veroordelen van jezelf. Herhaal af en toe deze zinnetjes in gedachten of hardop om je te helpen je aandacht bij het gevoel zelf te houden.

In het begin moet je deze oefening niet te lang doen, want dan wordt het algauw geforceerd. Kijk telkens enkele minuten naar je pijnlijke emotie, en ga dan weer iets anders doen. Sta jezelf toe om gebruik te maken van niet-destructieve vluchtmiddeltjes: bel een goede vriendin, ga je huis schoonmaken, lees een spannend boek, zet een lekkere kop thee voor jezelf. Telkens als je te veel gekweld wordt door je ellende, ga je weer eventjes in je meditatiehouding, en kijk je enkele minuten rechtstreeks naar de lichamelijke sensatie van je negatieve emotie.

In deze fase zul je merken dat je geleidelijk minder bang wordt voor je negatieve gevoelens. Nadat ze opgewekt zijn door een gedachte, een persoon of een omstandigheid, zul je ze steeds sneller herkennen als negatieve emotie, en er steeds minder voor weglopen. Daardoor zullen ze ook minder beknellend zijn en veel minder lang duren. Je zult het verhaal dat de aanleiding was voor de beknelling steeds minder serieus nemen. Mocht je merken dat je toch telkens vast blijft zitten in je slachtofferschap, en anderen verantwoordelijk stelt voor je beknelling of jezelf afwijst, dan is het tijd om je verhaal te ontzenuwen en je gelijk los te laten. Dat betekent niet dat je ongelijk hebt, maar dat je geluk belangrijker vindt dan gelijk hebben. Een cognitieve therapie of training kan je hierbij helpen.

In de derde fase van deze oefening ga je niet alleen je pijnlijke emotie maar ook je verzet ertegen gebruiken als object van je meditatie. Het is duidelijk dat je in de eerste twee fasen ook al gewerkt hebt aan het loslaten van je verzet, en dat je daar al heel veel baat bij hebt. De beknelling vermindert erdoor en duurt veel minder lang. Toch is er nog steeds verzet tegen de emotie, want heel je beoefening staat immers in het teken van het beëindigen van de ellende. Je wilt er nog steeds vanaf en meditatie is je nieuwe methode. Alleen werkt die op deze manier maar tot op zekere hoogte. In deze derde fase ga je op zoek naar de meest subtiele vorm van verzet tegen de pijnlijke emotie. Ga in de meditatiehouding zitten en neem eerst weer het fysieke aspect van je pijnlijke emotie als object van je aandacht. Probeer dan te zien en te voelen dat er in je lijf ook een subtiel soort verkramping plaatsvindt rondom de pijnlijke emotie, een soort wegduwgevoel. Probeer die verkramping te lokaliseren en breng haar in je gewaarzijn. Doe er niks tegen, kijk er gewoon naar zonder oordeel terwijl je geest zich bewust is van deze oefening. Op die manier zal ook deze subtiele verkramping langzaam afnemen.

Soms kun je als tijdelijk hulpmiddel proberen om de pijn van de emotie te vergroten. Probeer eens opzettelijk om je nog waardelozer, nog eenzamer, nog kwader te gaan voelen dan je al doet. Of je daarin slaagt of niet maakt niets uit: ondertussen verliest je subtiele verzet tegen de pijn weer iets aan kracht. Je kunt ook contempleren over pijnlijke emoties als deur naar je natuurlijke staat van zijn. Kijk naar je pijn met interesse, met respect en toewijding, als was het een kostbare schat. Herinner je het voorbeeld van het touw dat in het schemerduister wordt aangezien voor een slang. Wil je ooit je angst voor de slang kwijtraken, dan zul je er aandachtig naar moeten kijken, totdat je ziet dat het eigenlijk een stuk touw is. Op dezelfde wijze zijn ook je pijnlijke emoties in werkelijkheid geen pijnlijke emoties, maar een zuivere manifestatie van je natuurlijke staat van zijn. Er is maar één manier om erachter te komen of dit een fraai spiritueel verhaaltje is, of dat het echt wáár is: zelf kijken, en kijken, en blijven kijken. Kijken zonder oordeel. Kijken met vriendelijk, oordeelvrij gewaarzijn. Kijken naar de pijn. En kijken naar je meest subtiele verzet tegen de pijn.

En dan op een dag gebeurt het: als ál je verzet en verkramping heel even oplossen, als je zelfs vergeet te hopen op een verlichtingservaring, dan, ineens, gebeurt het wonder: terwijl je ernaar kijkt, blijkt de pijn plotseling helemaal geen pijn te zijn maar een wolkje energie, zo puur en zuiver en helder! Verbijsterd en vol geluk zie je het gebeuren: er is geen pijn, er wás nooit pijn, het was altijd al de geest die oordeelde en wegliep. Het was altijd al de geest die zich vergiste, en verkrampte rondom die vergissing. Het was de geest zelf die pijn leed omdat hij pijn meende te zien, zoals hij van jongs af aan pijn heeft leren zien waar in werkelijkheid slechts pure, zuivere, verlichte energie is. Een ongelooflijke vreugde spoelt door je heen en een diep gevoel van liefde: iedereen moet dit ontdekken!

Als je de bovenstaande ervaring hebt, betekent dat overigens niet dat je verlicht bent, maar wel dat je geen enkele twijfel meer hebt over je natuurlijke staat, en de mogelijkheid die te realiseren. Je oude neiging om weg te lopen van je pijnlijke gevoelens is ook nu nog niet meteen uitgewerkt. De eerste valkuil waar je ongetwijfeld in terechtkomt als je weer een pijnlijke emotie ervaart, is proberen met aandachtig kijken die fantastische ervaring te herhalen. Telkens opnieuw moet je die reflex om weg te lopen afleren en je in plaats daarvan echt volkomen aan je pijn overgeven. Maar dat lukt natuurlijk steeds beter en sneller als je al hebt meegemaakt dat het echt werkt. Eerst gebeurt het nog regelmatig dat je een paar uur aan het worstelen bent met jezelf voordat je ineens weer die opening vindt waarin alle verkramping oplost en de pijn transformeert in pure energie. Maar je vooruitgang is onmiskenbaar: telkens duurt het minder lang voordat je de illusie van het lijden doorziet. Op den duur is het de pijn zelf die je herinnert aan je natuurlijke staat, waardoor het opkomen en het weer oplossen ervan bijna tegelijkertijd plaatsvinden. Dan verliest pijn elke negatieve betekenis: het brengt je telkens direct in contact met je natuurlijke staat, en met de verlichte energie die eruit ontspringt: liefde en helderheid.

Het is daarom dat meditatiebeoefening, en speciaal de meditatie met je pijnlijke emoties, het einde inluidt van je afhankelijkheid van liefde en erkenning van anderen. Deze meditatie doet je verharde, egobeschermende patronen langzaamaan oplossen. Daardoor word je écht onafhankelijk. Dat betekent overigens niet dat je dan in opperste extase in je eentje op een bergtop moet blijven zitten. Je behoeftigheidsbewustzijn verandert namelijk in een overvloedigheidsbewustzijn, waardoor je niet anders kunt dan je geluk en je liefde met anderen delen, op de manier die bij je past. Wat je ook doet, het zal bijdragen aan het geluk van jezelf en anderen. Je werk zal meer vreugde opleveren, en als dat niet gebeurt, ga je ander werk doen dat beter bij je past. Je relatie zal liefdevoller worden, en als dat niet gebeurt, ga je alleen leven of vind je een andere relatie. Sommige vriendschappen worden intenser, andere zullen uit je leven verdwijnen, nieuwe bijzondere ontmoetingen zullen plaatsvinden. Je leven zal stromen omdat je héél bent, open en liefdevol, zoals je altijd al was maar nooit eerder hebt ervaren. Dát, en het vermogen anderen te helpen hetzelfde te ervaren, is het grootste geschenk dat je jezelf geeft met meditatiebeoefening.

17
Integratie in plaats van dissociatie

Er zijn geen obstakels op het spirituele pad,
Obstakels zijn het pad.

Anonieme boeddhistische spreuk

Er bestaan twee soorten blokkades op onze ontwikkeling: versmelting met een veilig en dissociatie van een onveilig egopatroon. We zagen in hoofdstuk 7 dat versmelting een vorm van gehechtheid is aan wat ons beschermt tegen afwijzing, terwijl dissociatie een vorm van zelfafwijzing is. Versmelting eindigt doordat je je bewust wordt van een patroon. Meteen daarna is er de sterke neiging tot dissociatie, omdat het nieuwe zelfbewustzijn onmiddellijk doorschiet in zelfafwijzing: het zojuist ontdekte egopatroon moet om zeep geholpen worden! We menen dat ontplooiing alleen kan plaatsvinden door de 'lagere' automatismen, zoals angsten, dwangmatigheden, aversies en verslavingen, te bestrijden en te elimineren. Die onderdrukte automatismen gaan echter ondergronds een eigen leven leiden, steken op onverwachte momenten weer de kop op, en fungeren permanent als ballast. Wat gericht was op ontplooiing wordt daardoor juist een belemmering. De reden is dat we de ongewenste aspecten van onze identiteit niet herkennen als de geblokkeerde of verminkte versie van natuurlijke eigenschappen. Zo is arrogantie bijvoorbeeld de egoversie van slimheid, macho-stoerheid de verkrampte versie van kracht, en het nice guy-syndroom de verwrongen versie van pure vriendelijkheid. Het is angst voor afwijzing en zelfafwijzing die van die natuurlijke eigenschappen een verkrampte egovariant maakt, waar we dan een tijdlang mee versmolten zijn.

Na een tijd ontstaat – spontaan of door training en therapie – een besef van deze versmelting en de nadelen ervan voor onze ontplooiing. En dan maken we dus meestal de cruciale vergissing: we wijzen het aspect van ons zelfbeeld waar we eerst mee versmolten waren, af als negatief, als waardeloos, slecht, stom, niet goed genoeg, of wat dan ook ons negatief geloof is. En we proberen ervan te dissociëren. Lukt dit, dan gaat het gedissocieerde deel ondergronds, van waaruit het ons gevoel van eigenwaarde ondermijnt. Op langere termijn kan het allerlei vervelende symptomen veroorzaken op emotioneel en fysiek niveau. Lukt dissociatie niet of maar ten dele, dan blijven we verwikkeld in een voortdurend gevecht tegen de ongewenste eigenschap, en dus tegen onzelf.

Die neiging tot dissociatie zien we terug op alle niveaus van ons functioneren: het maakt dat we een kunstmatig zelfbeeld en imago in stand houden en liever een deel van onszelf amputeren dan liefde en erkenning van anderen mis te lopen. Het maakt dat we onze pijnlijke emoties proberen te ontvluchten, waardoor we telkens nieuwe ellende creëren. Het maakt dat we volstrekt machteloos staan ten opzichte van onze eigen gedachtestroom en rond blijven draaien in allerlei beknellende verhalen over de werkelijkheid, het verleden of de toekomst. Dissociatie is kortom de motor achter alle mentale en emotionele ellende in ons leven. En de bestuurder van die motor is onze innerlijke criticus, ook wel superego genoemd.

In hoofdstuk 3 werd de innerlijke criticus vergeleken met een politieman of rechter die zorgt voor naleving van de regels in de tweede laag van onze identiteit. Dat zijn de regels waar we aan moeten voldoen om de liefde en erkenning te krijgen die ons vrijwaren van ons negatieve geloof. Nu het overzicht van alle contraproductieve misvattingen in ons zelfbeeld min of meer volledig is, kunnen we zien dat die innerlijke criticus eigenlijk de veroorzaker is van bijna alle ellende in ons leven. Of anders gezegd: het is de verpersoonlijking van alle misvattingen die samen ons zelfbeeld vormen. We kennen onze innerlijke criticus als een innerlijke stem die ons adviseert om bepaalde dingen te doen en andere dingen te laten, door ons te wijzen op de voor- en nadelen ten aanzien van liefde en erkenning van anderen. 'Als je dit doet, kun je daar veel waardering mee oogsten. Als je dat doet, zou je weleens gruwelijk je gezicht kunnen verliezen.' Maar als je vervolgens iets alleen maar doet om waardering van anderen te krijgen, of je laat iets achterwege alleen uit angst voor afwijzing, dan staat je criticus onmiddellijk klaar om je een zelfafwijzing in te peperen: wat ben je toch een slijmbal of aandachttrekker in het eerste, of een angsthaas of slappeling in het laatste geval. Je relatie met je criticus is een *no-win*situatie: of je hem nou gehoorzaamt of bestrijdt, je bent altijd de pineut. Dat komt omdat je innerlijke criticus eigenlijk de geïnternaliseerde versie is van de stem van je ouders toen je nog klein was. Telkens als de stem van de criticus weerklinkt, voel je je zo klein en machteloos als je je als kind gevoeld hebt. Doe je wat de stem zegt, dan verlies je je autonomie, doe je het niet, dan ben je stom, slap of slecht. Er is maar één manier om uit deze situatie te komen, en dat is de hele criticus diskwalificeren. Om dat te kunnen doen, moet je eerst goed zien hoe je hem 'kwalificeert', hoe je hem ongemerkt telkens weer macht geeft. Daarin zijn drie stijlen te onderscheiden:

1 *Zelfdestructie*
Je komt tegen de criticus in opstand. Dat gebeurt bijvoorbeeld als de criticus ons wijst op ongezond of destructief gedrag. Als we ernaar luisteren moeten we onszelf heel erg onder controle houden: niet drinken, niet te veel eten, niet roken, niet snoepen enzovoort. Dat is een tijdje vol te houden maar regelmatig zijn we die controleur of die bezorgde innerlijke stem zo zat dat we in opstand komen: 'Het kan me niks verdommen dat het ongezond is, of stom of slecht, ik doe het lekker toch!' Uiteraard staat de criticus na afloop van de uitspatting al klaar om je te verwijten dat je inderdaad stom, slap of slecht bent.

2 *Zelfrechtvaardiging*
Je gaat met de criticus in discussie. Urenlang kunnen we in ons hoofd argumenten aanslepen waarom de kritiek niet waar is, en dat we juist

wél goed bezig zijn, dat het helemaal niet egoïstisch was, dat er goede redenen waren voor dit gedrag en dat de criticus heel unfair is. Maar al die tijd voelen we ons wel afgewezen en nooit bereiken we het punt dat we gelijk krijgen.

3 Zelfbeklag

Je onderwerpt je aan de criticus. Je voelt je zo overweldigd door de kritiek dat je alleen maar kunt instorten in zelfverwijt. Het is waar, de criticus heeft gelijk, je bent een slappeling, een waardeloze nietsnut, en er zal nooit iets van je terechtkomen.

Zo zie je dat in opstand komen (zelfdestructie), onderhandelen (zelfrechtvaardiging) en je onderwerpen (zelfbeklag) allemaal hetzelfde effect hebben: je verliest je autonomie en geeft de macht aan de criticus. In alle gevallen wordt namelijk bij voorbaat erkend dat de criticus het recht heeft om je te bekritiseren. Aan zijn machtspositie wordt niet getwijfeld, waardoor we ons verzet alleen nog kunnen richten tegen de inhoud van de kritiek. Maar daarmee versterken we juist zijn machtspositie. Het is net als met je ouders vroeger: of je ze nou gelijk gaf of tegen ze in verzet kwam, je was en bleef uiteindelijk altijd de zwakkere, degene die voor hen moest buigen. Onafhankelijkheid werd pas mogelijk nadat je het ouderlijk huis had verlaten. Veel mensen blijven ook daarna nog heel lang bang voor hun ouders. Dat komt omdat ouders het uiterlijke evenbeeld zijn van onze innerlijke criticus, en zolang we die niet uit zijn functie hebben ontheven, zijn we ook nog niet in het reine met onze ouders. Nog decennialang nadat ik het ouderlijk huis had verlaten, kon mijn vader mijn woede en verzet opwekken, gewoon door de schoolmeesterachtige toon waarop hij zijn gelijk verkondigde. Pas nadat ik mijn innerlijke criticus had ontslagen en min of meer met mezelf (en met de schoolmeester in mij) in harmonie was, kon ik bij hem zijn zonder me te storen aan zijn gedrag. Uiteindelijk was ik tijdens de laatste jaren van zijn leven zelfs in staat om met hem en om hem te lachen en vertederd te zijn als hij mij weer eens ging uitleggen hoe ik me zou moeten voelen.

Zolang je inhoudelijk blijft reageren op je innerlijke criticus, geef je je autonomie uit handen en vergroot je zijn invloed. Om je te bevrijden van je criticus moet je het besluit nemen dat je jezelf nooit meer in de steek zult laten. Je gaat niet langer in op de inhoud van zijn kritiek, maar ontneemt hem volledig het recht om je überhaupt te bekritiseren.

In feite betekent dit dat je jezelf nooit meer bewust zult afwijzen. En dat is niet zo makkelijk, het mislukt nog weleens, dus moet je beginnen met jezelf niet langer af te wijzen over het feit dat je jezelf af en toe afwijst. De beste manier om dat niet-afwijzende bewustzijn te ontwikkelen is – je raadt het al – meditatie. In wezen is de geest die zich bewust is van zichzelf, het zichzelf gewaarzijnde gewaarzijn, altijd vrij van afwijzing en zelfafwijzing. Het ontwikkelen van dat heldere, oordeelvrije gewaarzijn is de ultieme manier om je zelfafwijzing te beëindigen. Er zijn daarnaast ook praktische psychologische methoden om je te bevrijden van de innerlijke criticus, die echter buiten het bestek van dit boek vallen (zie appendix 1).

Het vorige hoofdstuk ging over het kijken naar je pijnlijke emoties, en naar de verkramping rondom de pijn waardoor die vergroot worden en in stand gehouden. Die verkramping is in uiterste instantie zelfafwijzing. Door je pijnlijke emotie én jezelf af te wijzen, ontstaat die vicieuze cirkel van wegduwen van de pijn waardoor hij juist vergroot en in stand gehouden wordt. Niet je woede is het probleem, maar de afwijzing van de woede en van jezelf wanneer je woede voelt; die zorgt ervoor dat je je woede gaat afreageren op de persoon of situatie die hem opgewekt heeft. En dat zorgt weer voor nieuwe ellende. Niet je begeerte (bijvoorbeeld naar seks, drugs of eten en snoepen) is het probleem, maar je afwijzing van die begeerte en van jezelf als 'begeerder': dat maakt dat je van je begeerte afwilt, en haar dus wel moet bevredigen. Niet je eenzaamheid is het probleem maar je afwijzing ervan en van jezelf als je eenzaam bent. Eenzaamheid is in feite niks anders dan opgescheept zitten met iemand die je niet ziet zitten, namelijk jezelf. Daardoor voel je je gedwongen om gezelschap te zoeken of afleiding en verdoving, en als dat niet lukt of uitgewerkt is, voel je je nog eenzamer.

Elk egopatroon is in feite een automatisme dat gericht is op bescherming tegen afwijzing en verkrijging van liefde en erkenning. Telkens als je je bewust wordt van zo'n patroon is er die neiging ervan te dissociëren. Maar het is helemaal niet het egopatroon zelf dat het probleem oplevert, maar de zelfafwijzing die erin verborgen zit, en die zich op het bewuste metaniveau ontpopt als een afwijzing van het hele patroon. Het is de afwijzing van de zelfafwijzing die het hele zelfafwijzende zelfbeeld in stand houdt. En dat kun je afleren!

In plaats van te dissociëren kun je leren het betreffende egopatroon te integreren. Dat betekent dat je ernaar leert kijken zonder zelfafwijzing. Daardoor verdwijnt ook de zelfafwijzing die inherent was aan het egopatroon. En dat patroon zal dan geleidelijk aan veranderen in de oorspronkelijke natuurlijke eigenschap die er altijd al de kern van was. Zo zul je zien dat bijvoorbeeld arrogantie, als je die niet langer afwijst maar omhelst met je oordeelvrij gewaarzijn, geleidelijk aan opbloeit als pure slimheid of helderheid. Ontdek je bij jezelf dat je een helpaholic bent? Stop met jezelf erover af te wijzen, omhels het en laat je natuurlijke altruïsme zich eruit bevrijden. Schaam je je ervoor dat je anderen manipuleert om aandacht te krijgen? Stop met die schaamte, omhels je aandachttrekkerij en laat je natuurlijke creativiteit en kunstzinnigheid zich eruit ontplooien. Ben je een conflictvermijder, een nice guy en probeer je die neiging te bestrijden en assertief te worden? Hou ermee op, omhels je nice guy-patroon en laat je natuurlijke vriendelijkheid zich ontwikkelen. Schaam je je voor je verslavingsgedrag? Hou daarmee op, omhels je verslaving en laat je natuurlijke verlangen naar geluk en harmonie eruit naar voren komen. Het kan niet anders of in korte tijd bereik je het punt dat je de verslaving beëindigt, en ophoudt met je zelfdestructie. Ben je een perfectionist en altijd streng voor jezelf? Omhels het met oordeelvrij gewaarzijn en het hele patroon verliest zijn beknelling en onthult zijn natuurlijke vorm: integriteit en verlangen naar volmaaktheid.

Heb je de spiegeltest gedaan die op het eind van hoofdstuk 2 stond? (Nee? Doe die dan nog gauw, voor je hierna de uitleg leest!) Deze test stond ook in mijn vorige boeken, en ik heb inmiddels al veel reacties gehad van lezers die hem gedaan hebben. Wat de meeste mensen tijdens de spiegeltest meemaken is NIETS. Maar dan wel op een heel speciale manier: je ervaart heel even het ontbreken van enig negatief gevoel over jezelf. Er is een besef dat de uitgesproken zinnen van je negatieve geloof, zoals 'ik ben slap' of 'ik ben waardeloos', absoluut geen betrekking hebben op degene die ze uitspreekt, dat ze eigenlijk helemaal nergens betrekking op hebben. Door het uitspreken van je negatieve geloof doe je in feite het tegenovergestelde van wat je identiteit je normaal altijd laat doen: het verbergen ervan. Juist door je streven het te verbergen, ken je er een soort werkelijkheidswaarde aan toe, die tijdens de spiegeltest heel even wegvalt. Dat creëert een moment van zuiver aanwezig zijn. Sommige mensen maakten daarna gevoelens van verdriet of ontroering mee. Verdriet komt soms door het inzicht hoeveel lijden al veroorzaakt is voor anderen en jezelf door deze identiteitsconstructie. Ontroering ontstaat door het gevoel van zuiverheid en nabijheid. Sommige mensen moesten lachen, of stonden alleen maar naar zichzelf te kijken met een grote, bevrijdende grijns.

Er is een kleine kans dat tijdens de spiegeltest het negatieve geloof juist opgewekt wordt. Je komt dan door het uitspreken ervan ineens in die gevoelens van waardeloosheid terecht. Dit is een buitenkansje! Omdat je die negatieve gevoelens nu zelf hebt opgewekt, ontstaat er immers een bijzondere gelegenheid om erbij aanwezig te blijven zonder te vervallen in de standaardreactie van veroordelen en zo gauw mogelijk weer bedekken. Binnen dit oordeelvrije gewaarzijn zullen de negatieve gevoelens vrij snel weer wegebben, waarna je iets van onafhankelijkheid en kracht zult ervaren.

Zie je: in werkelijkheid is er niets om af te wijzen. Maar omdat we ons van die volmaaktheid niet bewust zijn, ontstaat zelfafwijzing, en die leidt weer tot het ontstaan van onze egopatronen. En het is alleen zelfafwijzing die ze in stand houdt. Je hoeft helemaal niets aan jezelf te verbeteren om een goed en waardevol mens te zijn. Gewoon ophouden met te geloven dat je het nog niet bent is voldoende. Wat het ook is dat je ziet aan jezelf, omhels het met oordeelvrij gewaarzijn. Probeer niet van jezelf te houden als je dat niet voelt: gewoon kijken zonder oordeel is voldoende. Welwillend. Vriendelijk. Ruimhartig.

En met het inzicht en vertrouwen dat het goede dat in je zit er vanzelf wel uit komt als jij je er niet te veel mee bemoeit. Alleen door die onvoorwaardelijke keuze voor jezelf, door de ontwikkeling van die vriendelijke, oordeelloze blik op jezelf en anderen en de wereld, zal je natuurlijke staat van zijn zich steeds meer manifesteren in je leven en in alles wat je doet.

Ja maar, denk je misschien, doen alsof alles goed en oké is, is toch een ontkenning van alle narigheid in de wereld? Maar nee: het is niet de bedoeling dat je je ogen sluit voor de narigheid in de wereld, alleen dat je je veroordeling ervan loslaat. Die veroordeling is namelijk volstrekt nutteloos en zelfs contraproductief, draagt niks bij aan het welzijn van jezelf en van de wereld. Juist die neiging tot veroordeling, die bij jezelf allerlei ellende in stand houdt, geeft je ook dat machteloze gevoel ten opzichte van de ellende in de wereld. Maar als je niet langer veroordeelt, en de wereld mag er zijn zoals hij op dit moment is, dan veranderen je medelijden en machteloze frustratie in compassie en moeiteloos handelen voor het welzijn van jezelf en iedereen. Zie je: als het zou helpen, zou veroordeling misschien juist zijn. Maar het helpt nergens voor, in geen enkel opzicht. Veroordeling en zelfafwijzing creëren echt alleen en uitsluitend ellende voor jezelf en de wereld. Is het dan niet tijd om die beknellende vicieuze cirkel in jezelf te doorbreken en alles in jezelf en om je heen te gaan omhelzen in oordeelvrij gewaarzijn? De voordelen hiervan zijn echt nog veel groter dan je je nu kunt voorstellen. Er is gewoon geen grens aan het geluk dat vrijkomt bij de realisatie van je natuurlijke staat van zijn.

18

De natuurlijke staat van zijn: geloof of werkelijkheid?

Grote twijfel, grote verlichting;
kleine twijfel, kleine verlichting;
géén twijfel, géén verlichting.

Anonieme zenspreuk

In dit boek wordt telkens verwezen naar een natuurlijke staat van zijn, een volmaakte natuur, die we allemaal zouden hebben. De argumenten hiervoor zijn tot nu toe echter alleen indirect geweest: ze lieten zien dat het niet waarnemen van een volmaakte natuur, plus het geloof in een onvolmaakte en behoeftige natuur, de oorzaak is van het lijden. Zijn er ook logische argumenten waarmee het bestaan van zo'n volmaakte natuur rechtstreeks aangetoond kan worden? Nee, die zijn er niet, net zomin als het bestaan van een onvolmaakte natuur met logische argumenten aangetoond kan worden. Sommigen zullen alle ellende in de wereld aanwijzen als argument voor de stelling dat de mens in wezen tot het kwade geneigd is. Anderen kijken naar de tekenen van goedheid en altruïsme en veronderstellen een fundamenteel goede natuur. De meeste mensen houden een beetje het midden, en zien elk mens als het resultaat van een strijd tussen zijn goede en slechte eigenschappen of neigingen. Onze gewone alledaagse waarneming geeft geen logisch uitsluitsel in deze discussie.

Maar als je naar een beschouwend niveau gaat, valt het op dat mensen met veel 'slechte' eigenschappen niet erg gelukkig lijken te zijn. De moordenaar, de dictator, de verkrachter, ze wekken niet bepaald een gelukkige en harmonieuze indruk. Ook op kleinere schaal is duidelijk dat mensen die verslaafd zijn, of die vaak liegen, manipuleren, stelen, of anderszins zichzelf of anderen schade toebrengen, daar op langere termijn niet veel vrede en innerlijke rust in vinden. Maar als schade toebrengen onze diepste natuur zou zijn, dan zouden we ons daarin juist het meest vredig en harmonieus moeten voelen. Als leugen en bedrog onze diepste natuur zouden zijn, zouden die ons juist méér in plaats van minder innerlijke rust en harmonie moeten opleveren. Als agressie onze diepste natuur zou zijn, dan zouden we het gelukkigst moeten zijn in tijden van oorlog en geweld. Het feit dat mensen soms toch liegen en bedriegen, of agressief en gewelddadig zijn, komt dus niet voort uit hun diepste natuur, ook als er wel een kortstondige vorm van geluk aan ontleend wordt. We menen soms dat leugen en bedrog bijdragen aan ons geluk, we gebruiken soms geweld als oplossing voor een probleem, we grijpen soms naar destructieve middelen om ellende te ontvluchten en geluk na te streven. Maar het geluk dat deze negatieve handelingen opleveren is in feite niets anders dan een tijdelijke vermindering van de beknelling die er de aanleiding van was. Het is tegelijk duidelijk dat diezelfde negatieve handelingen op langere termijn niet blijvend meer geluk opleveren, maar juist meer beknelling.

Als je op deze manier kijkt naar het gedrag van mensen, naar hun positieve en negatieve handelingen, en het geluk of de beknelling die er het resultaat van is, dan wordt het ineens tamelijk voor de hand liggend dat onze diepste natuur pure goedheid is. Dit maakt meteen een einde aan alle religieuze en morele waardesystemen. Goed en kwaad bestaan niet als zodanig. Handelingen zijn positief als ze tot meer geluk leiden (voor jezelf en anderen), en negatief als ze tot meer ellende leiden. Of anders gezegd: een handeling is positief als ze in overeenstemming is met onze diepste natuur, en negatief als ze daarmee in strijd is.

Het bovenstaande mag dan misschien een aardige redenering zijn om het bestaan van een volmaakte natuur aan te tonen, de enige manier om hier echt honderd procent zekerheid over te krijgen is door zélf die natuur te realiseren. De methode om tot die realisatie te komen, noemen we het spirituele pad, en in tegenstelling tot wat vaak gedacht wordt is die methode eigenlijk heel 'wetenschappelijk'. Immers: ook in de wetenschap wordt er eerst een theorie geformuleerd ter verklaring van (een deel van) de werkelijkheid. Daarna worden er experimenten gedaan om te kijken of die theorie klopt. De uitslag bepaalt of de theorie (voorlopig) aangenomen wordt of verworpen. Op het spirituele pad gaat het eigenlijk net zo: eerst wordt de basishypothese geponeerd dat alle mensen een volmaakte natuur hebben. Dan wordt er een experiment voorgesteld: laat de geest zich omkeren en naar zijn eigen oorsprong kijken. Er worden hulpmiddelen aangereikt: diverse meditatietechnieken, van beginnersniveau tot zeer geavanceerd, staan de 'onderzoeker' ter beschikking. Er zijn ook 'wetenschappelijke' publicaties, geschriften waarin gevorderde beoefenaars, leraren en wijzen door de eeuwen heen, verslag doen van hun onderzoek, de hypothese bevestigen, en verdere aanwijzingen geven voor wie dit onderzoek zelf wil gaan toepassen. Het spirituele pad heeft kortom veel overeenkomsten met de wetenschap: de spirituele methode is rationeel (in overeenstemming met logica en redenering) en functioneel (het resultaat telt). De Boeddha zelf zei al dat zijn leer niet bedoeld was om aan te nemen of in te geloven, maar om zelf toe te passen. Hij vergeleek zijn spirituele leer met een vinger die naar de maan wijst. Alleen een dwaas blijft de vinger belangrijker vinden dan datgene waar hij naar wijst. Het boeddhisme beschouwt zichzelf als een hulpmiddel dat erop gericht is zichzelf overbodig te maken, zoals een vlot dat je over een rivier kan brengen. Heb je eenmaal zelf die volmaakte natuur gerealiseerd, ben je eenmaal aan de overkant van de rivier, dan heb je dat vlot niet meer nodig en kun je elke spirituele 'onderzoeksmethode' laten vallen.

Het spirituele pad is dus de training die realisatie brengt van je volmaakte natuurlijke staat van zijn. En daar zit ogenschijnlijk een contradictie in. Een natuurlijke staat kun je toch niet aanleren? Dan zou het immers een kunstmatige, gemaakte staat zijn? Inderdaad, je kunt je natuurlijke staat niet aanleren, alleen het ontkennen en bedekken ervan afleren. De natuurlijke staat is er al, alleen we zijn ons daar doorgaans niet van bewust. In plaats van onze open en oordeelvrije geest te zíjn, en van daaruit onze gedachten en gevoelens te erváren, laten we ons er telkens door meesleuren en vatten we ze heel persoonlijk op. We hebben ons volledig geïdentificeerd met de inhoud van onze geest, en zijn helemaal vervreemd van de geest zelf, die vriendelijke, oordeelvrije waarnemer die zich bewust is van zijn eigen alomvattende overvloedige warmte en helderheid, en die niks nodig heeft en moeiteloos geeft en iedereen laat delen in zijn overvloed. Zonder realisatie van die natuur van de geest deinen we mee met de wilde golven van onze gedachten en emoties. De natuur van de geest is als het water zelf, het doordringt alle gedachten en emoties. Zodra we ons realiseren dat we het water zijn en niet de afzonderlijke plezierige en pijnlijke golven, zijn we vrij.

Een ander veelgebruikt voorbeeld is dat onze waarnemende geest vastgebonden zit op het paard van onze gedachten en emoties. Dat paard reageert angstig en wild op allerlei prikkels: het rent en steigert door het weiland van ons leven. Dat maakt ons net zo angstig als het paard en we proberen het met slaan en schoppen (zelfafwijzing) tot kalmte te brengen. Je snapt dat dat een contraproductief effect heeft. Zo blijft onze geest altijd wild als een onhandelbaar paard en blijven wijzelf angstig en afhankelijk.

Het spirituele pad leert je om op te houden met slaan, en in plaats daarvan het paard met vriendelijkheid te kalmeren. Het is niet nodig het volledig onder controle te krijgen. Als het wat minder wild is en een beetje meewerkt met de berijder, kun je er naar believen af en toe afstappen. Je bent niet langer slachtoffer van je eigen geest, maar de waarnemer ervan, de berijder die hem naar believen kan gebruiken of loslaten.

Als je nog geen meditatie-ervaring hebt, en je wilt dit voorbeeld op zijn echtheid testen, dan moet je gewoon eens vijf minuten lang, alleen en zonder afleiding, naar je eigen geest kijken en proberen je aandacht bij één ding te houden, bijvoorbeeld een bloem, of je eigen ademhaling. Voor wie dit nog nooit gedaan heeft, kan het tamelijk frustrerend en onthutsend zijn om te merken dat je geest echt haast geen moment stilstaat. En dat is dan nog op een kalm moment, zonder heftige emoties in je lijf. Vooral tijdens moeilijke en beknellende periodes in je leven kun je helemaal gek worden van je eigen geest, en bij sommige mensen gebeurt dit ook letterlijk. Ook depressies en neuroses zijn het gevolg van een geest die totaal doorgedraaid is en verstrikt zit in de strijd tegen zijn eigen gedachten. Het is niet voor niks dat *mindfulness training* zo populair begint te worden in de psychische gezondheidszorg, want de resultaten zijn opmerkelijk goed. En dan hebben we het alleen nog maar over het kalmeren van de geest, wat op zichzelf nog niet tot spirituele realisatie leidt. Daarvoor moet het paard immers niet alleen gekalmeerd worden; je moet ook ontdekken dat jij de berijder bent die er naar believen gebruik van kan maken of af kan stappen. De geest moet niet alleen kalmeren maar ook zijn eigen natuur leren kennen en ontwikkelen. Je moet de vele lagen van versluierende denk-, voel- en gedragspatronen leren doorzien teneinde echt vrij te zijn van je eigen gedachten en emoties. Nogmaals: dat betekent niet dat je geen gedachten en emoties meer hebt, of alleen nog maar prettige. Het betekent dat jij je gedachten en emoties niet meer bént, en ze kunt herkennen als een spel van de geest. Het is een vrijheid voorbij hoop en vrees, voorbij plezier en pijn, voorbij winst of verlies, voorbij bemind worden of afgewezen, voorbij erkend worden of genegeerd. Het is helder geluk en pure liefde.

Als je begint met meditatie, bijvoorbeeld vijf minuten per dag, zul je al heel gauw een kalmerend effect merken. Dat stimuleert tot meer meditatie en tot het lezen van inspirerende spirituele 'onderzoeksverslagen'. Je ontwikkelt een fascinatie voor alle kennis die er is over de volmaakte natuur van onze geest. Je leest verslagen van andere beoefenaars en je gaat nieuwe technieken uitproberen die je naar diepere lagen van je eigen geest voeren. Telkens weer zijn er die momenten van vreugde over nieuwe ontdekkingen. Steeds meer zie je ook hoe je omgang met andere mensen verandert, je wordt vriendelijker, ontwapenender, directer, en je leeft steeds meer vanuit een kalme, vreedzame plek diep binnen in je.

Dan op een dag zul je je eerste rechtstreekse ervaring hebben van je volmaakte natuur, een ervaring vol verbijsterende vreugde! Een diepe zekerheid ontwikkelt zich in je, je meditatiebeoefening wordt steeds inspirerender, je vermogen om negatieve gevoelens te ervaren zonder je ermee te identificeren neemt toe, waardoor je steeds minder hoeft te vluchten in afleiding. Je leven wordt eenvoudiger, je relaties worden diepzinniger en vervullender. Steeds vaker krijg je tijdens je beoefening van die korte glimpen van je volmaakte natuur, totdat je er op den duur in slaagt om ze zelf op te roepen. Je dagelijks leven wordt steeds lichter en raakt steeds meer vervuld van een onderhuidse permanente vreugde en een tintelend gevoel voor humor. Je bent dan overigens nog steeds niet verlicht in de ultieme betekenis, maar dat wordt eigenlijk steeds minder belangrijk. Gewoon gelukkig zijn en dat geluk delen met anderen is immers al mooi genoeg.

Uiteindelijk draait alles op het spirituele pad dus om de realisatie van je volmaakte natuurlijke staat van zijn, door boeddhisten soms ook wel 'natuur van de geest' genoemd, of 'boeddha-natuur'. Er zijn boeken vol geschreven over de methoden om die natuur te realiseren, maar als je een simpele beschrijving verwacht van wat die natuur nou eigenlijk is, zul je die niet vinden. Dat komt omdat die niet rechtstreeks te beschrijven is. Beschrijvingen zijn immers woorden, zinnen, gedachten, en de natuur van de geest is ook de natuur van die woorden, zinnen en gedachten. De natuur van de geest is die kennende kwaliteit waardoor we bij alles wat we zien, horen, denken en voelen, ook wéten dat we het zien, horen, denken of voelen. Maar die kennende kwaliteit, die zich bewust is van waarnemingen en gedachten, is zelf niet een ding of een lokaliseerbaar verschijnsel. Als je er rechtstreeks naar kijkt is er nooit 'iets' te zien. De natuur van de geest heeft die kennende kwaliteit zonder tevens een entiteit te zijn. Alle verschijnselen, alle gedachten en gevoelens zijn ervaringen in die kennende 'niet-entiteit' van de natuur van de geest. Alle ervaringen, alle beknellingen en geneugten van samsara zijn ervaringen in de natuur van de geest. Een veelgebruikte metafoor om dit uit te leggen is de filmprojector. Op het scherm verschijnen alle belevenissen waar we doorgaans in verstrikt zijn en die ons het tijdelijke geluk en de ellende opleveren van samsara. We zijn zo geabsorbeerd door die verschijnselen dat we onszelf verliezen in de illusie dat de film werkelijkheid is. We vergeten dat het een illusie is, voortgebracht door 'de natuur' van de cinema: het licht uit de projector. Door dat licht krijgen alle beelden hun schijnbaar werkelijke vorm, maar het licht zelf speelt niet mee in de film. Zolang we onszelf verliezen in de projecties, zijn we gebonden aan het lijden van samsara. Maar hoe meer we ons die lichtbron realiseren, die open en gewaarzijnde kwaliteit van de geest, hoe minder we verstrikt raken in de projecties, en hoe vrijer we worden van het lijden. Dat verschuiven van je identificatie van de projecties naar datgene wat projecteert, van je beknellende identiteit naar de bevrijdende natuur van alles, dat is wat je leert op het spirituele pad. Dat pad verandert alle pijnlijke problemen in stappen op weg naar realisatie. Het geeft betekenis aan wat anders zo zinloos lijkt, namelijk het lijden, en doet dit langzaam verminderen en uiteindelijk verdwijnen uit je leven. Is het niet wonderlijk?

19

De spirituele liefdesrelatie

Hou van elkaar maar maak van de liefde geen binding
Laat het liever een veranderende zee zijn tussen de kusten van jullie zielen
Geef elkaar je brood maar eet niet van hetzelfde brood
Zing en dans samen en wees vol vreugde, maar laat elk van jullie alleen zijn
En sta samen, maar niet te dicht op elkaar
Zoals de eikenboom en de cipres ook niet in elkaars schaduw groeien

Khalil Gibran, Libanese dichter
(1883-1931) uit: *De profeet*

Het is niet jouw taak om mij te begrijpen.
Dat is mijn taak.

Byron Katie

Als je het relatiedenken hebt losgelaten, betekent dat niet dat je geen liefdesrelatie meer zou kunnen hebben. Het enige dat verandert is dat de relatie niet meer het belangrijkste doel in je leven is, maar een hulpmiddel op het spirituele pad. Dit lijkt misschien op een verschraling van het hoogste geluk dat vaak geassocieerd wordt met de liefdesrelatie. 'Relatie als hulpmiddel op het pad' klinkt niet erg romantisch, meer alsof liefde verandert in hard werken voor de spirituele vooruitgang. Niets is minder waar! Een spirituele liefdesrelatie biedt juist alles wat je met een gewone liefdesrelatie altijd hebt nagestreefd maar nooit hebt kunnen bereiken noch ooit zult kunnen bereiken, omdat die methode zelf contraproductief is. In de spirituele relatie wordt de liefde niet langer verstikt door angst en behoefte aan veiligheid, waardoor ze alsmaar blijft groeien en bloeien! Omdat je niet langer in de eerste plaats de ander nodig hebt voor je veiligheid en je eigenwaarde (die vind je namelijk in jezelf), ga je steeds moeitelozer onvoorwaardelijke liefde geven, en krijg je als vanzelf ook steeds meer liefde terug. In feite verdwijnt op den duur het onderscheid tussen liefde geven en ontvangen, en de relatie wordt een totale en vrijwillige samensmelting van twee onafhankelijke en hele mensen in één ervaring van liefde. Dat is dus een soort omgekeerde gelijkenis met de samensmelting van twee halve angstige mensen tot één symbiotische beknelling, zoals die vaak plaatsvindt in een traditionele liefdesrelatie. Ook hier zien we dat in onze volmaakte natuur dat vermogen tot onvoorwaardelijk liefhebben en samensmelten altijd al aanwezig was, maar dat die eigenschap in veel relaties door angst en zelfafwijzing verminkt wordt tot een beknellende en pijnlijke schaduw ervan. Liefde wordt verminkt tot veiligheid, verbondenheid verwordt tot gebondenheid, moeiteloos geven verdwijnt achter moeite doen om te krijgen. Het idee dat het spirituele pad je zou beroven van je (kans op) liefdesgeluk is eigenlijk net zo'n soort angst als die van verslaafden die denken aan stoppen: hoewel hun leven door de verslaving steeds ellendiger wordt, blijven ze toch bang dat na het stoppen het leven grauw en saai en zonder geluk zal zijn. Op dezelfde manier levert het loslaten van het relatiedenken de angst op dat je leven dan eenzaam en zonder liefde zal zijn. Het omhelzen van deze angst en het herkennen ervan als een vergissing zijn echter juist het begin van een pad dat voller is met liefde en vervulling dan je ooit hebt kunnen dromen!

Loslaten van het relatiedenken kun je trouwens ook doen als je op dit moment geen relatie hebt. De keuze voor een spiritueel pad omvat namelijk ook een verandering van je houding ten opzichte van een toekomstige liefdesrelatie: je houdt op met het najagen ervan, en je leert eventuele gevoelens van gemis rechtstreeks te benutten als object van je beoefening. Hoe beter je die diepe gevoelens van het missen van een geliefde zelf kunt omhelzen met oordeelvrij gewaarzijn, hoe onafhankelijker je wordt van liefde en erkenning van anderen, en hoe meer je behoeftigheidsbewustzijn verandert in een overvloedigheidsbewustzijn. Als zich dan ooit een gelegenheid aandient voor een nieuwe relatie, sta je sterk in je spirituele schoenen en kun je van meet af aan je nieuwe relatie laten opbloeien als nooit tevoren. Maar echt noodzakelijk is een relatie nooit: geluk is in essentie al volledig aanwezig in jezelf, en je geluk en liefde delen met anderen kan ook zonder dat je een relatie hebt. Dus heb je op dit moment geen relatie, en wil je aan een spiritueel pad beginnen, dan heb je alvast één obstakel minder dan iemand mét een relatie. Want hoewel een relatie gebruikt kan worden als hulpmiddel op het pad, kan het vooral voor de beginnende beoefenaar ook een behoorlijke belemmering opleveren voor spirituele ontplooiing.

Een bestaande traditionele relatie ombouwen tot een spirituele is beslist een uitdaging. De relatie is immers ontstaan toen je nog overheerst werd door je behoeftigheidsbewustzijn, en bevat dus allerlei openlijke en verborgen beschermingsmechanismen, ontstaan om je te behoeden voor afwijzing en zelfafwijzing. Alleen al het met elkaar bespreken van de mogelijkheid om niet de relatie maar de individuele spirituele ontplooiing voorop te zetten, kan tot diepe angsten leiden. Zodra je echter ziet dat die angsten juist een symptoom zijn van je onvermogen om voor jezelf te zorgen, kunnen ze ook als stimulans dienen om door te gaan met dit spirituele project. Laten we eens kijken hoe je in de praktijk te werk kunt gaan bij het ombouwen van je relatie naar een spirituele. Eerst gaat het over een stabiele relatie waarin beide partners spirituele aspiraties koesteren. Daarna kijken we naar een relatie in crisis, en ten slotte naar een stabiele relatie waarin een van de partners geen behoefte heeft aan spiritualiteit.

Als je allebei geïnspireerd bent geraakt door een vorm van spiritualiteit, kun je het beste beginnen met heel veel met elkaar te praten, en uit te zoeken hoe je elkaar kunt steunen op het spirituele pad. Je kunt situaties waarin je bij elkaar negatieve gevoelens opwekt, samen onderzoeken en kijken hoe je zelf verantwoordelijkheid kunt nemen voor die gevoelens. Laten we nog eens kijken bij Bram en Gina voor een voorbeeld.

Gina heeft een prachtige bos lang zwart haar (een van de redenen dat Bram op haar viel), waarvan echter een klein deel na elke douchebeurt in het rooster van de afvoer blijft steken. Bram stoort zich daaraan, hij vindt dat ieder zijn eigen rommel moet opruimen. Soms haalt hij mopperend Gina's haren uit het afvoerputje, soms vraagt hij aan haar om die haren op te ruimen voordat hij gaat douchen. Gina vindt zijn reactie overdreven en 'moeilijkdoenerij: ze is die haren gewoon vergeten, sorry hoor'. Bram voelt zich hierdoor miskend in zijn gerechtvaardigde klacht. Beiden ervaren boosheid en frustratie.

Ik neem opzettelijk een heel onbenullig probleem, omdat je hierin goed kunt zien dat beide partijen de ander nodig hebben om van hun moeilijke gevoel af te komen, in plaats van dit bij zichzelf op te lossen. Bram wil erkenning voor zijn standpunt dat elk zijn eigen rommel moet opruimen, en voelt zich gefrustreerd door het uitblijven ervan. Gina geeft die erkenning niet omdat ze eerst zíjn erkenning wil voor het feit dat ze die haren gewoon vergeet op te ruimen en dus helemaal niks kwaads bedoelt. In een traditionele relatie is dit probleem niet oplosbaar zonder dat minstens een van beide partijen zich moet schikken in een frustratie.

Vanuit een spiritueel perspectief is hier geen probleem maar een opening naar spirituele groei. Bram zou kunnen beginnen met zijn frustratie te herkennen als een oud gevoel uit zijn kindertijd, toen hij regelmatig de schuld kreeg van iets wat zijn jongere zusje gedaan had. Dit gevoel van opdraaien voor andermans fout, en miskend te worden in het bezwaar daartegen, zou hij vervolgens omhelzen met oordeelvrij gewaarzijn. De noodzaak van erkenning door Gina verdwijnt daardoor, hij is nu zelf de erkenner van zijn miskende gevoel. Behoeftigheidsbewustzijn verandert daardoor in overvloedigheidsbewustzijn: hij haalt nu met liefde Gina's haren uit het putje, of hij laat ze er met liefde in zitten zolang het water nog wegloopt.

Gina van haar kant zou na een verwijt van Bram zelf verantwoordelijkheid nemen voor haar gevoel van afgewezen zijn. Haar afwijzen van Brams 'moeilijkdoenerij' is een reactie op haar eigen pijnlijke gevoel dat ze iets verkeerds gedaan heeft. Vergissingen maken werd vroeger bij haar thuis niet getolereerd en streng afgewezen. Zodra ze dit gevoel herkent als een oud gevoel dat door Bram alleen maar aangeraakt wordt, kan ze er zelf verantwoordelijkheid voor nemen en het omhelzen met oordeelvrij gewaarzijn. Daardoor lost het op, ze voelt zich onafhankelijk van Brams erkenning, en kan nu reageren door het afvoerputje zelf schoon te maken, of vriendelijk aan Bram te vragen of hij het voor haar wil doen.

Op deze wijze kan alles wat in een traditionele relatie aanleiding is tot spanning en frustratie, benut worden voor transformatie van behoeftigheids- naar overvloedigheidsbewustzijn, van afhankelijkheid en erkenning nodig hebben naar onafhankelijkheid en liefde geven. 'Zij miskent mij, hij verwijt mij, zij zou dit anders moeten doen, hij zou daarmee op moeten houden, zij waardeert mij niet, hij communiceert niet, zij neemt me niet zoals ik ben, hij kwetst me, zij moet niet zo zeuren, hij moet niet zo gesloten zijn, zij moet mijn grenzen respecteren, hij moet zijn gevoelens gaan uiten', al dit soort 'gerechtvaardigde' verwijten zouden oplossen als sneeuw in de voorjaarszon. Miskendheid, frustratie, verwijt, boosheid en machteloosheid zouden herkend worden als gevóélens van miskendheid, frustratie, verwijt, boosheid en machteloosheid. Dat maakt dat je ze kunt voelen zonder je ermee te identificeren en ze kunt omhelzen met oordeelvrij gewaarzijn, waarna ze transformeren in autonomie en liefde.

Een heel goed hulpmiddel bij het samen met je partner werken aan een meer spirituele relatie is het 'om-de-beurt-gesprek'. Je gaat tegenover elkaar zitten, en een van beiden begint met te vertellen over haar ervaringen, haar problemen, waar ze moeite mee heeft, enzovoort. De ander mag niet reageren, hooguit laten merken dat hij het begrijpt, of een simpele vraag stellen ter verduidelijking. Dit duurt een vooraf vastgestelde tijd, bijvoorbeeld vijf minuten. Neem een kookwekker als onpartijdig waarnemer. Daarna blijven beiden een korte tijd, bijvoorbeeld twee minuten, in stilte zitten, met aandacht voor de ademhaling, of met een andere meditatietechniek die je prettig vindt. Daarna is de ander aan de beurt: de kookwekker wordt weer op vijf minuten gezet en nu mag de ander alles vertellen wat hij belangrijk vindt. Na afloop wordt er nog een korte periode in stilte gezeten, en dan wordt de sessie beëindigd. Je kunt elkaar vertellen hoe je de oefening hebt ervaren, maar probeer niet meteen na te gaan praten over de inhoud van de oefening. Ook als je met een angstig of boos gevoel blijft zitten, los dat dan eerst zelf op met beoefening, of een wandeling of wat dan ook voor je werkt. Indien nodig doe je de oefening een paar uur later nog eens.

Als je deze oefening vaker doet, zul je merken dat je steeds meer gaat praten over je eigen ervaring en steeds minder behoefte hebt om de ander te veranderen. 'Jij was vanmorgen onuitstaanbaar in de badkamer toen je weer aan het kankeren was over die haren in het afvoerputje' verandert in: 'Ik voelde me vanochtend behoorlijk afgewezen en schuldig, toen je over die haren in het afvoerputje begon.' En als luisterende partij zul je steeds beter in staat zijn om wat de ander vertelt met een open geest te ontvangen, zonder meteen al te gaan nadenken hoe je erop zult reageren. Door te luisteren naar de pijnlijke gevoelens van de ander zonder je aangevallen te voelen, help je de ander om zelf ook die gevoelens te omhelzen. Zo gaat deze oefening, die je in het begin best minstens één keer per dag kunt doen, op den duur ook je communicatie tijdens de rest van de dag beïnvloeden. Het is zo ontwapenend als je bij voorbaat de ander nooit veroordeelt en zelf alle verantwoordelijkheid voor je gevoelens neemt. Het is zo bevrijdend als je jezelf niet meer veroordeelt, en je nooit meer schuldig hoeft te voelen over de gevoelens van de ander. Die steeds toenemende autonomie van beide partners is de basis van waaruit steeds meer onvoorwaardelijke liefde kan stromen.

Laten we dit spirituele perspectief eens toepassen op een wat heftiger voorbeeld uit de relatie van Paul en Christine, tien jaar getrouwd, allebei een baan en geen kinderen. Paul merkt dat een van zijn vrouwelijke collega's toenadering zoekt. Hij gaat erop in want hij vindt haar een aantrekkelijke vrouw. In pauzes en op werkborrels praten en flirten ze met elkaar. Op een personeelsfeest komt het onvermijdelijke moment dat ze met elkaar zoenen. Zij maakt meteen duidelijk dat ze geen diepe bedoelingen heeft met Paul, ze is zelf ook getrouwd, maar ze wil wel graag eens met hem vrijen. Paul is ook niet echt verliefd op haar, maar vindt haar heel sexy en het idee buitengewoon spannend. Wat gaat hij doen?

Het is duidelijk dat hier in een traditionele relatie een groot probleem aan het ontstaan is. Die is immers gebaseerd op de behoefte aan veiligheid, en het meest onveilige is wel wanneer je geliefde zin heeft in seks met een ander. Vandaar dat veel relaties dichtgetimmerd zijn met in- en expliciete beloftes van trouw en het absolute verbod op vreemdgaan. Zelfs het verlangen naar een ander is al taboe want bedreigend voor je eigen partner. Daardoor zal Paul zich in het bovenstaande voorbeeld schuldig voelen over zijn verlangen en het verzwijgen voor Christine, om haar niet ongerust te maken, en om zichzelf te vrijwaren van haar afwijzende reactie. Maar als een gevoel niet gevoeld mag worden, wordt het juist sterker, dus Pauls verlangen neemt toe en zal waarschijnlijk uitmonden in vreemdgaan. Dit moet natuurlijk al helemaal verzwegen worden, waardoor er ook nog oneerlijkheid ontstaat tussen Paul en Christine. Het is opmerkelijk dat mensen die erachter komen dat hun partner al een tijdje vreemdgaat, vaak meer gekwetst zijn door het stiekeme dan door het vreemdgaan zelf. Ze voelen zich 'bedrogen' en dat zijn ze eigenlijk ook, zij het dat ze zelf daaraan hebben bijgedragen door in te stemmen met het verbod op buitenechtelijke verlangens.

Het is natuurlijk ook mogelijk dat Paul besluit zich te beheersen en niet vreemdgaat met zijn collega. Hij moet hiervoor dissociëren van zijn seksuele verlangens, en als hij daarin slaagt, lijkt het gevaar afgewend. Maar die gedissocieerde seksuele verlangens gaan natuurlijk ondergronds een eigen leven leiden, en manifesteren zich in verlies van eigenwaarde bij Paul, in een onderhuids verwijt aan Christine voor wie hij die gevoelens heeft weggeduwd, en in steeds weer opduikende verlangens naar andere vrouwen plus de schuldgevoelens erover. Het kan zijn dat daardoor de seks met Christine steeds oppervlakkiger wordt, of dat hij een internetpornoverslaving ontwikkelt. Hoe dan ook, als Paul op deze manier binnen het 'rechte pad' van de traditionele relatie blijft, is meer ellende het onvermijdelijke gevolg.

In een spirituele relatie is het niet zo dat vreemdgaan verplicht is of altijd 'moet kunnen'. Er heerst alleen geen verbod op het hebben van welke gevoelens dan ook. En beide partners hebben een sterk besef dat ze geen enkel recht op elkaar hebben, noch het recht elkaar iets te verbieden. In een spirituele relatie zal Paul dus aan Christine vertellen dat hij verleid wordt door een collega en dat hij dat spannend vindt. Hij neemt verantwoordelijkheid voor de angst die hij voelt voor haar reactie. Zij vertelt welke gevoelens er in haar opkomen: angst om Paul te verliezen, misschien gevoelens van minderwaardigheid. Ze neemt verantwoordelijkheid voor die gevoelens, gaat daar zelf mee aan het werk. Misschien maken ze enkele praktische afspraken, bijvoorbeeld over veilig vrijen, en over wat Christine wel en wat ze niet wil weten over Pauls avontuur. Paul voelt zich hierdoor enorm opgelucht, hij is eerlijk geweest over zijn gevoel, en toch niet door Christine afgewezen. Hij voelt grote waardering en bewondering voor haar omdat ze hem niet belast met haar eigen angsten. Het kan zijn dat Paul nu zoveel liefde voor Christine voelt dat hij het hele plan om vreemd te gaan opzijzet. Zó belangrijk is het nou ook weer niet, en is het al die onrust wel waard?

Maar misschien dat Paul wél zijn avontuurtje heeft en ontdekt dat vreemdgaan heel anders is dan vrijen met je partner. Ook dan zal zijn liefde voor Christine alleen maar toenemen. En ja, natuurlijk is er ook een kans dat Paul echt verliefd wordt op zijn avontuurlijke collega, en uiteindelijk bij Christine weggaat. Die kans is wel aanzienlijk kleiner dan in een traditionele relatie waarin vreemdgaan met allerlei taboes en verboden omgeven is. Zie je: huwelijkse moraal en echtelijke verplichtingen zouden allemaal prima zijn als ze inderdaad de kans op ellende zouden verminderen en de kans op geluk vermeerderen. Maar het omgekeerde is het geval: ze vergroten de kans dat je geliefde (of jijzelf) er met een ander vandoor gaat, en vaak is dat dan nog het beste ook omdat de relatie door al die behoeftigheid en afhankelijkheid toch al verstikkend geworden was. Zou het dan niet veel waardevoller zijn als je uit vrije wil bij je geliefde zou blijven, gewoon omdat dat het leukste is? Wat is belangrijker: het veilige idee dat je altijd bij elkaar blijft (en een grote kans dat dat in werkelijkheid niet zo is), of het onveilige idee dat je altijd uit elkaar kunt gaan (en een grotere kans dat je daar allebei helemaal geen behoefte aan zult hebben)? Zie je: het spirituele pad is ondogmatisch en geheel vrij van morele geboden en verboden. Het kijkt alleen naar het resultaat: zoveel mogelijk geluk en zo weinig mogelijk lijden voor jezelf en anderen. Monogaamheid kan daar alleen aan bijdragen als het vrijwillig is en voortvloeit uit liefde en eigenwaarde, niet als het afgedwongen wordt uit angst en afhankelijkheid.

De essentie van het spirituele pad is dus het volledig verantwoordelijkheid nemen voor jezelf en voor alles wat je voelt, en je relatie niet als levensdoel beschouwen maar als middel om die zelfverantwoordelijkheid te ontwikkelen. Vanwege je liefde voor elkaar kun je bij elkaar ook de diepste knoppen indrukken van pijnlijke, angstige en afhankelijke gevoelens. Zodra je niet de ander daarvoor verantwoordelijk stelt, maar zelf die gevoelens leert te voelen en te omhelzen met oordeelvrij gewaarzijn, ontwikkel je een steeds sterker gevoel van eigenwaarde en autonomie. Deze eigenwaarde is niet afhankelijk van de erkenning en liefde van anderen, ze is je natuurlijke erfgoed, je inherente natuurlijke staat van zijn. Ze heeft als bijproduct onvoorwaardelijke liefde. Want telkens als je door je geliefde geconfronteerd wordt met een pijnlijk gevoel van angst of afhankelijkheid, boosheid of frustratie, en je slaagt erin om het zelf op te lossen, komt met die inherente eigenwaarde ook een diep gevoel van liefde vrij. Dit is pure liefde, liefde *an sich*, liefde zonder object. Het is onvoorwaardelijke liefde, en je voelt het voor alles wat leeft en bestaat, inclusief jezelf. En natuurlijk dus ook voor je partner, die immers je 'knoppendrukker' is geweest, je toegang tot deze onvoorwaardelijke liefde, en die dus eigenlijk ook een beetje fungeert als je 'spirituele leraar'*. Vandaar dat je in een spirituele relatie zo ongelooflijk veel liefde en dankbaarheid kunt voelen voor je partner. En daaruit vloeit weer een moeiteloze attentheid voort, en behulpzaamheid, vriendelijkheid en waardering. Je gaat elkaar verwennen puur voor je eigen plezier, en zonder dat je er iets voor terug verwacht. Dit schept een diepe verbondenheid, veel sterker dan de bindingen van de traditio-

---

* Meer over de rol van de spirituele leraar in appendix 2.

nele relatie, die immers hooguit een schijn van veiligheid kunnen opwekken. Zo'n partner laat je nooit in de steek omdat er domweg nooit een reden is om elkaar in de steek te laten. Zelfs al zouden jullie wegen ooit scheiden, dan gebeurt dat liefdevol.

Als je op dit moment in een relatiecrisis zit, heb je zowel een voor- als een nadeel. Het voordeel is dat allerlei oude diepe angsten en beknellingen nu aan de oppervlakte komen, waardoor duidelijk wordt dat het traditionele relatiepatroon niet werkt. Het nadeel is dat die negatieve gevoelens soms zo heftig zijn dat ze voor een beginnende beoefenaar niet te transformeren zijn. Wat te doen?

Het beste is om te beginnen met elkaar te ontslaan van alle verplichtingen die uit het traditionele relatiedenken voortvloeien. Stop met het redden van je relatie en begin met jezelf te redden. Als je partner deze manier van kijken met je deelt, kan er iets moois op deze puinhopen ontstaan. Maar dan moet je beginnen met elkaar veel ruimte te geven. Meestal kun je het beste een tijd apart gaan wonen, of als dat praktisch moeilijk te verwezenlijken is, bijvoorbeeld vanwege kinderen, met wisseldiensten gaan werken: om de beurt weggaan en heel veel alleen zijn. Als angst om de ander te verliezen niet meer je belangrijkste drijfveer is, ontstaat vanzelf meer duidelijkheid over of je samen verder wilt of niet. Er is dus ook een flinke kans dat de relatie uit elkaar valt. Maar misschien lukt het je om dit niet te zien als een mislukking, maar als een opening om elkaar en jezelf de ruimte te geven voor wat er echt toe doet in je leven: de ontdekking van je natuurlijke staat. Als de heftigheid van de pijnlijke gevoelens van het scheiden is uitgeraasd, is er misschien zelfs genoeg ruimte om een nieuwe en spirituele vriendschap of relatie met elkaar te ontwikkelen.

Als je je relatiecrisis wilt benutten als spiritueel hulpmiddel, dan kun je het beste beginnen met het hierboven al beschreven 'om-de-beurt-gesprek'. In een verstoorde relatie is bijna altijd ook de communicatie verstoord, en door heel gestructureerd te gaan communiceren over je gevoelens en ervaringen, kun je daar weer verbetering in aanbrengen.

Iets wat ook bijna altijd verstoord is in een relatiecrisis is de intimiteit. De volgende oefening kun je beschouwen als een 'paardenmiddel': de intimiteit kan er alleen maar door opbloeien of helemaal verloren gaan. Eerste voorwaarde voor deze beoefening is dat je haar doet ongeacht of je er zin in hebt of niet! Het beste kun je met elkaar een tijdstip afspreken en in je agenda zetten, en als het moment gekomen is er gewoon aan beginnen.

Vervolgens ga je – zonder enig voorspel of stemmingmakerij – samen in bed liggen zonder kleren aan. Je gaat tegen elkaar aan liggen. Verder doe je helemaal niks. Je hebt een kookwekker op een vaste tijd ingesteld, bijvoorbeeld een half uur. In die tijd mag er niet gevreeën worden, niet coïtaal, niet oraal, niet manueel of op welke manier dan ook. Je mag alleen voelen wat er in je omgaat en dat af en toe aan elkaar vertellen. Knuffelen mag, maar hoeft niet. De gezamenlijke ademhalingstechniek die in het volgende hoofdstuk uitgelegd wordt, mag eventueel ook. Na een half uur is de oefening voorbij. Als je op dat moment allebei zin hebt om te vrijen, is dat toegestaan, maar vooraf heb je elkaar al toestemming gegeven om na de oefening gewoon op te houden, hoeveel zin in vrijen de ander ook heeft.

Deze oefening helpt jullie enerzijds om los te komen van de noodzaak om eerst in de stemming te zijn voordat je intimiteit kunt ervaren, en anderzijds van het idee dat er dan ook per se gevreeën moet worden. Er kunnen bij deze oefening heftige gevoelens omhoogkomen, bijvoorbeeld omdat je totaal niet in de stemming bent als je eraan begint, of juist heel erg zin hebt om te vrijen terwijl dat niet mag (of niet kan omdat de ander er na een half uur mee ophoudt). Al die gevoelens kun je tijdens de oefening aan elkaar vertellen, maar je moet ze niettemin zelf oplossen. Als je dit een paar keer per week oefent, in combinatie met het 'om-de-beurt-gesprek', en jij of je partner is dan nog steeds niet gillend weggelopen, dan lukt het je misschien om de relatiecrisis te transformeren tot spirituele ontplooiing. En anders wordt in elk geval sneller duidelijk dat jullie misschien beter uit elkaar kunnen gaan.

Relaties zijn – net als alles wat bestaat – van nature veranderlijk. Alles wat bestaat verandert altijd in iets anders. Nooit is er iets wat verandert in niets. Altijd verdwijnt iets door te veranderen in iets anders.

Kinderen worden volwassenen. Ouders verdwijnen uit je leven of worden goede vrienden. Dierbaren gaan dood en veranderen in een herinnering. Onbekenden veranderen in vrienden of geliefden. Wat je beschouwt als je 'zelf' verandert voortdurend na elke ervaring. Kortom, alles verandert altijd, dus ook relaties. Lijden ontstaat als je je daartegen verzet. Daarom kun je veel beter ophouden met je vast te klampen aan je liefje als aan een moederborst of een vaderhand. Laat los en verander mee met de eeuwige stroom van verandering. Ontdek dat je je veilig kunt voelen in die constante stroom van veranderingen, veilig in je voortdurend veranderende zelfbeeld, zodra je je er niet meer aan vastklampt, zodra je je er niet meer mee identificeert, zodra je kunt waarnemen met oordeelvrij gewaarzijn en onvoorwaardelijke liefde. Of je nu bij elkaar blijft of niet: je relatiecrisis is als het stukbreken van de schaal die je vrijheid en je liefde altijd heeft bekneld en belemmerd. Dus hou op met je lijmpogingen, stop met het amputeren van jezelf en het manipuleren van de ander om die 'veilige' schaal te herstellen. Ga leven, ga liefhebben, ontdek de innerlijke veiligheid die altijd al bij je was en waar je tot nu toe altijd angstig voor weggelopen bent. Omhels die angst, want het is de deur naar je natuurlijke staat van zijn.

En wat doe je als je een relatie hebt met iemand die totaal niet geïnteresseerd is in het spirituele pad? Het grappige is dat dat haast geen verschil maakt vanuit spiritueel oogpunt. Als jij voor het spirituele pad kiest en niet voor de relatie als levensdoel, dan zal je houding ten opzichte van je partner veranderen. Je zult hem of haar niet langer verantwoordelijk stellen voor je eigen pijnlijke gevoelens, maar ze zelf oplossen in je oordeelvrije gewaarzijn. Daardoor word je veel vriendelijker en liefdevoller voor je partner. Liefde geven wordt je geluk, ongeacht of de ander je liefde retourneert. Het is heel waarschijnlijk dat je partner hierdoor zal ontdooien. Mijn eerste lerares op het spirituele pad zei altijd: 'Niemand kan lang weerstand bieden aan liefde, attentheid en tederheid.'

Als jij je steeds minder drukt maakt om je eigen veiligheid, is het natuurlijk ook mogelijk dat je partner zich juist onveiliger gaat voelen, en steeds meer in verzet komt tegen jouw spirituele benadering.

Misschien kun je de ander dan meer bevestiging en geruststelling geven. Als dat niet helpt, gaat het probleem op den duur zichzelf oplossen omdat je partner niet in staat is te functioneren in zoveel openheid, en op zoek gaat naar iemand anders die wel meedoet in een symbiotische veiligheidsrelatie.

Hoewel je vanuit een spiritueel perspectief dus niet gericht bent op het redden van je relatie, ben je doorgaans ook niet gericht op het beëindigen ervan als oplossing van je problemen. Als je een problematische relatie te snel beëindigt, neem je meestal je problemen mee naar een volgende relatie, en mis je bovendien een kans om je problemen te benutten voor spirituele groei. Loop dus niet te snel weg van elkaar, los liever zelf je problemen op zonder je partner ervoor verantwoordelijk te stellen en laat de relatie gewoon haar natuurlijke gang gaan: opbloeien of uit elkaar gaan. Beide mogelijkheden dragen dan bij tot groei en meer geluk. Alleen als je een partner hebt die verstrikt zit in destructiviteit, dan is het soms nodig om actief je relatie te beëindigen. Daarover meer in hoofdstuk 21.

Zo zie je dat een keuze voor spiritualiteit als het belangrijkste project in je leven meteen allerlei andere problemen oplost of doet verdwijnen. Als je geen relatie hebt, hoef je die niet langer na te jagen, waardoor de kans op vervullende relaties van allerlei soort in je leven alleen maar toeneemt. Als je wel een relatie hebt, hoef je je niet langer zorgen te maken over de duurzaamheid ervan: je vindt je veiligheid in je eigen diepste natuur en je relatie bloeit op of valt uit elkaar, en beide zijn uitingsvormen van liefde. Je hoeft je partner niet meer te veranderen naar jouw ideaalbeeld ('ze houdt niet van me zoals ik ben'), of machteloos te berusten in diens hardnekkige gebreken ('hij vindt echt alles best, er gaat niks van hem uit'). Alles wat je meemaakt in je relatie wordt brandstof voor je spirituele beoefening, en laat je innerlijke eigenwaarde opvlammen, en je onvoorwaardelijke liefde stralen. Zelfs het verbreken van een verslaafde en destructieve relatie wordt dan het begin van een nieuw leven waarin je alleen maar kunt opbloeien, en steeds meer tot uiting brengen wat je in werkelijkheid bent en altijd al was: een geest die volmaakt helder en open is, en straalt van onvoorwaardelijke liefde.

20

Spiritueel vrijen

Niets hoeft verwijderd te worden,
Niet 't minst eraan toegevoegd.
Door waarachtig te kijken wordt de waarheid zichtbaar.
Dat zien is volledige bevrijding.

Asanga, boeddhistische leraar in India
(300-370) uit: *Uttara tantra*

Een van de belangrijkste aspecten in de meeste liefdesrelaties is het vrijen. Zó belangrijk zelfs dat de vorige zin nogal een open deur is. Niettemin is het daar in traditionele liefdesrelaties vaak niet al te best mee gesteld. Hoe langer men bij elkaar is, hoe minder er gevreeën wordt, terwijl het vrijen zelf ook steeds minder verrassend en opwindend is. Na de eerste periode van verliefdheid komt men gaandeweg terecht in een routine van eens per week op zondagmorgen (als de kinderen voor de tv zitten) of eens per maand op zaterdagavond (als de kinderen bij opa en oma zijn) of eens per jaar in de vakantie (als de kinderen de deur uit zijn). De vrijpartij zelf verloopt ook steeds meer volgens eenzelfde vertrouwd scenario: veilig, prettig en voorspelbaar. Vreemd eigenlijk dat een bezigheid die zo verschrikkelijk leuk is, en waarin je je zo samen kunt voelen, toch zo uitgehold wordt en steeds meer verzandt in een routine, bij sommigen zelfs in een verplichting. Als oorzaak wordt vaak verwezen naar de drukke omstandigheden in een jong gezin: drukke kinderen, drukke baan, druk sociaal leven, er is zoveel dat eerst moet gebeuren dat het vrijen steeds meer een sluitpost wordt. Maar de omstandigheden zijn natuurlijk niet de oorzaak van dit verschijnsel: juist in zulke drukke tijden zou je er immers ook voor kunnen kiezen om minstens een uur per dag echt tijd voor elkaar te maken. De eigenlijke oorzaak van dit verschijnsel zit hem in de aard van de traditionele liefdesrelatie: het hoofdzakelijk gericht zijn op veiligheid en het bedekt houden van de angst voor afwijzing. De partners fungeren daardoor steeds meer als elkaars vader en moeder, wat de opwinding ook al niet ten goede komt. En naarmate er geleidelijk aan een steeds vaster patroon ontstaat, wordt het vrijen steeds minder een voertuig voor het uiten van diepe gevoelens en steeds meer een veiligheidsritueel. Daardoor wordt het steeds beangstigender om van het standaard vrijpatroon af te wijken. Openlijk praten over je verlangens en fantasieën is voor veel mensen bedreigend; als de ander geen zin heeft in jouw fantasie, zul je je heel erg afgewezen voelen. Seksualiteit is heel erg verbonden met je allerdiepste gevoelens van kwetsbaarheid, angst en afhankelijkheid, en die moeten in een traditionele relatie altijd toegedekt worden. Vandaar dat de partners soms heel lang zelf geen besef hebben van die verschraling van hun liefdesleven en zich koesteren in de veiligheid van de wederzijdse liefde en erkenning. Totdat het evenwicht verstoord wordt, bijvoorbeeld doordat een van beiden vreemdgaat. Dat brengt bijna altijd diepe gevoelens van pijn en verlating teweeg, hoe ruimdenkend je ook probeert te zijn. In een traditionele relatie stel je bovendien de ander verantwoordelijk voor deze pijnlijke gevoelens, zodat er meteen ook sprake is van een fikse relatiecrisis.

In een spirituele relatie zal het vrijen minder snel in zo'n langzaam groeiende sleur terechtkomen. Beide partners zijn immers doordrongen van het besef dat te veel veiligheid een belemmering is voor liefde. Ze proberen geen claim op elkaar te leggen, en nemen zelf verantwoordelijkheid voor eventuele moeilijke gevoelens. Levert het vertellen van bepaalde gevoelens of verlangens angst voor afwijzing op, dan is dat voor hen juist een reden om erover te praten. Vanuit een toenemende emotionele zelfstandigheid voelen ze steeds meer liefde en daarmee het vreugdevolle verlangen om elkaar te verwennen. Omdat de partners zelfstandige mensen zijn, en elkaar dus niet gebruiken als aanvulling van hun eigen gevoel van onvolkomenheid, blijft het vrijen toch dat frisse en avontuurlijke karakter houden zoals in het begin van de relatie. Kortom, het vrijen binnen een spirituele relatie zal een afspiegeling zijn van de aard van die relatie: open, vrij, zelfstandig en liefdevol, en in overeenstemming met de aard van beide partners.

We hebben het nu nog steeds niet over 'spiritueel vrijen' maar over de 'gewone' manier van vrijen, die binnen een spirituele relatie veel opener, avontuurlijker en liefdevoller is dan in een traditionele relatie. Spiritueel vrijen is echter een heel andere manier van vrijen die weliswaar kán plaatsvinden binnen een spirituele liefdesrelatie, maar ook daarbuiten, bijvoorbeeld op vriendschappelijke basis of zelfs zonder relatie. Het is een methode om vrijen en seksuele energie te gebruiken als hulpmiddel op het spirituele pad. Dus als je een spirituele liefdesrelatie hebt of nastreeft, is het weliswaar niet noodzakelijk, maar wel erg behulpzaam om ook op de spirituele manier te leren vrijen. En anderzijds, als je binnen een traditionele relatie op een spirituele manier gaat vrijen, kan het niet anders of je relatie zal ook steeds spiritueler, opener, vrijer en liefdevoller worden.

Ik ontdekte de spirituele manier van vrijen nadat ik al een aantal jaren op het spirituele pad was, en het was voor mij echt een geweldige openbaring! Het vrijen komt in een totaal ander perspectief te staan. Het was alsof ik heel mijn leven mijn tuin aangeharkt had met een fiets, en op een dag ontdekte dat je daar ook mee kunt fietsen! Je kunt vrijen op een biologisch niveau zien als voortplantingsdrang, op een fysiek niveau als genotsmiddel, op een emotioneel niveau als uitingsvorm van gevoelens, en op een psychologisch niveau als bedekking van diepe gevoelens van onveiligheid en onvolkomenheid. Maar spiritueel vrijen is de meest diepzinnige manier van vrijen: het is een methode om je natuurlijke staat van zijn te ontdekken en tot uiting te brengen. In de westerse literatuur wordt deze methode doorgaans aangeduid met 'tantra'. Deze term heeft oorspronkelijk een veel ruimere en diepzinniger betekenis, en omvat een enorm rijk scala aan spirituele inzichten en methoden, waar het werken met seksuele energie er maar één van is.

Als je vrijen en seksuele energie wilt gaan gebruiken als hulpmiddel op het spirituele pad, moet je je eerst losmaken van de veel voorkomende misvatting dat tantra een oosterse manier is om je vrijpartij 'op te leuken'. Daar kan en mag het natuurlijk best voor gebruikt worden, net zoals het iedereen vrij staat om zijn tuin met een fiets aan te harken, maar je zult er dan niets aan hebben in spiritueel opzicht. Alleen als tantra onderdeel is van een training die erop gericht is de natuur van je geest te realiseren, kunnen de technieken tot hun recht komen.

Voordat je vrijen en seksuele energie kunt gebruiken als spirituele training, moet je eerst begrijpen hoe de gebruikelijke manier van seks en vrijen eigenlijk in elkaar steekt. De volgende uiteenzetting is voor sommigen misschien minder herkenbaar omdat voor hen seks en emoties veel meer met elkaar vermengd zijn. Mocht dit bij jou het geval zijn, dan hoef je je niet ongerust te maken dat je 'het' niet goed doet, en kun je de volgende uiteenzetting gebruiken om meer begrip te ontwikkelen voor hen die seks en emoties wel als gescheiden ervaren. Hoe dan ook, het basisprincipe bij vrijen lijkt simpel: eerst is er opwinding, seksuele begeerte, en daarna is er de bevrediging van die begeerte middels het orgasme. Een gemiddelde vrijpartij begint met spontane of kunstmatig opgewekte begeerte, die vervolgens korte of langere tijd in stand gehouden wordt of verhoogd, totdat een orgasme het hoogtepunt en tevens het eindpunt vormt van de vrijpartij.

Laten we nu eens nauwkeuriger kijken naar het verschijnsel seksuele begeerte. Wat dan opvalt is dat seksuele opwinding heel anders ervaren wordt binnen een vrijpartij dan erbuiten. Als je hevige seksuele begeerte voelt terwijl er geen partner is om je te bevredigen, en je ook niet in de gelegenheid bent om er zelf een eind aan te maken, wordt diezelfde begeerte die binnen de vrijpartij zo leuk is, ineens als iets tamelijk beknellends en frustrerends ervaren. De meeste mannen bijvoorbeeld sloven zich dan tot het uiterste uit om de begeerde partner te veroveren, of om in godsnaam dan maar op een andere manier van die beknellende begeerte af te komen.

Dat begeerte tijdens een vrijpartij dus wel als iets leuks wordt ervaren, komt bij nader inzien voornamelijk door het bijgeleverde vooruitzicht op een orgasme, dat dan ook vaak als 'bevrijdend' wordt ervaren, namelijk van die begeerte. Voor de meeste mensen, vooral voor mannen, is een vrijpartij niet af als er niet wordt – het woord zegt het al – 'klaargekomen'. Sterker nog: zonder orgastische bevrijding is een vrijpartij gewoon mislukt en vaak ook aanleiding tot sterke afwijzende gevoelens. Seksuele begeerte is dus eigenlijk alleen maar leuk als de beëindiging ervan binnen bereik is, zoals tijdens een vrijpartij of zelfbevrediging. Trouwens, het woord 'bevrediging' geeft ook al aan dat de begeerte zelf dus een vorm van 'onvrede' is waar je alleen van af kunt komen door bevrediging. Dat het orgasme niet alleen het einde van de begeerte is, maar op zichzelf ook heel lekker, maakt het alleen maar nog begeerlijker, en dus nog noodzakelijker als eindpunt van die begeerte. Kortom, begeerte is een gevoel waar we in principe vanaf willen, en dat maakt het noodzakelijk om het object van begeerte te verkrijgen. Of anders gezegd: begeerte plus onze aversie ertegen maken het nastreven van het begeerde object noodzakelijk, en het binnenhalen van dat object zo leuk want 'bevrijdend' en 'bevredigend'.

Dat deze orgasmeobsessie vaker bij mannen dan bij vrouwen voorkomt, heeft te maken met de mannelijke neiging te willen dissociëren van moeilijke gevoelens, in dit geval van seksuele behoeftigheid. Vrouwen zijn als 'versmelters' doorgaans beter in staat bij bepaalde ongemakkelijke gevoelens te blijven. Dit is niet altijd een teken van een gevorderde spirituele ontwikkeling. Sommige vrouwen laten hun verlangen naar het orgasme los omdat het hun toch niet lukt om klaar te komen (vaak vanwege een te sterke orgasmegerichtheid van hun man) en compenseren dit gemis met hun dienstbaarheid aan het mannelijke orgasme. 'Als hij maar gelukkig is' wordt dan: 'als hij maar klaarkomt'. Wanneer een vrouw genoegen neemt met zo'n verschraalde vorm van seksualiteit, is dat eigenlijk ook een vorm van zelfafwijzing.

Het is dus de aversie voor onze seksuele begeerte die ons dwingt om bevrediging van die begeerte te zoeken in het orgasme. Als je nu het woord 'aversie' vervangt door 'zelfafwijzing' wordt ineens duidelijk wat er eigenlijk gebeurt als we bevrediging van onze begeertes nastreven. Begeerte is niet een op zichzelf bestaand gevoel, het is vermengd met een afwijzing van dat gevoel, en van degene die het voelt, jijzelf. Hier zien we bij uitstek ons behoeftigheidsbewustzijn aan het werk: zodra er een behoefte of begeerte gevoeld wordt, is er meteen ook een zelfafwijzing, en moet de begeerte bevredigd worden om die zelfafwijzing weer toe te dekken.

Die koppeling met zelfafwijzing bestaat in principe bij alle begeertes! Iedereen die weleens overmatig eet of snoept, of op andere wijze verslaafd is, kan dat gemakkelijk bevestigen. Zodra een gedachte gekoppeld is aan een zelfafwijzing wordt het een dwanggedachte die alleen door bevrediging van de behoefte kan worden gestopt. De behoefte die het allerdiepst verweven is met ons behoeftigheidsbewustzijn is de seksuele begeerte. Iedereen heeft ten diepste een afwijzende houding ten opzichte van zijn eigen seksuele verlangens. Denk niet dat de 'alles-moet-kunnen'-mentaliteit die tegenwoordig op seksueel gebied heerst, hier een weerlegging van is. 'Alles moet kunnen' heeft immers geen betrekking op de seksuele begeerte zelf, maar op de middelen om die te bevredigen en er weer van af te komen. Een paar generaties geleden was maar één manier gelegitimeerd, namelijk binnen het huwelijk met als doel voortplanting. Alle andere manieren moesten toen min of meer stiekem. Tegenwoordig zijn er geen taboes meer op de diverse manieren om je seksuele begeerte te bevredigen, en dat is op zich een goede ontwikkeling, ook al brengt deze openheid in zijn kielzog weer nieuwe problemen mee zoals de commercialisering van seks, dwangmatigheid en verslaving. Maar toch, alleen als je manier van vrijen niet langer belast wordt door taboes en zelfveroordeling, kun je naar een dieper en spiritueel niveau gaan en ook de subtielere afwijzing van je begeertes leren omhelzen met oordeelvrij gewaarzijn. Zodra we onze seksuele begeerte bevrijden van zelfafwijzing, ontpopt ze zich namelijk als een bijzonder krachtige energie, als de meest pure levenskracht die rechtstreeks voortvloeit uit je natuurlijke staat van zijn, als de meest fysieke manifestatie van je onvoorwaardelijke objectloze liefde, als je zuivere 'overvloedigheidsbewustzijn'!

Hoe ontwikkel je het vermogen om seksuele begeerte te 'bevrijden' van zelfafwijzing en te transformeren tot zuivere energie? De eerste fase is gewoon heel erg veel kijken naar hoe het met je eigen seksuele begeerte gesteld is. Het bovenstaande verhaal dient niet om je ergens van te overtuigen, maar om je uit te nodigen dit bij jezelf te onderzoeken. Daarvoor is het heel belangrijk dat je ook het instrument waarmee je dit zelfonderzoek doet, je eigen waarnemende geest, ontwikkelt en traint. Training en onderzoek kunnen zo elkaar versterken. Als je bijvoorbeeld aan het mediteren bent, en je wordt afgeleid door seksuele fantasieën, is dat geen reden om jezelf een slechte meditator te vinden, maar om je seksuele begeerte te benutten als object van je aandachtige gewaarzijn. Kijk goed, telkens en telkens weer, kijk naar je begeerte met oordeelvrij gewaarzijn en je zult steeds beter ook je subtiele verkramping zien, die aversie tegen je begeerte, de koppeling met je behoeftigheidsbewustzijn, je negatieve geloof. Je zult ook merken dat aandachtig gewaarzijn van je seksuele begeerte die begeerte soms doet verdwijnen. Dit is nog geen transformatie, maar simpelweg het gevolg van het feit dat je geest zich afwendt van je seksuele gedachten en zich in plaats daarvan richt op de lichamelijke sensatie van de begeerte.

Als je tijdens je meditatie geen spontane seksuele begeertes krijgt, kun je ze natuurlijk ook opwekken. Denk een paar minuten aan je meest begeerlijke fantasieën, totdat de begeerte gloeit in je onderbuik. Dan verplaats je je aandacht naar de fysieke sensatie, eventueel gecombineerd met een beetje aandacht voor je ademhaling. Tegelijk zoek je aandachtig naar die lichte vorm van verzet tegen je begeerte, die behoeftigheid en subtiele aversie en afwijzing ervan. En vergeet niet: alleen aandachtig kijken, niets eraan veranderen!

Een andere manier om te oefenen is tijdens zelfbevrediging. Wissel het fantaseren en stimuleren af met aandachtig gewaarzijn van het fysieke gevoel van begeerte. Je zult merken dat je opwinding daardoor telkens wegzakt. Dan moet je weer even nieuwe opwindende fantasieën aanspreken. Zo wissel je het opwekken van begeerte in je gedachten af met aandachtig gewaarzijn van de begeerte in je lijf. Als je toe bent aan het orgasme, stimuleer jezelf dan tot het onafwendbare begin van het orgasme en doe vervolgens zo weinig mogelijk terwijl je tijdens het orgasme heel aandachtig je geest naar zichzelf laat kijken. Het helpt ook om te proberen je ogen open te houden tijdens het orgasme. Vergeet niet te genieten! Veel plezier!

Als je een tijdje op deze manier geoefend hebt, en je merkt dat je steeds meer ontspannen kunt blijven bij je seksuele begeerte, en dat je er een beetje mee kunt spelen door het op te wekken en weer weg te laten zakken met aandachtig gewaarzijn, dan ben je toe aan de volgende fase van de beoefening. Ook die doe je alleen. Het is echt belangrijk dat je niet te vlug met een partner gaat oefenen, want dan is het niet de tantratechniek die je geest transformeert, maar je geest die de tantratechniek verandert in een prettige bijkomstigheid bij het vrijen. Vergeet niet dat de spirituele relatie en de spirituele manier van vrijen geen doel op zich zijn maar hulpmiddel bij het transformeren van je geest, en alleen daardoor ook leuker en liefdevoller worden dan de gewone manier van vrijen. Dus eerst oefenen met jezelf!

In de volgende fase kun je gaan oefenen in het werkelijk transformeren van je begeerte. Begin weer tijdens je meditatiebeoefening. Zodra je – spontaan of opzettelijk – een sterke seksuele begeerte voelt in je onderbuik, probeer je deze omhoog te verplaatsen door je lijf. Dat doe je als volgt: je visualiseert een intense bron van licht recht voor je. Boeddhisten gebruiken daarvoor een stralende visualisatie van een boeddha, maar het mag ook een ander – voor jou inspirerend – beeld zijn, of gewoon een heldere, warm licht verspreidende lichtbron. Na enige ogenblikken visualiseer je dat die lichtbron bij je naar binnen schiet in je onderbuik. De in je lijf gloeiende begeerte wordt nu vermengd met de uitstraling van die lichtbron onder in je buik. Meteen daarna visualiseer je dat die lichtbron langzaam door je lijf omhoog komt. Je kunt dit ondersteunen door tijdens de inademing de spieren in je bekkenbodem (tussen anus en genitaliën) heel lichtjes samen te trekken.

Na enige oefening zul je merken dat je begeerte inderdaad omhoog komt, maar dat tevens het gevoel van behoeftigheid er totaal uit verdwijnt. Wat eerst nog begeerte leek, blijkt nu pure energie. Als deze wolk van energie je hartstreek bereikt, manifesteert ze zich als zuivere, objectloze liefde. Slaag je erin die energie nog verder in je lijf omhoog te brengen, tot in en zelfs vlak boven je hoofd, dan manifesteert ze zich als puur en helder gewaarzijn. Echt, je moet dit eens proberen, het klinkt veel moeilijker dan het is. Als je al een tijdje mediteert, kan het vrij snel lukken. Als je nog niet mediteert, kun je deze oefening ook doen; het resultaat komt dan wel wat later maar ondertussen ben je in feite tevens je geest aan het trainen, dus je vangt twee vliegen in één klap.

Als je dit een tijdje oefent, word je steeds meer ontspannen ten opzichte van je seksuele begeerte: je ziet steeds beter dat begeerte geen enkel probleem is en dus ook niet koste wat het kost bevredigd hoeft te worden. Je wordt steeds minder obsessief als het om het krijgen van een orgasme gaat. Je bent op den duur in staat om seksuele begeerte bij jezelf op te wekken, te transformeren en vervolgens af te zien van een orgasme, en even goed lekker te slapen. Pas dan ben je toe aan het oefenen met een partner.

Dat doe je aanvankelijk op dezelfde wijze als je daarvoor alleen deed. Terwijl jij je begeerte visualiseert als de heldere straling van een lichtbron, en die door je lijf omhoog brengt en transformeert in liefde en helderheid, zorgt je partner ondertussen voor een constante aanvoer van nieuwe begeerte. Doe dit niet allebei tegelijk, maar om de beurt. Spreek af dat een van beiden totaal passief blijft en zich alleen richt op de eigen geest en op de transformatie van begeerte, terwijl de ander actief begeerte blijft opwekken. Alle verwenmethoden zijn hierbij uiteraard toegestaan. Na een tijdje kun je de rollen omwisselen. Zo kun je van je voorspel een belangrijke spirituele beoefening maken en er tevens meer plezier van hebben.

Het kan zijn dat je allerlei reacties ervaart op deze manier van oefenen. Misschien vind je het heel moeilijk om passief te zijn en je te laten verwennen zonder meteen de ander terug te verwennen. Misschien vind je het gênant als je begeerte af en toe helemaal wegzakt terwijl de ander toch erg zijn of haar best doet. Praat over alles wat je meemaakt, zonder enig oordeel. Je bent begonnen aan een fantastische reis door onbekend gebied, en het wordt alleen maar leuker als je elkaar vertelt van je belevenissen.

Een heel bijzondere techniek die je samen met je partner kunt leren, is de speciale samensmelt-ademtechniek. Je kunt dit helemaal los van het vrijen beoefenen, gewoon met je kleren aan. Elk moment van de dag dat je er allebei tijd voor hebt, kun je deze methode toepassen. Begin met elkaar te omhelzen, liggend, zittend of staand (oefen in alle drie de posities). Tijdens de omhelzing voel je elkaars ademhaling. Probeer nu jullie ademhaling gelijk te laten lopen, en dan zó dat als de een inademt, de ander tegelijkertijd uitademt, en omgekeerd. Adem door je mond. Zodra jullie ademhaling min of meer synchroon loopt, breng je je open mond tegen die van je partner. Jouw uitademing stroomt als inademing bij je partner naar binnen, jouw inademing is de uitademing van je partner. In het begin loopt dit weleens mis, wat tot grappige adembotsingen of benauwdheden kan leiden. Maar na een tijdje oefenen zul je steeds meer kunnen ontspannen in deze simultane ademhaling. Probeer ook af en toe je ogen open te houden en je geest zich bewust van zichzelf te laten zijn. Steeds langer zul je in staat zijn om ontspannen in elkaar te blijven ademen, niet te diep en niet te ondiep, gelijkmatig, moeiteloos, zonder ademnood, helder en aanwezig in het hier en nu. Soms zul je spontaan een heel licht en open gevoel van liefde ervaren, niet zozeer een liefde van een ik voor een ander, maar eerder een soort samen verblijven in een ruimte die open en vol liefde is. Maar streef hier niet naar, geef je gewoon over aan het samenzijn en geniet van je overgave, je samenzijn, en verbaas je over hoe mooi deze oefening is.

Verderop leg ik uit hoe je deze methode kunt combineren met vrijen. Maar ook los daarvan en zonder enige seksuele begeerte kun je deze techniek samen beoefenen. Als je gewoon liefde voor elkaar voelt en dit wilt uiten, kun je samen ademen. Als een van beiden verdriet voelt en de ander compassie, kun je samen ademen. Als je allebei moe bent en druk in je hoofd, kun je samen ademen. Als je door een bos wandelt en ontroerd bent door de schoonheid van de natuur, kun je samen ademen. Eén minuut, vijf minuten, tien minuten, zo kort of zo lang als je wilt kun je samen ademen. En inderdaad: ook tijdens het vrijen kun je samen ademen.

Als je al deze technieken hebt geoefend en ze kunt uitvoeren zonder er te veel bij na te hoeven denken, dan kun je beginnen met spiritueel vrijen in gemeenschap. Dat houdt in dat je samen alles doet om elkaar op te winden (in sommige spirituele tradities worden deze technieken uitgebreid beschreven), en telkens als je jezelf bijna verliest in passie en opwinding, stop je en doe je niets meer. Je rust in die opwinding terwijl jullie lichamen volledig met elkaar verbonden blijven. Je kunt afwisselend een tijdje samen ademhalen, en dan weer een tijdje alleen maar oogcontact houden. De seksuele opwinding zal daardoor vaak afnemen: maak je daar niet druk over. Rust gewoon in die totale samensmelting. Je kunt als je dat wilt na een tijdje weer bewegen en samen nieuwe opwinding creëren, totdat de begeerte weer als een vuur door je lijf jaagt. En dan weer ophouden, rusten in die begeerte, in het samenzijn, in het volledig loslaten van elk resultaat.

Je kunt ook elk streven naar opwinding loslaten en gewoon in elkaar blijven liggen. Het lichaam neemt het dan soms spontaan van je over en komt in een extatische toestand terecht waar je niets voor hoeft te doen; alles wat je doet belemmert deze toestand.

Er is een variant waarbij je de begeerte visualiseert als vloeibaar licht, en die door jullie beide lichamen laat stromen op het ritme van de ademhaling. Als je bekend bent met mantra's kun je ook een mantra gebruiken tijdens deze oefening. Dit zijn allemaal hulpmiddelen om van je oude begeerteaversie en orgasmeobsessie af te komen en ze te transformeren in pure, heldere, liefdevolle energie. Maar uiteindelijk, als je genoeg met deze hulpmiddelen geoefend hebt, kun je ze ook allemaal overboord gooien en gewoon rusten in het heldere gewaarzijn van je begeerte, en die spontaan laten oplossen in liefde en helderheid.

Er is niks op tegen om spiritueel vrijen af te wisselen met 'gewoon vrijen'. Het is heel belangrijk dat er niet een soort verbod ontstaat op lekker 'ouderwets' vrijen en klaarkomen, omdat je dan immers een nieuwe vorm van zelfafwijzing invoert. Je kunt bijvoorbeeld de ene keer gewoon en de volgende keer spiritueel vrijen. Of eerst spiritueel vrijen en na een tijdje de vrijpartij afronden met een recht-toe-recht-aan-orgasme. Maar gun jezelf ook de fantastische ontdekking hoe bijzonder het is om een vrijpartij zonder orgasme te beëindigen: je zult ervaren dat je helemaal dezelfde voldaanheid kunt ervaren als na een orgasme, maar dan zonder de enigszins uitgebluste roes. In plaats daarvan voel je een tintelende, heldere en liefdevolle energie door heel je lijf. Bovendien levert die bevrijding van je orgasmeobsessie zóveel vrijheid en autonomie op: in plaats van de behoeftige verslaafde aan orgasmes word je de onafhankelijke schenker van geluk en liefde. Dit werkt door in heel je relatie: ook buiten het vrijen zul je veel minder behoeftig zijn ten opzichte van je partner. Daardoor durf je ook veel opener te zijn, veel flexibeler, veel liefdevoller. Je behoeftigheidsbewustzijn verandert uiteindelijk definitief in een overvloedigheidsbewustzijn, je samsarische relatie in een spirituele, en je beknellende identiteit in een open en ruim liefdevol bewustzijn van je natuurlijke staat van zijn. Wie denkt dat het spirituele pad vol zware discipline en ascetische onthouding hoort te zijn, moet beslist ook deze manier van beoefenen eens proberen. Discipline verandert dan algauw in vreugdevolle regelmaat, ascese in het vrij zijn van behoeftigheid. Genieten in vrijheid en in het volledig gewaarzijn van je geest is de vorstelijke toegang tot je volmaakte natuurlijke staat van zijn.

21

Liefdesontsporingen

*Het zijn niet de verschijnselen die je beknellen,
het is je gehechtheid eraan.*

Tilopa, boeddhistische leraar in India
(988-1069)

Eerder in dit boek is uitgelegd hoe de groei van ons bewustzijn stagneert door identificatie met ons zelfbeeld. We zagen dat identificatie op twee manieren kan plaatsvinden, namelijk door de onbewuste versmelting met een veilig patroon, of door de min of meer bewuste dissociatie van een onveilig patroon (zie hoofdstuk 7). Op het gebied van seksualiteit en relaties leidt dit tot drie verschillende vormen van stagnatie. Of anders gezegd, er zijn drie manieren waarop de liefdevolle energie uit onze natuurlijke staat door zelfafwijzing ontspoort en vastloopt in een beknellend verslavingspatroon. Dissociatie leidt tot seksverslaving, versmelting leidt tot liefdesverslaving, en de wisselwerking tussen beide leidt tot relatieverslaving.

In feite heeft natuurlijk iedereen die niet spiritueel ontwikkeld is een verslaving aan liefde en erkenning, die zich uit in behoeftigheid aan seks, liefde en relaties. Maar daarin zijn wel graduele verschillen aan te wijzen. In sommige gevallen neemt de behoeftigheid zulke extreme vormen aan, dat we ook in de traditionele betekenis van het woord spreken van een verslaving. Die wordt gekenmerkt door dwangmatigheid en zelfdestructiviteit in een neergaande spiraal. Over deze drie vormen van liefdesontsporing gaat dit hoofdstuk.

Seksverslaving vindt haar voedingsbodem in dissociatie, en komt daardoor vaker voor bij mannen dan bij vrouwen. De 'dissocieerder' heeft een mechanisme ontwikkeld dat razendsnel reageert op (de dreiging van) pijnlijke emoties, namelijk door ze weg te duwen en de aandacht op prettige gedachten of activiteiten te richten. Daardoor ontstaat echter tevens een isolement op emotioneel gebied, een chronisch gebrek aan emotionele impulsen. Dat leidt weer tot een levensstijl die gericht is op het compenseren van dat gebrek. In milde vorm is de 'dissocieerder' een drukdoener: altijd bezig met nieuwe projecten, altijd op de vlucht voor zichzelf, altijd op zoek naar leuke afleiding. In ernstigere gevallen krijgt die afleiding de vorm van een verslaving aan een of meer elementen uit de reeks *sex, drugs and rock and roll*.

De emotionele afscherming van de 'dissocieerder' is te vergelijken met een soort 'emotie-harnas'. Door pijnlijke emoties weg te duwen, worden alle emoties afgevlakt, en ontstaat een steeds sterker gemis aan emotionele prikkels. Dat gemis wordt gecompenseerd met kunstmatige heftige emoties, opgewekt door chemische middelen of spannende situaties, ook wel 'kicks' genoemd. Die hebben het voordeel dat ze maar een kleine kans op afwijzing met zich meebrengen. Seks is weliswaar heel diep verbonden met de angst voor afwijzing en zelfafwijzing, maar verslavend zijn alleen die vormen waarbij de kans op afwijzing minimaal is, zoals prostitutie, anonieme internetseks en porno. Seks wordt dan een kick, een veilig op te wekken heftige emotie, weliswaar kunstmatig, maar tijdelijk heel effectief als compensatie van emotionele armoede. Het is net als met lekker hard rijden in een auto: je wilt jezelf niet écht te pletter rijden, maar de kleine kans daarop maakt het scheuren wel tot een spannende sensatie die eventjes een gevoel van emotionele bevrediging geeft, een gevoel dat je echt leeft! Dat is precies wat de seksverslaafde mist en met zijn verslaving nastreeft: het gevoel van echtheid, van diepe levensvreugde, van kwetsbaarheid. En dat is ook precies waar zijn verslaving hem steeds verder vandaan brengt.

Het gevoelsharnas wordt door deze kunstmatig opgewekte emoties steeds ondoordringbaarder, de behoeftigheid aan kicks steeds onontkoombaarder. Totdat uiteindelijk elke dag beheerst wordt door deze vicieuze cirkel. De internetverslaafde moet elke dag urenlang achter zijn computer doorbrengen en chatten of porno kijken, en dan telkens de zelfopgewekte seksuele drang weer bevrijden met zelfbevrediging. De prostitutieverslaafde moet regelmatig een dosis betaalde seks tot zich nemen.

In al die gevallen is er een verslaving aan de spanning, de begeerte en aan de bevrijding ervan middels het orgasme. Zonder die seksuele aandrang voelt de seksverslaafde zich leeg, emotieloos, eenzaam. Dat wekt gedachten op aan seks die uiteraard worden veroordeeld als zwak of slecht, beestachtig of zondig, al naar gelang het geloofssysteem waarin men is opgevoed. Daardoor worden ze echter steeds dwangmatiger: je moet er wel aan toegeven om van de beknelling af te komen. Dan wordt de eigenlijke seksuele aandrang opgewekt: er is spanning, begeerte, hoop en vrees, en het vooruitzicht van het bevrijdende orgasme. Meteen na het orgasme is er die roes van uitgeblustheid. Eventjes is er rust in je hoofd, en een vaag gevoel van teleurstelling en zelfafwijzing. Dan, na een tijdje, herhaalt de hele cyclus zich. Emotionele armoede en gebrek aan eigenwaarde nemen geleidelijk steeds meer toe, evenals de dwangmatigheid waarmee daar telkens weer eventjes aan ontsnapt moet worden.

Zie je hoe alle ellende begint met zelfafwijzing? Hoe het zelfafwijzing is die onze natuurlijke levenskracht tegen ons keert en verandert in beknelling en dwangmatigheid? Het is een heel begrijpelijke vergissing dat je pijnlijke emoties probeert te elimineren. Het effect is alleen desastreus contraproductief. Het is onvoorstelbaar hoeveel ellende mensen telkens weer veroorzaken voor zichzelf en anderen als gevolg van hun streven ellende uit de weg te gaan.

Als je een seksverslaving wilt beëindigen, zul je dus eerst moeten werken aan een oordeelvrije omhelzing van je seksuele verlangens. Het ontwikkelen van je oordeelvrije gewaarzijn door middel van meditatie is op langere termijn de beste 'geneeswijze'. Op korte termijn kun je beginnen met te proberen jezelf niet langer af te wijzen over het feit dat je verslaafd bent. Echt, het kan iedereen overkomen, en op een dieper niveau ís iedereen het zelfs. Verslaving levert de meest productieve ellende op die je je kunt wensen: het is een toegangsdeur naar je spirituele ontplooiing en naar de realisatie van je volmaakte natuur. Dus hou op met jezelf te kleineren, en beschouw je verslaving liever als een bijzonder leerzame vergissing. Begin met zonder oordeel te genieten van die seksuele handelingen die je toch niet kunt laten. Leg geen verbod op welke vorm van seksuele ervaring dan ook. Maar kijk telkens als je een aandrang voelt tot seksuele kicks met vriendelijkheid naar de zelfafwijzing die erachter verscholen zit. Omhels dat gevoel van ongemak, onzekerheid, eenzaamheid, onrust, aandrang en begeerte met je oordeelvrij gewaarzijn. Heel vaak verdwijnt de aandrang dan na enkele minuten. Ontwikkel niet-destructieve manieren om jezelf te verwennen en af te leiden, als alternatief voor de dwangmatige en destructieve methoden. Neem een besluit over het gebruik van internet of het bezoek aan prostituees, of over andere omstandigheden die bij jou een sterke destructieve begeerte opwekken. Er is niks verkeerds aan het uit de weg gaan van die omstandigheden, als je ze maar vervangt door andere, positieve omstandigheden. Ten slotte: gun jezelf de vreugde van een open, vriendelijke relatie met jezelf en met ál je gevoelens, hetzij pijnlijk of vreugdevol. In zo'n open, vriendelijke en zelfomvattende geest is verslaving domweg niet meer mogelijk.

Is seksverslaving dus een symptoom van dissociatie, een liefdesverslaving vindt haar ontstaansgrond in versmelting met emotionele patronen, en komt dus het vaakst voor bij vrouwen. Het uit zich als dwangmatige gehechtheid aan een onbeantwoorde of ongelukkige liefde. Het maakt niet uit hoe uitzichtloos de liefde is en hoe onbereikbaar de geliefde, de liefdesverslaafde kan niet anders dan blijven houden van en hopen op de onbereikbare geliefde. Alleen het idee al om de geliefde los te laten en de hoop te laten varen, kan heftige angstreacties oproepen: gevoelens van bodemloosheid en houvastloosheid, alsof elke bestaansgrond verloren dreigt te gaan. In feite is de onbereikbaarheid van de geliefde een belangrijk onderdeel van de verslaving. De liefdesverslaafde is eigenlijk verslaafd aan het afgewezen worden. Dit creëert een situatie van schijnbare veiligheid, een externe 'reden van bestaan', als opvulling van het gemis aan een innerlijke reden, een gevoel van eigenwaarde. Verslaafd zijn aan afgewezen worden is dus een heel pijnlijke vorm van zelfafwijzing.

In de liefdesverslaving vormen de obsessieve gevoelens van liefde voor de afwijzende geliefde een laatste bedekking van een diep gevoel van onveiligheid in het bestaan. De oorzaak van dat basale gevoel van onveiligheid ligt meestal in de vroege jeugd, door de combinatie van onveilige omstandigheden en een zeer dominante en afwijzende ouder van het andere geslacht. Als een kind zich onveilig voelt, en zowel beschermd als afgewezen wordt door een of beide ouders, dan ontstaat die merkwaardige verbinding tussen afwijzing en veiligheid. Zolang je afgewezen wordt, ben je tenminste niet niemand, niet niks, heb je tenminste nog een bestaansgrond. De onbereikbare geliefde heeft dezelfde afwijzende eigenschappen als de afwijzende ouder, en het vastklampen aan die geliefde levert een bedekking van die existentiële angst en onveiligheid die het kind in haar jeugd heeft aangeleerd.

Denk dus niet dat liefdesverslaving een symptoom is van een zwak of afhankelijk karakter. Integendeel, je vindt liefdesverslaafden ook onder zeer sterke en geëmancipeerde vrouwen, die heel hun leven hard gewerkt hebben om hun angsten onder controle te houden, en als bijproduct van die strijd soms zelfs heel succesvol geworden zijn in sociaal en professioneel opzicht. Ze kunnen heel warm en vriendelijk zijn voor anderen, ze hebben alleen nooit geleerd om vriendelijkheid voor zichzelf te ontwikkelen en vallen telkens weer op 'foute mannen': afwijzende mannen die zich gedissocieerd hebben van hun warme gevoelens.

Ook hier kun je duidelijk zien dat het een krachtige eigenschap uit onze volmaakte natuur is die door zelfafwijzing geperverteerd wordt tot een beknellende variant. Het is onvoorwaardelijke liefde die hier in een zelfafwijzende vorm verschijnt: hoe kwetsend en afwijzend de geliefde ook is, het vormt nooit aanleiding om de liefde te beëindigen. Het verschil is alleen dat bij liefdesverslaving de onvoorwaardelijkheid van de liefde niet voortvloeit uit de kracht en overvloedigheid van de natuurlijke staat, maar uit de angst en het gemis die het gevolg zijn van versmelting met een beknellend en onveilig zelfbeeld. Zo krijgt zelfafwijzing dus soms zelfs de schijn van haar tegendeel, onvoorwaardelijke liefde.

Een liefdesverslaving is moeilijk te beëindigen. Meestal lukt dat pas als de ellende die erdoor veroorzaakt wordt, groter is dan de existentiële angst die erdoor bedekt moet worden. Het gevaar blijft dan bestaan dat je na een tijdje weer verliefd wordt op een andere afwijzende en onbereikbare partner. Je kunt dan ook beter maar meteen de diepste oorzaak van je verslaving aanpakken en je innerlijke veiligheid, je volmaakte natuurlijke staat, ontwikkelen. Begin met de juiste vorm van meditatie, en kies een therapie of training die je helpt om een autonomer gevoel van eigenwaarde te ontwikkelen. Als je behoeftigheidsbewustzijn verzwakt, en je begint glimpen op te vangen van je overvloedigheidsbewustzijn, dan komt het moment snel dichterbij dat je je gewoon te waardevol voelt om nog langer te wachten en te hopen op de liefde van die ander. Een geest die zijn eigen volmaakte natuur kent, kan nooit meer verslaafd raken!

Als liefdesverslaving en seksverslaving met elkaar verwikkeld raken, of nauwkeuriger gezegd: als een sterke 'versmelter' en een sterke 'dissocieerder' verliefd op elkaar worden, dan krijg je een relatieverslaving. Zoals gezegd zijn eigenlijk alle liefdesrelaties een vorm van verslaving aan de afdekking van je negatieve geloof door de liefde en erkenning van je partner. Maar soms neemt die wederzijdse afhankelijkheid zulke extreme vormen aan dat we niet alleen in spiritueel opzicht, maar ook in de traditionele betekenis spreken van een relatieverslaving. Beide partners zoeken bij elkaar de bedekking van hun eigen diepe angst voor verlating en afwijzing. De relatie, en dan vooral het wederzijds geruststellende effect ervan, is het belangrijkste doel in het leven. Hoe angstiger je partner is, hoe meer jij je natuurlijke expressie moet beknotten om de ander gerust te stellen. Hoe angstiger je zelf bent, hoe meer je ook bereid bent om dat te doen. Ook op seksueel gebied wordt zo'n relatie steeds beknellender. Een echte dissocieerder kan zijn gevoelens alleen nog uiten door te vrijen, en is daarbij behoorlijk 'orgasmegericht'. Een echte 'versmelter' kan alleen maar vrijen als ze zich omringd voelt door veilige emotionele warmte.

Deze tegenstelling komt in diverse gradaties heel veel voor in traditionele relaties: de dissocieerder heeft seks nodig om bij diepere gevoelens te komen, de versmelter heeft diepe gevoelens nodig om bij seks te komen. Vandaar dat in zulke relaties de man zich vaak tekortgedaan voelt qua seks, de vrouw qua emotionaliteit, en dat het vrijen een meer of minder draaglijk compromis wordt, qua frequentie (voor de man) en/of intensiteit (voor de vrouw).

Niet alleen op het gebied van het vrijen vormen deze relaties een beknellend compromis, eigenlijk is er in een verslavende relatie überhaupt maar heel weinig ruimte om 'jezelf' te zijn. Of anders gezegd: 'jezelf' is slechts een mager compromis, een flauwe afspiegeling van wat je werkelijk zou willen doen en zijn, een verminkte karikatuur, passend gemaakt binnen de nauwe grenzen van de veiligheid van de relatie.

Er is geen scherpe grens aan te geven waar de wederzijdse beperking van eigenheid in de traditionele relatie de vorm van een echte verslaving aanneemt. In extreme gevallen is echter duidelijk zichtbaar (voor buitenstaanders, doorgaans niet voor de partners zelf!) dat angst, dwangmatigheid en zelfdestructie een belangrijke rol spelen bij het in stand houden van de verslavende relatie. Als een van de partners bijvoorbeeld verslaafd is aan alcohol of drugs, en de andere partner klampt zich vast aan de reddersrol, dan is er onmiskenbaar sprake van een relatieverslaving. Evenzo als de ene partner gewelddadig is en de andere dus geweldsslachtoffer. In het algemeen kun je spreken van een relatieverslaving als de ellende binnen de relatie veel groter is dan de ellende die de partners (en eventuele kinderen) zouden moeten doorstaan bij het verbreken ervan. Het is verbijsterend om te zien hoeveel narigheid partners bereid zijn van elkaar te ondergaan, alleen uit angst voor het verliezen van de schijnbare veiligheid van de relatie.

Als je denkt dat je zelf vastzit in een relatieverslaving, kun je eigenlijk maar één ding doen: ermee stoppen. Eerder in dit boek schreef ik dat het beëindigen van een relatie niet noodzakelijk de beste methode is om tot spirituele ontplooiing te komen. Bij een echt verslaafde relatie is dat echter wel het geval. Zodra een relatie verworden is tot een vorm van zelfafwijzing en zelfdestructie, dus eigenlijk tot een verslaving in engere zin, kun je alleen door ermee te stoppen jezelf weer terugvinden. Ook voor je verslaafde partner is jouw besluit om ermee te kappen het enige en misschien wel het laatste waarmee je hem of haar nog kunt helpen, hoeveel verzet dat besluit ook oplevert. Alle pogingen om de relatie te redden, vinden plaats binnen dat verstikkende kader van het bedekt houden van elkaars angst voor verlating en afwijzing, en zijn dus niets anders dan dweilen met de kraan open. Om tot enige vorm van spirituele ontplooiing te kunnen komen, zul je zo gauw mogelijk die kraan van zelfdestructie moeten dichtdraaien, en de symbiose van die twee halve en angstige ego's moeten beëindigen. Het is begrijpelijk en heel normaal dat alleen al de gedachte enorme angsten bij je oproept. Probeer die te omhelzen met oordeelvrij gewaarzijn, al is het maar een beetje. De gedachte aan scheiden is trouwens vele malen bedreigender dan het scheiden zelf. Dus néém die stap, ook al lijkt het een stap in het duister. Al heel gauw nadat je hem hebt gezet, zal het zijn alsof je ontwaakt uit een nachtmerrie. Geleidelijk aan zul je jezelf weer terugvinden en op een opbouwende manier aan de slag kunnen gaan met je diepe angsten, zodat je niet wéér in een verslavende relatie terechtkomt. Pas dan ligt de weg open naar een gelukkig leven, met of zonder relatie. Maar als het mét relatie is, dan ook op een liefdevolle en vervullende manier, vanuit zelfstandigheid en overvloedige liefde in plaats van uit behoeftigheid en angst.

Dit hoofdstuk over liefdesontsporingen zou veel uitgebreider kunnen zijn, omdat elke verslaving, en dus ook de seks-, liefdes- en relatieverslaving, uit heel complexe mechanismen bestaat die ogenschijnlijk heel moeilijk te doorbreken zijn. De angst voor het beëindigen van een verslaving is een van de meest beknellende aspecten van de verslaving zelf. Maar als de verslaving eenmaal doorzien wordt, is het stoppen juist helemaal niet moeilijk maar eerder een feest van opluchting en bevrijding. Mijn eerdere boek *De versla-*

ving voorbij (zie appendix 3) legt je uit hoe je dit kunt bereiken en geeft je misschien net die extra inspiratie om je verslaving te beëindigen. Ik was zelf nogal verslaafd in het verleden (aan seks, drugs, relaties en roken) en kan dus uit ervaring bevestigen dat het leven voorbij al die verslavingen echt héél veel leuker is, en dat gun ik je van harte.

22
In het belang van de kinderen

Je kinderen zijn je kinderen niet.
Ze zijn de zonen en dochters van 's levens hunkering naar zichzelf.
Zij komen door je, maar zijn niet van je,
en hoewel ze bij je zijn, behoren ze je niet toe.

Khalil Gibran, Libanese dichter
(1883-1931) uit: *De profeet*

Waarschijnlijk is de echte reden
waarom mijn vrouw en ik kinderen hebben gekregen
dezelfde als die van Napoleon om Rusland binnen te vallen:
het leek zo'n goed idee.

Bill Cosby, Amerikaanse televisiekomiek

Dit hele boek gaat over relaties tussen mensen in het algemeen, en liefdesrelaties in het bijzonder. Liefdesrelaties kunnen zowel een groot obstakel als een heel krachtig hulpmiddel op het spirituele pad zijn. Datzelfde geldt voor het hebben van kinderen. Het feit dat ze heel veel tijd kosten is op zichzelf al een behoorlijke belemmering voor spirituele ontplooiing. Dat ze bovendien ongelooflijk lief en vertederend zijn, en tegelijkertijd soms bijzonder irritant, egocentrisch, dom, vervelend, afhankelijk en dwingend, maakt ze tot de meest bekwame aandachttrekkers die er bestaan. Maar omdat je van ze houdt, kunnen ze je ook helpen om je eigen negatieve emoties te leren omhelzen en te transformeren tot spirituele ontplooiing. In dat opzicht lijken kinderen een beetje op een spirituele leraar. De functie van de leraar is tweeledig, namelijk inspireren en irriteren (meer hierover in appendix 2). Vooral die tweede functie kan buitengewoon bekwaam vervuld worden door je kinderen, want het zijn de meest geraffineerde knoppendrukkers die je ooit in je nabijheid zult hebben.

Waarom kunnen zowel de spirituele leraar als jonge kinderen op zo'n speciale irritante manier op je knoppen drukken? Dat komt omdat ze niet gehecht zijn aan hun ego: in het geval van de leraar vanwege het overstijgen ervan, en bij jonge kinderen omdat hun ego nog niet volledig ontwikkeld is. Zowel de leraar als jonge kinderen trekken zich daarom niet veel aan van de gebruikelijke zelfbeschermingsconventies. Dat maakt dat je door hen soms zo pijnlijk geconfronteerd kunt worden met je zelfbescherming: jouw maniertjes om je te behoeden voor afwijzing en zelfafwijzing. Ook als deze confrontatie niet van een leraar maar van je eigen kinderen afkomstig is, zou je die dus heel goed kunnen benutten als hulpmiddel bij je spirituele training.

Zóú, want meestal vallen ouders in de projectievalkuil, en stellen ze het kind verantwoordelijk voor hun eigen zelfafwijzende gevoelens. Ouders worden daarin heel erg gesteund door het heersende opvoedingsparadigma dat hen verantwoordelijk stelt voor het huidige en toekomstige levensgeluk van hun kinderen. Deze opvoedingsvergissing veroorzaakt onvoorstelbaar veel ellende in het (latere) leven van kinderen, en trouwens ook in dat van de ouders zelf. We zagen al dat zelfafwijzing de diepste oorzaak is van al ons emotionele lijden. Welnu, opvoeding is de manier waarop we onze zelfafwijzing overdragen op onze kinderen. Het hele opvoedingsparadigma doet ons geloven dat kinderen onvolmaakt ter wereld komen en door ons opgevoed, gevormd moeten worden tot goede en gelukkige mensen.

Waarschijnlijk heb je bij het lezen van de voorgaande zin zelf ook een beetje het gevoel van 'dat is toch ook zo: ze zijn toch niet alleen maar lief en schattig en mooi, maar beslist óók vreselijk afhankelijk, ergerlijk egocentrisch, stuitend manipulatief en onbeschaamd hebzuchtig?!' Maar nee, dit is dus die opvoedingsbril waardoor we naar kinderen kijken. Want zo zíjn ze helemaal niet, zo gedragen ze zich alleen maar, af en toe, tijdelijk, als een manier om zichzelf te ontwikkelen. Maar omdat we dit afhankelijke, egocentrische en manipulatieve gedrag in onszelf veroordelen, en ons ervan gedissocieerd hebben voor zover we er niet mee versmolten zijn, projecteren we onze zelfafwijzing op het kind dat dit gedrag nog ongeremd vertoont. En het is door die afwijzing dat het kind een geloof ontwikkelt dat het niet goed genoeg is, zwak, afhankelijk en egocentrisch, en tevens dat geloof leert bedekken met sociaal en moreel wenselijk gedrag.

Het idee dat we onze kinderen geluk en beschaving moeten bijbrengen is net zo hardnekkig als het idee dat we onszelf onder controle moeten houden om niet tot verwerpelijk gedrag te vervallen. Beide vloeien rechtstreeks voort uit een negatief geloof over onze natuur. Hoe meer ouders vastzitten in die illusoire noodzaak tot zelfcontrole, hoe meer ze ook hun kinderen proberen te controleren en te manipuleren in de richting van gelukkig en sociaal wenselijk gedrag. En dat creëert in het kind nou juist het stellige geloof dat het van nature dus kennelijk niet goed genoeg is, en eerst moet leren voldoen aan voorwaarden om zich waardevol te mogen voelen.

Ja maar, denk je misschien, je kunt die schatjes toch niet aan hun lot overlaten? Inderdaad, dat is niet de bedoeling. Er is echter een middenweg tussen manipuleren en verwaarlozen, tussen hun jouw wil opleggen en hen aan hun lot overlaten, namelijk onvoorwaardelijke liefde vanuit je natuurlijke staat van zijn. Net zoals de zon licht en warmte geeft, zo bestaat onvoorwaardelijke liefde uit helderheid en warmte. De helderheid manifesteert zich als duidelijkheid in het aangeven van grenzen en het bieden van regelmaat. De warmte is eigenlijk liefdevolle omhelzing, oordeelvrij en onvoorwaardelijk. Het mooie is: je kunt je kinderen deze helderheid en warmte alleen geven voor zover je die ook aan jezelf geeft. Of anders gezegd: als je ten opzichte van jezelf heen en weer blijft zwalken tussen zelfcontrole en zelfverwaarlozing, heb je je kinderen niets beters te bieden. Maar als je zelf al aan het oefenen bent in het loslaten van zelfafwijzing, en je geest al enigszins bekend is met zijn eigen volmaakte natuurlijke staat, dán wordt het hebben van kinderen ineens iets heel anders dan een spiritueel obstakel, een heilige plicht, een levenslange zorg en een volledig verlies van je vrijheid. Dan wordt de relatie met je kinderen een spirituele relatie, een relatie waarin je de autonomie en inherente waardevolheid van de ander respecteert als die van jezelf, een relatie waarin je geen enkele claim legt op de ander, noch je laat claimen uit angst voor afwijzing. Alle beknellingen en angsten die het ouderschap doorgaans zo zwaar belasten, veranderen dan in vreugde en inspiratie tot verdere spirituele ontplooiing.

Laten we eens kijken naar een heel concreet voorbeeld uit de dagelijkse praktijk van het opvoeden. Je bent met je kind in de supermarkt en ze loopt te zeuren om een ijsje. Merk op dat je je als ouder al enigszins op glad ijs voelt vanwege de aanwezigheid van andere mensen om je heen: je wilt geen machteloze indruk wekken als ouder, hoewel je je soms wel zo voelt. Stel dat je je kind op dit moment geen ijsje wilt geven. Dan kom je dus terecht in de standaardkeuze tussen manipuleren of negeren. Je kunt het kind proberen tevreden te stellen met vage beloftes ('als het mooi weer wordt...'), het af te leiden met moeilijke opdrachten ('zoek eerst maar eens de gemengde doppertjes-met-pindakaas...') of te dreigen met harde consequenties ('als je nu niet ophoudt met zeuren, dan krijg je nóóóit meer 'n ijsje...'). En als dat allemaal gefaald heeft, kun je overgaan op negeren, met een verbeten gezicht langs de schappen rennen en je te generen voor dat ellendige kind dat achter je aan loopt te dreinen. Merk op dat je jezelf en je kind voortdurend loopt af te wijzen: je voelt je machteloos en tekortschieten als ouder, en je stelt je kind daarvoor verantwoordelijk. Die voelt zich daardoor natuurlijk ook afgewezen, hetgeen het zeuren alleen maar stimuleert. In beide gevallen, zowel door manipulatie als door negeren, wordt het kind dus afgewezen. Terwijl dat helemaal niet hoeft: de middenweg is zo eenvoudig, te simpel haast om te geloven.

Het begint natuurlijk met de relatie met jezelf: je hoeft niet langer een 'goede' ouder te zijn, en je wijst jezelf en je gevoelens van onzekerheid dus niet af. Als dan je kind om een ijsje vraagt hoef je niet automatisch nee te zeggen om van haar af te zijn. In plaats daarvan begin je met haar gevoelens te erkennen: 'Ha, heb je zin in een ijsje? Jij vindt ijsjes lekker, hè? Ik geef je er nu geen want we gaan over een uurtje al eten.' Merk op dat je op deze manier noch je kind, noch haar verlangen naar een ijsje afwijst, beide juist met vriendelijkheid erkent en toch duidelijk je grens aangeeft. Dit is die ijzersterke combinatie van onvoorwaardelijke liefde en glasheldere grenzen. Dit is de essentie van alle effectieve methoden om met kinderen om te gaan. En het is eigenlijk niet eens een 'methode', het is een houding die ontstaat als afwijzing en zelfafwijzing uit je relatie met het kind verdwenen zijn. Als je opgehouden bent met opvoeden en begonnen bent te kijken naar het hier en nu, je kind te erkennen in alles wat het voelt, en te vertrouwen op de duidelijkheid van je grenzen, dan zul je zien dat het kind zich ook anders gaat gedragen, zichzelf minder gaat afwijzen en meer natuurlijke (onvoorwaardelijke) eigenwaarde gaat ontwikkelen. Misschien dat zeuren er niet in alle gevallen mee voorkomen wordt, maar dat hoeft ook helemaal niet meer. Als het kind toch zeurt, is dat niet langer jouw probleem omdat je je niet meer bedreigd voelt in je machtspositie als ouder. Je hoeft er dus ook niets aan te veranderen, sterker nog: je kunt zelfs compassie voelen met het kind in haar worsteling met pijnlijke emoties. En omdat jij je niet verzet tegen haar bui, leert ze die zelf ook een beetje beter loslaten. In mijn vorige boek *Het einde van de opvoeding* wordt deze spirituele manier van omgaan met je kinderen uitvoerig uiteengezet (zie appendix 3).

In een spirituele relatie leg je geen enkele claim op de ander, heb je geen recht op de ander, en ben je alleen zelf verantwoordelijk voor je pijnlijke gevoelens. Het hebben van kinderen lijkt hiermee in strijd. De algemene opvatting luidt immers dat als je kinderen hebt, je als ouders niet uit elkaar hoort te gaan omdat dat heel schadelijk is voor de kinderen. Het is inderdaad zo dat kinderen met gescheiden ouders gemiddeld vaker emotionele problemen hebben dan kinderen die geen scheiding hebben meegemaakt. Maar het is moeilijk te bepalen of dit door de scheiding zelf komt of door de ellendige periode van ouderlijke conflicten die eraan voorafgaat en er vaak ook nog op volgt. Koste wat het kost proberen het kind te behoeden voor moeilijke situaties creëert angst en gebrek aan zelfvertrouwen bij het kind. In plaats daarvan kun je beter leren om zelf om te gaan met moeilijke situaties en gevoelens. Dát draag je dan vanzelf ook over op je kinderen.

Als je kinderen hebt is dat een bijzondere gelegenheid om te stoppen met het doorgeven van je zelfafwijzing aan de volgende generatie. Het is natuurlijk prachtig als je dat samen met je partner kunt doen in een relatie die gericht is op autonomie en beëindigen van zelfafwijzing. Maar als dat niet lukt, en de relatie is een bron van extra ellende geworden, een wederzijdse beknelling van afwijzing en zelfafwijzing, dan is het tamelijk zinloos om 'in het belang van de kinderen' bij elkaar te blijven. Natuurlijk is het belangrijk om eerst alles te proberen om samen je relatie-ellende te transformeren tot hulpmiddelen bij je ontplooiing. Maar als er geen liefdevolle of vriendelijke communicatie meer mogelijk is, als er geen wederzijds respect meer is, geen uitzicht op liefde en openheid, geef dan je kinderen het beste wat je nog kunt geven en ga uit elkaar. Geef ze twee apart wonende, gelukkige co-ouders in plaats van een bij elkaar blijvend stel chagrijnen. Gebruik je kinderen niet als een verontschuldiging om niet voor jezelf te kiezen, of als een bedekking van je angst om op jezelf te staan, want dan geef je ze slechts afhankelijkheid en angst als zelfbeeld. Laat ze meedelen in je spirituele avontuur, de zoektocht naar je volmaakte natuur, het oplossen van je zelfafwijzing, liefst samen met je partner, en als dat niet kan elk apart, maar laat ze meedelen in het mooiste dat je jezelf ooit kunt geven: jezelf.

23

De volmaakte illusie

vorm is leegte
leegte is vorm
leegte is niet anders dan vorm
vorm is niet anders dan leegte

> Hartsoetra, boeddhistische tekst

Uit wat niet manifest is
Ontstaan alle manifestaties

> Tantra Dynamic Energy of the Lion

Zonder iets is er geen lol aan om niets te zijn.

> Byron Katie

Als we de lange en complexe reeks van vergissingen beschouwen die tezamen onze identiteit vormen en ons doen en laten bijna volledig bepalen, dan ben je misschien geneigd daarover een bezwaarde of ontstemde houding aan te nemen, zo van 'wat een ellendige wereld is dit toch, waarom moet het allemaal zo ingewikkeld en pijnlijk, waarom zijn we niet gewoon allemaal gelukkig?' Heel begrijpelijk: je kijkt dan naar de vergissingen door de bril van de vergissingen. Of anders gezegd: je wijst de afwijzing af. Je veroordeelt het veroordelen. Herken je hierin de subtiele dissociatievalkuil? Het afwijzen van het stelsel van afwijzing is nog steeds een afwijzing, dus daar schiet je niks mee op. En het is ook helemaal niet nodig, want in werkelijkheid zijn al die vergissingen onderdeel van een volmaakt stelsel van vergissingen, een volmaakte illusie. Zolang je meent dat de werkelijkheid niet goed is zoals zij is, ben je vergeten dat het jouw manier van kijken is die niet goed is. De volmaakte werkelijkheid meldt jou vervolgens deze vergissing op indringende wijze.

Telkens als je aversie voelt tegen een situatie, een persoon of tegen jezelf, is het je oordeelvrije gewaarzijn dat zichzelf vergeet en zich laat meesleuren in zijn eigen projectie. En telkens als je die vergissing maakt, word je daar meteen op geattendeerd: het doet pijn. En als je dan de vergissing maakt om van die pijn weg te lopen, krijg je nog een waarschuwing: het doet nog meer pijn. Het is een feilloos systeem. En telkens als je je vastklampt aan een situatie of een persoon die jou vervult met geluk, en je raakt gehecht aan de eigenwaarde die dat oplevert, is het je volmaakte overvloedige bewustzijn dat zich laat meesleuren in de illusie van behoeftigheid. Telkens als je die vergissing maakt, word je daar meteen op geattendeerd: het levert angst op, angst om die persoon of omstandigheid weer te verliezen, angst voor afwijzing en zelfafwijzing. Het is een feilloos systeem.

Heb je ooit op een zwoele zomernacht buiten gezeten en naar de sterren gekeken en iets van verbazing en ontzag gevoeld voor de enorme uitgebreidheid en verscheidenheid van het heelal? Het is allemaal nog veel ontzagwekkender! Zodra je niet langer door de bril van voor- en afkeur kijkt, maar vanuit je oordeelvrije liefdevolle natuurlijke staat, toont heel de werkelijkheid zich in haar ware aard: een bonte, oneindige verzameling van beelden, geluiden, gebeurtenissen, gedachten en gevoelens, zo volmaakt complex en oneindig uitgebreid, dat je verstand er letterlijk bij stilstaat van verrukking. Je ziet jezelf meespelen in die driedimensionale film met beeld en geluid en reuk en smaak en tast en een stroom van ondertitels in je hoofd. Gefascineerd kijk je toe hoe een hand die je kent als de jouwe kokend water in een kan giet, terwijl een andere hand (ook van jou) het theezakje vasthoudt. Geboeid volg je je eigen verhaal: wordt het straks een boek lezen? Of misschien toch eerst een wandeling maken? En wat een plezier om oogcontact te hebben met een ander wezen en daarin opnieuw je eigen volmaakte natuur te herkennen. Wat een vreugde om te beminnen vanuit die overvloedige natuur, jezelf en de ander zonder onderscheid. Complimenten en verwijten, erkenning of afwijzing, succes of mislukking, zelfs plezier en pijn, ze krijgen allemaal dezelfde smaak van volmaakte illusie, en je ervaart ze met dezelfde ondertoon van uitbundige vreugde. Dit is de volmaakte staat van zijn die er altijd al was en is en zal zijn. In het Tibetaans noemen ze deze realisatie – en het onderricht erover – 'Dzogpa Chenpo' ('De grote volmaaktheid'), of kortweg 'Dzogchen'. Al het lijden vloeit voort uit onwetendheid en ontkenning van deze volmaakte staat. Zolang je niet in staat bent de volmaaktheid van de werkelijkheid te zien, zal die je daar telkens weer op volmaakte wijze op attenderen door middel van angst en pijn. Pas als je dan eindelijk de volmaaktheid inziet van angst en pijn, verandert lijden in realisatie, in diepe vreugde over die volmaaktheid, in liefde en dankbaarheid voor de leraren en de eeuwenoude kennis die je zover gebracht hebben, en in een warme zorgzaamheid voor iedereen die deze volmaakte vreugdevolle staat nog niet heeft herkend.

De volmaakte werkelijkheid, de natuur van de geest en van alle verschijnselen, is een oneindig uitgebreide openheid van gewaarzijn. Die kennende, gewaarzijnde kwaliteit verliest zichzelf in haar eigen gedachtestroom en wordt dan ervaren als een 'ik', een 'zelf', een subject. Tegelijkertijd wordt de substantieloze stroom van zintuiglijke gewaarwordingen in het gewaarzijn ervaren als een werkelijk bestaande werkelijkheid buiten het 'zelf', als een object. Subject en object worden ten onrechte beschouwd als werkelijke en onafhankelijk van elkaar bestaande entiteiten. Dat is de mentale toestand waarin de meesten van ons zich bevinden.

In werkelijkheid zijn subject en object echter geen twee gescheiden entiteiten, maar vormen ze samen een voortdurend veranderende ervaring in de open ruimte van de volmaakte geest. Hoe komt het dat we dat niet zien? Door het denken! Kijk maar hoe subtiel dat werkt: wij geloven (denken!) dat het de werkelijkheid is die ons problemen en ellende oplevert, en dat zet ons aan tot verzet ertegen en tot nog meer denken om een uitweg uit die ellende te vinden. Maar in feite is het deze gedachte die ons lijden oplevert! Het idee dat onze gedachten betrekking hebben op hoe de werkelijkheid echt is, is zelf ook niks meer dan een gedachte, een projectie van de denkende geest! En dat die projectie echt waar zou zijn, is ook weer slechts een gedachte. Heel de ervaring van een gekwetste 'ik' en een kwetsende 'werkelijkheid' speelt zich uitsluitend af in de ervarende geest. Zie je, zelfs de meest ellendige ervaring speelt zich af in die open, gewaarzijnde natuur van de geest, we beseffen het alleen niet omdat die gewaarzijnde geest zichzelf is kwijtgeraakt in zijn eigen stroom van gedachten en zintuiglijke ervaringen. Dus kijk naar je geest en zie dat wat kijkt tevens datgene is waar naar gekeken wordt! De oude Dzogchen-leraar Longchenpa (14de eeuw) schrijft: 'Herken gewaarzijn in het waarnemen ervan.' Zie ook dat als je kijkt naar je geest, je niets anders ziet dan wat je daarvoor ook al zag: waarnemingen, gedachten, gevoelens. Toch is het een verschil van dag en nacht of je de werkelijkheid ziet als een echte beknelling en jezelf als machteloos slachtoffer, of je ziet de werkelijkheid als een vluchtige stroom van ervaringen in de volmaakte geest, en jezelf als die volmaakte geest. Het is het verschil tussen lijden en volmaaktheid, tussen samsara en nirvana.

Als je leert kijken naar de werkelijkheid en je ziet dat geest en ervaring een volmaakte eenheid zijn, dan ga je steeds meer de volmaaktheid herkennen in elke schijnbare onvolmaaktheid. Zoals in die twee grote belemmeringen op het spirituele pad: versmelting met veilige gedachtepatronen en dissociatie van onveilige patronen. Hierin kun je nu de twee belangrijkste kwaliteiten van de volmaakte natuur van de geest herkennen, namelijk het vermogen de werkelijkheid te omvatten met liefdevol gewaarzijn en te overstijgen met helder gewaarzijn. Zonder gewaarzijn wordt liefdevol omvatten verminkt tot versmelten en helder overstijgen tot dissociatie. Maar als deze eigenschappen functioneren binnen de helderheid van het volmaakte zelfkennende gewaarzijn, vormen ze de twee-eenheid van alle spirituele groei: overstijgen en omvatten, wijsheid en liefde.

Je kunt bij jezelf nagaan hoe subtiel dit mechanisme werkt. Het is soms zichtbaar als je alleen bent en een tijdje tv hebt gekeken of hebt zitten lezen. Je bent dan langere tijd achter elkaar afgeleid van het hier en nu, en versmolten met de gebeurtenissen in de film of het boek. Dan komt het moment dat de film is afgelopen of het boek uit is. De tijdelijke staat van versmelting eindigt abrupt en je krijgt heel even een bewustzijn van jezelf in het hier en nu. Let goed op: je ervaart nu misschien even een ongemakkelijk gevoel. Dit is die meest subtiele zelfafwijzing die inherent is aan het afgeleid zijn van je gewaarzijnde staat. Zij gaat gepaard met de aandrang om meteen iets anders te gaan doen. Als je weinig of geen meditatie-ervaring hebt, zul je deze aandrang niet herkennen en dus onmiddellijk eraan toegeven: je gaat zappen of iets anders lezen of meteen naar bed of wat dan ook. Je dissocieert van het ongemakkelijke gevoel. Maar als je na een tijdje mediteren de subtiele zelfafwijzing herkent en er met helder, oordeelvrij gewaarzijn enkele ogenblikken bij aanwezig kunt blijven (omvatten), verandert dissociatie in overstijging naar een ruimer en helderder zelfherkennend gewaarzijn. Liefdevol omvatten van zelfafwijzing leidt tot de overstijging ervan in helder, oordeelvrij gewaarzijn. Telkens als het gewaarzijn zichzelf op deze wijze terugvindt, wordt het weer iets helderder en stabieler, en dus beter in staat om een volgende manifestatie van zelfafwijzing of beknelling te omvatten met nog meer liefdevol gewaarzijn. Uiteindelijk gaat dit proces van omvatten en overstijgen helemaal simultaan en moeiteloos: het zijn immers twee kanten van dezelfde volmaakte geest. Het negatieve gevoel wordt zodra het ontstaat, meteen herkend en omhelsd. Het bevrijdt als het ware zichzelf in de open en liefdevolle staat van de natuur van de geest en wordt dan ervaren als liefde en helderheid.

Zo is onze volmaakte natuur, de boeddha in elk van ons, afgeleid en meegevoerd door haar eigen projecties en daardoor vervreemd geraakt van zichzelf. Telkens als we hiermee geconfronteerd worden, voelen we ons ongemakkelijk en ontheemd in die vervreemde staat van zijn. En dan vluchten we snel voor dat gevoel in een nieuwe afleiding. Dat is de vicieuze cirkel van samsara, het zichzelf in stand houdende mentale lijden. Telkens als we bekneld zitten in zelfafwijzing is het de innerlijke boeddha die bevrijd wil worden en pijnlijk hard op onze deur bonst. En telkens weer laten we de deur dicht en vluchten we weg van onszelf in een nieuwe afleiding. Heel begrijpelijk. Maar niet handig.

Dan – op de lange duur – komt steeds vaker het besef in je op dat deze strategie niet werkt. Je krijgt er op den duur gewoon genoeg van om maar in cirkels rond te blijven dolen. Pas als we zien dat we zelf verantwoordelijk zijn voor ons lijden, gaan we onze geest oefenen in het kijken naar zichzelf, op zoek naar onze eigen natuur. En pas dan wordt het wonder zichtbaar! Pas dan blijken het ongemak en de zelfafwijzing in werkelijkheid de deur naar onze volmaakte natuur te zijn. Dan blijkt al ons lijden de onbeantwoorde liefde van onze volmaakte natuur voor onze verdwaalde geest. Dan blijkt de slang niet echt een slang maar slechts een touw, en kunnen we veilig terugkeren in ons eigen huis, en gaan leven in en vanuit onze eigen volmaakte natuur.

Dat is de essentie van meditatie: leren kijken naar je geest, herkennen van afgeleid zijn, ervaren van het subtiele ongemakkelijke gevoel daarover, het zien van je neiging te dissociëren van dat ongemakkelijke gevoel, en het dan toch niet doen, maar blijven kijken, telkens weer afgeleid zijn en dat herkennen als versmelting, de verminkte versie van liefdevol omvatten, blijven kijken en zo steeds subtielere lagen van zelfafwijzing omhelzen met liefdevol gewaarzijn. Daardoor zal de neiging tot versmelting en dissociatie oplossen in haar eigen natuurlijke staat: de alles overstijgende helderheid van het zichzelf herkennend gewaarzijn, de open en heldere liefdevolle natuurlijke staat. Overstijgen en omvatten. Helder en liefdevol. Licht en warmte. Zo simpel. Zo mooi.

In Amerika is onlangs een zwam ontdekt die zich over een afstand van 800 kilometer heeft verspreid. Een zwam is een ondergronds, fijndradig wortelstelsel dat op vele plaatsen een vertakking heeft naar de oppervlakte en daar zichtbaar is als een soort paddenstoel. Deze zwam en de duizenden paddenstoeltjes die eruit omhoog komen, vormen dus één organisme. Als al die afzonderlijke paddenstoeltjes konden denken, dan zouden ze zichzelf natuurlijk zien als opzichzelfstaande wezens. Ze zouden zich identificeren met hun enkelvoudige vorm, niet met hun gezamenlijke natuur. En ze zouden andere paddenstoeltjes natuurlijk ook zien als aparte wezens. En op sommige ervan verliefd worden, op andere (of dezelfde) boos zijn, en ten aanzien van de meeste onverschillig blijven.

Dit is hoe wij mensen in werkelijkheid verbonden zijn. We zijn in diepste wezen één volmaakte 'geest' die zich vol vreugde uit in ontelbare manifestaties. En die zichzelf daar vervolgens in verliest door zich volledig te identificeren met zijn eigen manifestatie. Kijk nog eens naar afbeelding 1 van onze identiteit op pagina 7. Alle schillen van ons zelfbeeld omsluiten onze natuurlijke staat van zijn. Dat is onze 'boeddha-natuur', op de afbeelding wit gelaten als het papier waarop het gedrukt staat. Maar buiten die schillen is het ook wit: alles wat we als 'buiten onszelf' waarnemen is eveneens een manifestatie van die volmaakte staat van zijn. Andere wezens zijn dat ook. Zodra de schillen van onze identiteit oplossen in oordeelvrij gewaarzijn, is de witte ruimte erbinnen niet meer verschillend van die erbuiten. Is de ruimte binnen een lege fles verschillend van de ruimte erbuiten als de fles gebroken is?

Zie je: we zijn op zoek naar onze eigen volmaakte natuur, maar zodra we die gevonden hebben, realiseren we ons dat het altijd al de natuur van alles was, de onbegrensde, zichzelf gewaarzijnde ruimte waarin alles een vreugdevolle manifestatie is van die heldere liefdevolle natuur. Het leuke is: je blijft ook jezelf, je doet je dingen, je bemint je geliefden, je doet je werk, je stoot je kleine teen tijdens het douchen, je geniet van het chocoladetoetje. Maar tegelijk wordt alles verlicht door de vreugdevolle ondertoon van oordeelvrij gewaarzijn. Je blijft jezelf, maar zonder die illusie van afgescheidenheid van al het andere. In plaats daarvan ben je één met alles wat je ziet en hoort en denkt en voelt. 'Jezelf' is een ervaring net als alle andere, en in alles zit die onaantastbare basis van liefde en helderheid, die continue ondertoon van vreugde en humor. Het is heel begrijpelijk dat we gewend zijn ons 'zelf' te zien als het middelpunt van een werkelijk bestaande werkelijkheid om ons heen. Op dezelfde manier dachten de mensen vroeger dat de zon en alle sterren om de aarde draaien. Maar wat een bevrijdende realisatie dat jij het universum niet onder controle hoeft te houden, dat je je 'zelf' niet hoeft te beschermen, dat je er gewoon mag 'zijn' met al het andere, zonder ook maar aan één voorwaarde te hoeven voldoen.

Zo blijkt ons diepe verlangen naar een volmaakte liefdesrelatie, naar die éne die ons volledig bemint en aanvaardt zoals we zijn en ons nooit in de steek zal laten, een projectie van wat we in werkelijkheid al zijn! Niemand kan je ooit geven wat je al bent. Dat is waarom relaties vanuit het behoeftigheidsbewustzijn nooit het geluk kunnen brengen dat je ermee nastreeft. Als je je dat realiseert, kun je in liefde leven zonder behoeftigheidsrelaties, en in plaats daarvan je overvloed delen met anderen, in welke relatievorm dan ook. Er is geen groter geluk, geen warmere liefde, geen helderder inzicht, geen intiemer samenzijn, geen echtere autonomie, geen krachtiger eigenwaarde dan dit. Dit is wat je bent en altijd al was en steeds zult zijn: 'Dzogchen', de grote volmaaktheid.

Dit was mijn uiteenzetting over de moeder van alle vergissingen: het ontkennen van onze volmaakte overvloedige natuurlijke staat van zijn. En het is natuurlijk niet mijn eigen verhaal, maar een eeuwenoude wijsheid die als een gebruiksaanwijzing bij het leven wordt bijgeleverd, en die ten grondslag ligt aan diverse religies en spirituele stromingen. Voor zover ik iets van die oude wijsheid heb begrepen, heb ik die in mijn eigen woorden proberen weer te geven om jou als medereiziger op deze spirituele ontdekkingsreis misschien van dienst te kunnen zijn. Mocht daarbij iets van de authenticiteit en zuiverheid van deze wijsheid verloren zijn gegaan, dan is dat helemaal mijn verantwoordelijkheid. Ik hoop en wens van harte dat dit boekje heeft geïnspireerd om verder te gaan op deze spirituele weg en je licht op te steken bij een authentieke spirituele leraar of traditie, en vooral om je geest te gaan oefenen in het herkennen van zijn eigen volmaakte natuur. Moge dit boek bijdragen aan een vermindering van lijden en een toename van geluk en liefde in de wereld.

Appendix 1

Bronvermelding, aanbevelingen en dankwoord

Glijdt de maan
Voorbij
Zonder bedoeling?
Het is een bode, waarschuwend
Dat jouw leven verglijdt.

Anonieme zenspreuk

Dit boek is ontstaan in een tijdsbestek van jaren en ontleent grote en kleine invloeden uit veel verschillende bronnen. De allerbelangrijkste is ongetwijfeld het Tibetaans boeddhisme, dat ik de afgelopen tien jaar bestudeerd en beoefend heb. Het boek dat mij met deze oude wijsheidstraditie in contact bracht, is *Het Tibetaanse boek van leven en sterven*, geschreven door Sogyal Rinpoche. Hij is een Tibetaanse lama die al dertig jaar in het Westen woont, vergelijkende godsdienstwetenschappen heeft gestudeerd in Engeland, en nu overal in de wereld lesgeeft. Vrij kort na het lezen van zijn boek ben ik naar zijn verblijfplaats in Zuid-Frankrijk gegaan om les van hem te krijgen en sindsdien is hij mijn belangrijkste leraar. Het is door hem en door zijn onderricht in de visie en de beoefening van het boeddhisme, dat ik voortdurend geïnspireerd word en leer zien hoe wij allemaal manifestaties zijn van de volmaakte natuurlijke staat van zijn. Rinpoche is voor mij het doorslaggevende bewijs dat het echt mogelijk is om je beknellende zelfbeeld te overstijgen en dan te leven vanuit die moeiteloos stromende liefde en helderheid van de natuurlijke staat.

Als je serieus je geest wilt gaan oefenen op de spirituele manier, dan kun je het beste een meditatiecursus volgen bij een van de vele boeddhistische stromingen die ons land rijk is. Ze hebben allemaal een iets andere benadering, een eigen stijl en sfeer, en je kunt eens rond gaan kijken en open dagen bezoeken om je keuze te maken. De methode die ik in dit boek heb beschreven, is ontleend aan de tak van boeddhisme die 'Dzogchen' genoemd wordt, en die alleen binnen het Tibetaans boeddhisme onderwezen wordt. Een verwante methode wordt in het Tibetaans boeddhisme onderwezen onder de naam 'Mahamudra'. Er zijn verschillende Tibetaans-boeddhistische centra in Nederland die meditatiecursussen geven. In het Rigpa-centrum geven 'oudere' studenten van Sogyal Rinpoche meditatiecursussen aan beginnende beoefenaars. Meer informatie vind je op www.rigpa.nl.

In appendix 2 schrijf ik over de effectieve combinatie van oosterse spiritualiteit en westerse trainingstechnieken. Ik heb veel van die westerse technieken geleerd bij de Essence-organisatie in Amsterdam, waar ik tussen 1995 en 2000 een intensief trainingstraject heb doorlopen. Bij dit en veel andere westerse trainingsinstituten kun je jezelf trainen om negatieve zelfafwijzende patronen af te leren en positieve patronen aan te leren. Het zijn op zichzelf geen spirituele trainingen, aangezien er niet geleerd wordt hoe de geest zijn eigen volmaakte natuur kan leren kennen. Maar je kunt er wel heel goed werken aan allerlei remmingen en blokkades, en een positiever en gezonder zelfbeeld ontwikkelen. Ik denk met heel veel plezier en dankbaarheid aan die periode van training terug, en in het bijzonder aan Michal Perl uit Haifa, die mijn belangrijkste trainster was. Zij was de eerste die mij een glimp liet opvangen van mijn eigen volmaakte natuur, en ze is nog steeds een voorbeeld door de volledige en liefdevolle toewijding waarmee ze haar kennis en ervaring ten dienste stelt van de ontplooiing van anderen.

Als je wilt gaan oefenen met de tantra-methode, kun je gebruikmaken van de vele tantra-instituten die er zijn. Het zijn meestal westerse instellingen die de oosterse tantratechniek voor westerlingen toegankelijk maken. Daarbij gaat soms een deel van de oorspronkelijke spirituele context verloren, waardoor westerse tantra voor veel mensen beperkt blijft tot een training in een liefdevolle en extatische manier van vrijen. Maar als je zelf zorgt voor de spirituele context, kun je in zo'n westerse tantracursus prima de benodigde technieken leren kennen. Ik heb ooit een beginnerscursus gedaan bij het Centrum voor Tantra, van Carla Verberk en Remmelt van Kleef, waar ik hele fijne herinneringen aan heb. Zij creëren echt een sfeer van vriendelijkheid, veiligheid en integriteit in hun trainingen. Zie: www.centrumvoortantra.nl.

Een goed en uitgebreid boek over de tantrische liefde is: *Tantra, een weg naar intimiteit en extase*, door Margot Anand (ISBN 978-90-6963-359-0).

Er zijn tegenwoordig nogal wat westerse spirituele leraren die heel inspirerende boeken schrijven over hun eigen verlichtingservaring, maar niet veel duidelijkheid geven over hoe je zelf zo'n schitterende staat van realisatie kunt bereiken. Een uitzondering hierop is de Amerikaanse schrijfster Byron Katie. Zij heeft een prachtige en eenvoudige methode ontwikkeld, *The Work*, waarmee je heel effectief je eigen beknellende negatieve concepten leert doorzien en kunt ophouden met die te projecteren op anderen en op je omstandigheden. In harmonie leven met hoe de dingen zijn, kun je van haar leren. Haar standaardwerk is: *Vier vragen die je leven veranderen* (ISBN 978-90-225-3574-5). Een leuk en verhelderend boek van haar is: *Ik heb je liefde nodig, is dat waar?* (ISBN 978-90-225-4229-3). Zij geeft ook af en toe workshops. Zie www.thework.com.

Bij het loskomen van zelfafwijzing heb ik veel gehad aan het boek *Soul Without Shame*, geschreven door de Amerikaan Byron Brown, en van een driedaagse workshop die ik bij hem heb gevolgd. Het boek geeft een helder inzicht in het functioneren van een typisch aspect van onze zelfafwijzing, namelijk onze innerlijke criticus, de geïnternaliseerde stem van onze ouders die ons influistert wat allemaal moet en niet mag, en waar we soms behoorlijk onder gebukt kunnen gaan. Er staan heel veel praktische oefeningen in. Ik geef zelf ook af en toe een workshop 'Vrij van de innerlijke criticus' en daarin gebruik ik onder andere materiaal van Byron Brown (ISBN 978-1-57062-383-7).

Het werk van de Amerikaanse filosoof en boeddhist Ken Wilber heeft me erg aangesproken (zie ook appendix 2). Als filosoof heeft hij prachtig werk gedaan in het verbinden van wetenschap en spiritualiteit. Zijn boek *Een beknopte geschiedenis van alles* is een goede inleiding op zijn filosofische werk (ISBN 978-90-5637-039-8). Als spiritueel beoefenaar heeft hij heel heldere en inspirerende beschrijvingen gegeven van zijn ervaringen op het spirituele pad. Dit aspect van zijn schrijverschap komt onder andere tot uiting in zijn boek *The Simple Feeling of Being* (ISBN 978-1-59030-151-X). Zijn recentere werk, over integrale spiritualiteit, vind ik moeilijker te volgen vanwege de enorme gedetailleerdheid.

Het aantal boeddhistische boeken dat mij heeft geïnspireerd is te uitgebreid om op te noemen. Bovendien moet ieder daarin zijn eigen weg vinden. Om je toch een beetje een idee te geven, noem ik een paar authentieke boeddhistische leraren die toch ook heel toegankelijk zijn voor westerse studenten. Yongey Mingyur Rinpoche is een jonge Tibetaanse monnik die een bijzonder boek heeft geschreven, *The Joy of Living*, een inleiding in boeddhisme en meditatie, met interessante verwijzingen naar relevant wetenschappelijk onderzoek (ISBN 978-0-307-34625-4). Zijn broer Tsoknyi Rinpoche heeft meerdere boeken geschreven over Dzogchen, die heel toegankelijk zijn. Zijn eerste werk heet *Carefree Dignity* (ISBN 978-962-7341-32-1). Een andere jonge Tibetaanse leraar is Dzongsar Jamyang Khyentse. In zijn boek *What Makes You (Not) a Buddhist* geeft hij een verfrissend originele inleiding in het boeddhisme (ISBN 978-1-59030-406-8). Nog van een oudere generatie is de Tibetaanse leraar Namkhai Norbu, een van de laatste nog in Tibet opgegroeide lama's. Hij spreekt echter goed Engels en geeft veel les over *Dzokchen, de volmaakte staat van zijn*. Dit is de titel van een van zijn boeken en een goede inleiding in deze hoogste tak van meditatieonderricht (ISBN 978-90-6350-066-5). Dan is er nog de Vietnamese monnik Thich Nhat Hanh, die heel veel boeken heeft geschreven over boeddhisme, die allemaal heel toegankelijk zijn, te veel om op te noemen. Al deze leraren reizen soms door Europa om les te geven, en het bijwonen van hun onderricht kan een heel inspirerende gebeurtenis zijn.

Als je na het lezen van dit boek denkt dat ik je nog ergens mee kan helpen, of als je erop wilt reageren, dan kun je contact met me opnemen via mijn website www.jangeurtz.nl. Het moge duidelijk zijn dat ik geen therapeut ben en ook geen spirituele leraar. Maar als coach en medereiziger op het spirituele pad geef ik soms workshops of individuele consulten, en je vindt meer informatie daarover op mijn website.

Rest me nog mijn dank uit te spreken voor hen die me geholpen hebben bij het schrijven van dit boek. Het grootste deel ervan is ontstaan tijdens een half jaar durende retraite in Lerab Ling, Zuid-Frankrijk, en ik ben heel dankbaar voor de vriendschap van mijn mede-retraitegangers, en voor de vele gesprekken die ik met hen heb gehad over spiritualiteit, vooral met Karel Lefèvre en Eric Soyeux. Heel erg dankbaar ben ik mijn testlezers: Linde Geurtz (mijn dochter), Marc Matthijsen en Suzanne Kooij. Zij hebben elk vanuit hun eigen invalshoek hele waardevolle feedback gegeven op het manuscript en daardoor enorm bijgedragen aan dit boek.

Al mijn liefde en dankbaarheid gaat uit naar mijn spirituele vriendin, met wie ik heb leren liefhebben op de spirituele manier, en die mij met haar liefde en vriendschap voortdurend heeft geïnspireerd tijdens het schrijven van dit boek.

Het is misschien ongebruikelijk, maar ik wil ook mezelf heel erg bedanken voor het schrijven van dit boek. Want hoewel het misschien zo is dat anderen er wat aan kunnen hebben, zélf heb ik er beslist veel door geleerd. Het ontvangen en weer doorgeven van spirituele kennis en ervaring is echt het inspirerendste, leukste en leerzaamste dat er bestaat. Die vreugde wens ik iedereen toe.

Lerab Ling / Amsterdam, 2008

Appendix 2

Westerse weerstanden tegen oosterse spiritualiteit

De religie die het meest strookt met de wetenschappelijke behoeften is het boeddhisme.

Albert Einstein, Duits-Amerikaanse natuurkundige
(1879-1955)

In mijn werk als meditatie-instructeur heb ik al vaak meegemaakt dat mensen zich weliswaar aangetrokken voelen tot spiritualiteit, maar tegelijk afgeschrikt worden om ook daadwerkelijk een spiritueel pad te volgen. Dit heeft vaak te maken met bepaalde aspecten van oosterse spiritualiteit die in de westerse geest op weerstand stuiten. De belangrijkste weerstand vloeit voort uit de overtuiging dat spiritualiteit iets zweverigs is, een soort geloof dat op niets dan wishful thinking is gebaseerd, en in feite dus niets anders dan een vlucht uit de wetenschappelijke werkelijkheid is. De belangrijkste reden voor dit misverstand is wat in de filosofie de 'pre-trans-verwarring' genoemd wordt. Dat zit zo: elk mens maakt vanaf zijn kindertijd een ontwikkeling door die verschillende fasen of stadia omvat. Het bewustzijn van het kind ontwikkelt zich vanaf een fysieke fase, via een magische fase (boze monsters en goede feeën), een emotionele fase en diverse rationele stadia van concreet, formeel en abstract denken, naar een volwassen vorm van sociale rationaliteit die in staat is het directe eigenbelang te overstijgen.

Als we naar de historische ontwikkeling van de hele mensheid kijken, dan zien we dat het groepsbewustzijn of het 'denkniveau' van een volk of samenleving zich eveneens ontwikkelt via dergelijke fasen of stadia. Primitieve volkeren hadden eerst alleen een fysiek bewustzijn, net als dieren. Daarna ontstond er een magisch en een mythisch bewustzijn: toverkracht en allerlei goden en onzichtbare geesten waren van invloed op het dagelijks leven. De ontwikkeling verliep verder via emotionele stadia (familiebewustzijn, stambewustzijn, landbewustzijn) tot het rationele stadium dat nu in ontwikkeling is en waarin een begin van een mondiaal bewustzijn ontstaat, en een groeiend besef van de gelijkwaardigheid van alle wezens (zoals nog niet zo lang geleden is vastgelegd in de universele verklaring van de rechten van de mens).

De 'spirituele wetenschap' poneert – en heeft voor sommigen aangetoond – dat er nog verdere groeistadia mogelijk zijn, zowel in het individuele bewustzijn als in dat van de mensheid als geheel. Dat zijn de realisatie van de 'leegte' of substantieloosheid van alle verschijnselen (*shunyata*), de realisatie van de individuele volmaakte natuur (de 'natuur van de geest') en van de verbondenheid van alles wat bestaat (non-dualisme). Deze drie hoogste stadia zijn dus voorbij het rationele stadium, en worden daarom ook wel 'transcendent' of 'transrationeel' genoemd. De hele reeks van ontwikkelingsstadia, zowel van een individu als van een samenleving, kan dus samengevat worden in prerationele stadia (fysiek, magisch, mythisch, emotioneel), rationele stadia (concreet, formeel en abstract) en transrationele stadia (shunyata, natuur van de geest, non-dualisme). Ik heb de verschillende stadia hier heel beknopt en onnauwkeurig weergegeven, ze worden veel beter en uitgebreider beschreven door de Amerikaanse filosoof Ken Wilber (zie ook appendix 1).

De pre-trans-verwarring ontstaat wanneer je iets prerationeels aanziet voor transrationeel, of omgekeerd iets transrationeels voor prerationeel. Veel mensen, en in het bijzonder wetenschappers, kijken naar spiritualiteit zonder zelf iets te weten over die transrationele stadia, waardoor ze alle vormen van spiritualiteit aanzien voor prerationeel, dus irrationeel, dus onzin en flauwekul. Ze worden in hun misvatting flink bevestigd door veel andere mensen die een omgekeerde vergissing maken en menen dat ze transrationele spiritualiteit beoefenen, terwijl ze in werkelijkheid met prerationele zaken bezig zijn. Deze quasi-spiritualiteit speelt zich soms af op het traditionele religieuze vlak en heel vaak in allerlei eigentijdse new-age-vormen, van gevoelsmanipulatie die een sfeer van verbondenheid opwekken door middel van groepssessies in mantrarecitatie, trance-dance, zweethutten en vuurceremonies, tot extatische ervaringen met seks en stimulerende middelen. Allemaal niks mis mee, en soms heel leuk zelfs, maar zolang deze ervaringen doel op zichzelf zijn, en dus niet verbonden zijn met de transrationele aspecten van het bewustzijn, niet gericht op realisatie van de volmaakte staat van zijn, is het dus geen spiritualiteit in de diepste betekenis.

Een veel voorkomende pre-trans-verwarring is al eerder in dit boek genoemd: de misvatting dat kinderen in een natuurlijke staat van zijn verkeren, dat we die staat als volwassenen kwijtgeraakt zijn en dat we ernaar terug moeten keren om ons spirituele pad te voltooien. De prerationele kinderstaat (waarin het ego nog aan het ontstaan is) wordt hier verward met de transrationele staat van egoloosheid.

Andersom is er pre-trans-verwarring als je meent dat een boeddhistische beoefenaar die in een conceptloze meditatie is verzonken (transrationele meditatie) aan het 'navelstaren' is (pre-rationele obsessie voor de eigen emoties).

In een evenwichtig spiritueel pad zijn alle stadia geïntegreerd. Op een evenwichtig spiritueel pad probeer je niet te dissociëren van prerationele aspecten van je ontwikkeling, maar deze te omhelzen in gewaarzijn en te integreren in je spirituele beoefening. Een gezonde fysieke gesteldheid en een evenwichtig emotioneel leven dragen bij aan je spirituele ontplooiing. Ook religieuze aspecten zoals rituelen en gebeden kunnen een rol spelen op het spirituele pad, als ze maar geïntegreerd zijn met de transrationele aspecten. Staan ze daar los van, dan is men puur religieus bezig. Ook daar is niks mis mee; religieuze beoefening kan iemand bijvoorbeeld inspireren tot het nalaten van negatief en het ontwikkelen van positief gedrag, hetgeen bijdraagt tot meer geluk en minder lijden, en als zodanig is het niet irrationeel. Maar zonder het transrationele perspectief leidt het niet tot realisatie van de natuurlijke staat van zijn en is het in wezen dus geen spiritueel pad.

Naast deze pre-trans-verwarring is er nog een andere reden waarom spiritualiteit in de westerse wereld vaak wordt aangezien voor zweverige onzin. De enorm succesvolle wetenschappelijke ontwikkelingen van de laatste eeuw hebben, tezamen met de bijna totale ineenstorting van de christelijke religie, geleid tot een nieuw soort 'rationele religie', namelijk de wetenschap. En net zoals veel individuen in hun ontwikkeling van een eenmaal overstegen stadium proberen te dissociëren, zo is ook de westerse samenleving na bijna tweeduizend jaar christelijke religie overgegaan tot het dissociëren van haar religieuze stadium. Veel mensen in het Westen hebben zo een 'religiefobie' ontwikkeld: zodra er ergens hymnen of mantra's gezongen worden, rituelen uitgevoerd, of anderszins gestreefd wordt naar iets 'hogers', staat de sceptische geest onmiddellijk klaar om deze onzin met scherpe argumenten neer te sabelen. Natuurlijk zijn er ook werkelijk kwakzalvers, nepgoeroes en fake-heiligen, en het is goed dat die aan de kaak worden gesteld. Helaas zijn de criteria daarbij uitsluitend wetenschappelijk-rationeel (en soms ook puur emotioneel-aversief), waardoor niet alleen prerationele uitwassen maar ook alle pre- en transrationele authentieke spiritualiteit gediskwalificeerd wordt als onwetenschappelijk. De denkfout die daarbij telkens weer gemaakt wordt, is dat het ontbreken van wetenschappelijk bewijs voor de juistheid van een verschijnsel of opvatting beschouwd wordt als bewijs voor de onjuistheid ervan. Er zijn echter verschijnselen, zoals de transrationele stadia van onze ontwikkeling, die a priori niet wetenschappelijk bewezen kunnen worden, omdat ze buiten het rationele en conceptuele gebied van de wetenschap vallen.

Dat deze transrationele verschijnselen toch niet in strijd zijn met de ratio, kan soms wel op een rationele manier aangetoond worden. Recent wetenschappelijk onderzoek naar de effecten van langdurige meditatie op de hersenen heeft aangetoond dat die gedeeltes van de hersenen waar gevoelens van geluk en veiligheid tot stand komen, duidelijk groter worden onder invloed van meditatie, en niet alleen tijdens de meditatie, maar ook daarna. De verandering is dus blijvend. Voor de meditator is zulk onderzoek slechts een bijkomstigheid, die ervaart immers zelf het positieve effect op zijn gezondheid en gevoelsleven. Maar dergelijke wetenschappelijke publicaties kunnen wel bijdragen tot een vermindering van de pre-trans-verwarring en een toename van de maatschappelijke belangstelling voor een authentiek spiritueel pad.

Veel oosterse spirituele kennis is vermengd met prerationele cultuur en religie van het land van herkomst. Het Tibetaans boeddhisme is daar een mooi voorbeeld van: de religieuze aspecten daarin zijn afkomstig uit het prerationele sjamanisme (magische fase), een religie die in Tibet al eeuwenlang beleden werd voordat ze vermengde met het later uit India geïmporteerde boeddhisme. Voor de individuele beoefenaar in Tibet was er geen enkel probleem om die prerationele aspecten van het sjamanisme, die immers al met de paplepel waren ingegoten, te integreren in de rationele en transrationele beoefening van het boeddhisme. De prerationele religiositeit fungeerde in Tibet dus als effectief hulpmiddel voor het realiseren van de hogere transrationele stadia van spiritualiteit.

Maar als een prerationele religie wordt aangeboden aan westerse volwassenen, die dus qua individuele ontplooiing en maatschappelijke ontwikkeling in een rationele fase verkeren, dan zal vaak de pre-trans-verwarring in werking treden op twee verschillende manieren. Een grote groep rationeel ingestelde westerlingen die gedissocieerd is van zijn magische en religieuze fase, wijst het Tibetaans boeddhisme in zijn geheel af omdat ze de transrationele wijsheid niet herkent, vanwege de vermenging met prerationele religie: 'Als je er offerrituelen bij moet uitvoeren kan het geen echte spiritualiteit zijn.' Helaas: het kostbare geschenk van de spirituele kennis wordt hier tezamen met de voor hen onaantrekkelijke religieuze verpakking weggegooid.

Een kleinere groep westerlingen, namelijk zij die nog enigszins versmolten zijn met hun religieuze fase, maakt de omgekeerde vergissing en vat de prerationele aspecten op als transrationeel, waardoor ze gezien worden als een 'hogere' waarheid dan ze in feite zijn. Sjamanistische beoefening wordt hierdoor aangezien voor spiritueel, men meent dat de rituelen op zichzelf tot verlichting leiden, waardoor de religieuze vorm dus prioriteit krijgt boven de spirituele inhoud. De werkelijk transrationele kennis wordt genegeerd, of – als ze wel opgemerkt wordt – toch weer op een religieuze manier benaderd: veel geloof maar weinig eigen onderzoek naar de waarheid ervan.

In beide gevallen is er sprake van een spiritueel obstakel. De rationele 'religiefoob' kan dit obstakel overwinnen door zijn dissociatie van prerationele religiositeit ongedaan te maken en te onderzoeken welke religieuze aspecten voor hem misschien bruikbaar zijn op het spirituele pad. De religieuze boeddhist kan het beste zijn geloof op de proef stellen door te studeren en 'spiritueel-wetenschappelijk' onderzoek te gaan doen, dus meditatie te beoefenen naast of in plaats van de religieuze liturgische beoefening.

Misschien is er nog een reden waarom veel westerse mensen aarzelen om een spiritueel pad te kiezen. Het lijkt namelijk alsof je dan moet beginnen met een hoop leuke dingen des levens af te zweren, en je in plaats daarvan moet onderwerpen aan een zware en jarenlange training met vele uren meditatie per dag, terwijl bovendien het eindresultaat – verlichting – tamelijk vaag is en héél ver weg lijkt. Dit is een begrijpelijke vergissing, en eigenlijk een onderdeel van het probleem waar het spirituele pad juist een oplossing voor biedt. Eenzelfde vertekening van de werkelijkheid wordt ervaren door iedereen die overweegt om te stoppen met roken of met een andere verslaving. Hoewel de verslaving eigenlijk al enorm veel ellende in je leven heeft aangericht, wekt de gedachte aan stoppen onmiddellijk de angst op dat het leven daarna veel saaier en grauwer zal zijn, zonder enig vermaak en vertier. Deze angst en uitzichtloosheid zijn onderdeel van de verslavingsillusie. De werkelijkheid is precies andersom: het is de verslaving die ellende en beknelling veroorzaakt, en jezelf ervan bevrijden geeft enorm veel vreugde en maakt je leven juist veel aangenamer.

Op dezelfde wijze levert het nadenken over een meer spirituele manier van leven ook angst op dat het leven dan saaier gaat worden, dat je nooit meer eens lekker uit de band mag springen, dat je alleen nog maar in volle ernst en met veel zelfdiscipline op een kussen mag zitten mediteren. De werkelijkheid is precies andersom: spiritualiteit is bevrijdend: het bevrijdt je van je verslaving aan liefde en erkenning van anderen, het bevrijdt je van je dwangmatige verkramping ten opzichte van de werkelijkheid en je eigen gevoelens, en het levert een staat van liefde en geluk op die nergens mee te vergelijken is.

Nog een aspect van het spirituele pad dat door westerlingen vaak verkeerd begrepen wordt is het fenomeen van de spirituele leraar. Na tweeduizend jaar religieuze dominantie van de roomse kerk en allerlei christelijke afsplitsingen hebben de meeste mensen het wel gehad met volgzaamheid en gehoorzaamheid, en het lijkt of een spirituele leraar daar juist weer een beroep op doet. We kennen allemaal voorbeelden van sektes waarin het helemaal misgelopen is met die volgzaamheid, uitmondend in massale hysterie of groepszelfmoorden. Dus hebben we grote argwaan om een spirituele leraar te volgen, en dat is op zich terecht. Maar er zitten ook grote voordelen aan het hebben van een authentieke spirituele leraar. Want hoewel spiritualiteit ook zonder leraar beoefend kan worden, gaan je vorderingen veel sneller als je wel een leraar hebt. Dat heeft twee redenen.

Ten eerste is het leren kennen van iemand die veel verder is op het spirituele pad dan jijzelf, enorm inspirerend. De leraar fungeert als voorbeeld, als bron van inspiratie om te beoefenen en te studeren. Je kunt aan hem of haar zien dat het echt mogelijk is om je te bevrijden van de beknellingen van je identiteit, en dan een bron van liefde en inspiratie wordt. Ook kan de leraar je praktische aanwijzingen geven als je beoefening niet goed werkt, en uit eigen ervaring adviseren wat je eventueel anders kunt doen om je meditatie weer op gang te brengen.

De tweede functie van de leraar is om je een spiegel voor te houden waarin je verborgen obstakels zichtbaar worden. Dit zijn meestal zelfbeschermende patronen waar je nog mee versmolten bent, en die in je meditatie dus nog niet zichtbaar zijn. De leraar confronteert je met die patronen, leert je ernaar te kijken zonder oordeel, en ze te laten oplossen in oordeelvrij gewaarzijn. Die confrontaties kunnen soms tamelijk pijnlijk zijn. Een goede leraar is geen watje, heeft zelf immers geen enkele behoefte aan jouw bewondering of erkenning, en hoeft zich dus ook niet in te houden als hij je confronteert. In eerdere hoofdstukken is al uiteengezet dat als iemand op onze knoppen drukt, we meteen geneigd zijn de knoppendrukker verantwoordelijk te stellen voor de pijnlijke gevoelens. Maar als het je leraar is die op je knoppen drukt, wordt meteen duidelijk dat je beter bij jezelf kunt gaan zoeken naar het oplossen van je pijn. Daardoor verloopt het hele proces van herkennen, loslaten en omhelzen van egopatronen veel sneller dan zonder leraar.

Na een wat langere tijd ontstaat er tussen student en leraar geleidelijk een soort 'liefdesrelatie' die met geen enkele andere relatievorm te vergelijken is. Je herkent steeds duidelijker de natuurlijke staat van de leraar, je ziet steeds beter dat alles wat hij of zij zegt en doet vrij is van eigenbelang of een verborgen agenda, en rechtstreeks voortvloeit uit de onvoorwaardelijke bron van liefde van de natuur van de geest. En naarmate je daardoor ook steeds beter je eigen volmaakte natuur herkent, ontstaat er een diep gevoel van liefde en dankbaarheid voor degene die deze kennis en realisatie bij je wakker gemaakt heeft.

Een andere vorm van westerse weerstand tegen spirituele tradities uit het Oosten ontstaat soms vanuit een psychologisch perspectief. De westerse psychologie heeft een heel andere kijk op de menselijke geest dan de spirituele. Psychologische methoden zijn gericht op het ontwikkelen of herstellen van een gezond ego, zodat je systeem van bedekking van zelfafwijzing met liefde en erkenning van anderen optimaal functioneert. Spirituele methoden zijn gericht op het doorzien van dit afdeksysteem, het loslaten ervan en het herkennen van de volmaakte staat van zijn, die erdoor aan het oog onttrokken wordt. Kortweg: psychologie ziet de zieke geest en wil die genezen, spiritualiteit ziet de volmaakte geest en wil die realiseren. Toch is er geen enkele reden om op het spirituele pad niet ook gebruik te maken van de vele psychologische ontwikkelingen die het Westen te bieden heeft. Integendeel, die psychologische methoden zijn vaak beter afgestemd op de westerse manier van denken en voelen. Ook al zijn ze op zichzelf genomen niet spiritueel van aard, ze kunnen wel dienstbaar gemaakt worden aan een spirituele doelstelling. Want net zoals een te drukke geest niet in staat is zijn eigen natuur te herkennen, en daarvoor eerst enigszins gekalmeerd moet worden, zo kan ook een te neurotische, angstige en zelfafwijzende geest nooit zijn eigen volmaakte natuur herkennen. Je ego moet al een beetje gezond zijn om eraan voorbij te kunnen komen. Je identiteit moet enigszins vrij zijn van ernstige angsten en beknellingen voordat je kunt ontdekken dat het überhaupt maar een aangeleerde, illusoire identiteit is. Zo kunnen psychologische methoden die gericht zijn op een gezonde identiteit, gecombineerd met spirituele methoden die laten zien dat elke identiteit een afdekking is van je werkelijke staat van zijn, tezamen een hele effectieve spirituele beoefening vormen. Het kan zelfs zo zijn dat psychologische therapie of training die je eerder gedaan hebt, ineens 'op zijn plaats valt' binnen een spirituele training. Of dat een jarenlange spirituele beoefening ineens in je geest tot bloei komt door de confrontaties in een intensieve westerse workshop.

Misschien inspireert dit boek je om een spiritueel pad te gaan volgen. Het zou de belangrijkste keuze zijn die je ooit in je leven kunt maken. Maar juist daarom kun je het beste voorzichtig beginnen. In het hoofdstuk over meditatie las je al dat je in het begin niet te lang achter elkaar moet mediteren. Hetzelfde geldt als je op zoek gaat naar een spirituele leraar of methode die bij je past: loop niet te hard van stapel. Kijk eerst goed rond. Lees spirituele boeken en kijk welke richting je aanspreekt. Westerse leraren zijn vaak toegankelijker, makkelijker te begrijpen, maar ook vrijblijvender, en er zit meer kaf onder het koren: ambitieuze ego's die meeliften op de groeiende populariteit van al dan niet quasi-spiritualiteit. Een oosterse leraar komt uit een eeuwenoude spirituele traditie, is daarom meestal betrouwbaarder, maar vaak ook moeilijker te begrijpen, en de boodschap is soms heel erg vermengd met oosterse cultuur en religie, en daardoor voor ons westerlingen in het begin vreemder en ontoegankelijker. Dus ga eerst eens naar een openbare lezing of volg eens een workshop of korte retraite bij een leraar. Een goede leraar herken je aan het feit dat hij of zij inspirerend is, maar soms ook confronterend, en zelf in woord en gedrag uitdraagt wat ze anderen adviseert. Soms duurt het jaren van rondkijken voordat je je leraar gevonden hebt, en al die tijd kun je beslist ook al vooruitgang boeken. Maar als je blijft zoeken, zul je ooit een echte spirituele leraar vinden, een waarmee het 'klikt' en voor wie je steeds meer liefde zult gaan voelen. Dan, als je die 'uiterlijke leraar' hebt gevonden, kan het niet zo lang meer duren voordat je ook je 'innerlijke leraar' leert kennen, je volmaakte natuurlijke staat van zijn.

Dus kijk goed rond, maar als je eenmaal een leraar of een methode gevonden hebt die voor je werkt, hou dan op met 'spiritueel shoppen' en wijd je helemaal aan die ene methode. Vroeg of laat zal je geest zich namelijk gaan verzetten tegen welke methode dan ook, en als je daar intrapt en telkens weer iets anders zoekt, blijf je heen en weer zwalken tussen allerlei verschillende benaderingen. Alleen als je die weerstand herkent als een drempel naar diepere lagen van je geest, en toch trouw blijft aan de methode, pas dan kun je ook door de subtielere lagen van je identiteit heen komen en echte realisatie bereiken.

Als je al een tijd aan het zoeken bent en verschillende spirituele opties hebt geprobeerd, en je twijfelt of je nu op het 'juiste' spirituele pad bent, is er een simpel criterium: regelmatige beoefening. Als je min of meer elke dag oefent, al is het maar vijf minuten, dan ben je op het pad. Als je eens per jaar een intensieve spirituele workshop of retraite doet, maar niet dagelijks oefent, ben je nog niet echt op het spirituele pad. Je bent misschien inspiratie aan het verzamelen en dat is heel waardevol. Maar als je echt serieus je volmaakte natuur wilt herkennen, dan moet je gewoon beginnen met elke dag te oefenen, kort of lang al naar gelang je ervaring en omstandigheden. Onze versluierende patronen zijn er al heel lang en doen hun werk volledig automatisch. Je kunt ze alleen doorzien en afleren als je heel regelmatig bij jezelf naar binnen gaat, je geest tot rust laat komen en zijn heldere en liefdevolle natuur leert kennen. Het mag in het begin misschien lijken op een soort spiritueel corvee, al heel gauw wordt je beoefening de mooiste tijd van elke dag, het 'momentje voor jezelf' in de meest diepzinnige betekenis. Die momentjes breiden zich uit en rijgen zich aaneen totdat je jezelf gewoon nooit meer kwijtraakt, wat er ook gebeurt, en heel je dagelijkse leven zich afspeelt in het vreugdevol herkennen van de essentie van elke ervaring: liefdevol en oordeelvrij gewaarzijn.

Appendix 3

Andere boeken van Jan Geurtz

De opluchting, in één dag van het roken af

Het eerste boek van Jan Geurtz uit 1997 heeft al duizenden mensen geholpen te stoppen met roken en is inmiddels vele malen herdrukt. Het is vertaald in het Deens, Duits en Spaans. Onlangs verscheen ook een Engelse vertaling (*Quit Smoking in One Day*). Dit boek helpt je al lezend de hele rookverslaving te deprogrammeren. Pas daarna stop je met roken, en dat niet omdat het niet meer mag maar omdat je er helemaal geen behoefte meer aan hebt! Vanaf de eerste dag na het stoppen ben je vrij van dwanggedachten en ontwenningsverschijnselen.

Het boek ontleent zijn titel aan de Opluchtingtraining, waarmee al sinds 1996 met veel succes duizenden mensen van het roken afgeholpen zijn. Deze training heeft de hoogste successcore van alle stopmethoden in Nederland (na een jaar is ruim 30% van de deelnemers nog steeds zonder problemen van het roken af).

Wil je meer weten over de Opluchtingtraining, kijk dan op de website www.opluchting.com.

(ISBN 978-90-263-2736-0)

De verslaving voorbij, nieuwe methode zonder ontwenningsellende

In 1999 verscheen dit tweede boek van Jan Geurtz. Het behandelt alle eigentijdse verslavingen zoals aan alcohol, drugs en medicijnen, maar ook de eetverslaving, de rookverslaving, de gokverslaving en de seksverslaving komen uitgebreid aan bod. Een grensgeval is de relatieverslaving, waar iedereen in meer of mindere mate mee te maken heeft, maar die bij sommigen echt problematisch wordt door de extreme afhankelijkheid en dwangmatigheid die ermee samengaan.

In *De verslaving voorbij* worden de algemene kenmerken van een verslaving op een verrassend nieuwe wijze belicht, waardoor er een uitweg ontstaat uit de gevangenis van verslaving en dwangmatigheid. Deze uitweg wordt niet gekenmerkt door een zware strijd tegen heftige ontwenningsverschijnselen. Integendeel, het blijkt mogelijk uit elke verslaving te ontsnappen zonder strijd, zonder 'wilskracht', maar op een heel natuurlijke wijze, in overeenstemming met je diepste natuur, die altijd vrij van verslaving gebleven is! Vandaar dat deze methode in principe voor iedereen toepasbaar is. Het lezen van *De verslaving voorbij* heeft dan ook al velen van hun heroïne-, alcohol-, seks- of andere verslaving afgeholpen. Het boek is inmiddels ook vertaald in het Duits.

(ISBN 978-90-263-1720-0)

Het einde van de opvoeding

Jan Geurtz laat in dit boek (2003) zien dat de crisis in de opvoedkunde, maar vooral ook in de dagelijkse praktijk van het opvoeden, veroorzaakt wordt door een fundamentele fout in ons basisprincipe van het opvoeden. Terwijl we ons als ouders verantwoordelijk voelen voor het latere levensgeluk van onze kinderen, zijn we juist bezig hun huidige en toekomstige geluk te dwarsbomen. *Het einde van de opvoeding* confronteert ouders met het fatale mechanisme om hun eigen jeugdproblemen te corrigeren in de opvoeding van hun kinderen, waarmee ze op een dieper niveau hun blokkades en beknellingen juist aan de volgende generatie overdragen.

Met veel praktijkvoorbeelden en humor laat Jan Geurtz zien dat er een totaal andere manier van omgaan met kinderen mogelijk is, niet langer belast met de zware plicht tot opvoeden en controleren van iets wat van nature niet opvoedbaar en controleerbaar is, waardoor er een enorme ruimte ontstaat voor liefde en openheid, en een toename van het toekomstige én het huidige levensgeluk van kinderen en hun ouders.

Dit boekje is geschreven in een heel persoonlijke stijl waarin ouders rechtstreeks aangesproken worden. Een fragment:

> Er kleeft een gevaar aan elke theorie over opvoeding: dat het je alleen maar opzadelt met allerlei mooie idealen waar je telkens niet aan kunt voldoen. Dit boekje zou onbedoeld hetzelfde effect kunnen hebben, als je het te veel zou opvatten als een weergave van 'de enige goeie manier'. In feite wil ik juist laten zien dat we als ouders de meeste problemen veroorzaken door onze ideeën over hoe je moet opvoeden. Het is heel begrijpelijk om je kinderen te willen opvoeden naar jouw eigen beeld van wat goed en mooi en waardevol is. Het resultaat van zo'n opvoeding is echter tegengesteld aan wat je ermee wilde bereiken. Je hebt zelf de belangrijkste ontdekkingen in je leven ook eerder ondanks dan dankzij je ouders gedaan, dus kun jij als ouder beter een stapje terug doen en je kind de ruimte geven om zelf te ontdekken wat het meest waardevolle in het leven is. Alles wat je je kind zou willen aanleren op het gebied van waarden en mooie eigenschappen, wordt juist door dat aanleren een surrogaat, een dressuur, een remming, een blokkade van die natuurlijke waarden en eigenschappen. Anderzijds, alle waarden en mooie eigenschappen die je zelf hebt weten te realiseren, hoef je niet over te dragen op kinderen, die nemen ze vanzelf als voorbeeld en inspiratie. Niet zozeer omdat jij hun vader of moeder bent, maar omdat niets zo overtuigend is en zo aanstekelijk werkt als het geluk dat voortvloeit uit je natuurlijke staat van Zijn.

Het einde van de opvoeding is bedoeld voor ouders en beroepsopvoeders, maar ook voor oudere kinderen, en eigenlijk voor iedereen die nog weleens hinder ondervindt van zijn eigen opvoeding.
(ISBN 978-90-263-1837-5)

Bevrijd door liefde, praktijkboek voor zelfacceptatie en geluk in relaties

Sinds de publicatie van Verslaafd aan liefde ontving Jan Geurtz talloze vragen over liefde en relaties die hij in dit praktijkboek uitvoerig behandelt.

- Waarom laten we door ons eigen gedrag onze liefdesrelaties mislukken?
- Hoe kunnen we liefdesrelaties aangaan die niet verzanden in een crisis of in een gezapig samenzijn?
- Waarom doet het zo'n pijn als je partner vreemdgaat?
- Hoe kun je elkaar ruimte geven voor persoonlijke groei zonder bekneld te raken in verwijt of verlatingsangst?

Op toegankelijke wijze beschrijft Jan Geurtz de meest voorkomende relatieperikelen en hoe je daarvan kunt leren. Hij helpt je te werken aan een spirituele liefdesrelatie tussen twee zelfstandige mensen waarin de liefde steeds meer tot bloei komt en bijdraagt aan het geluk en de ontplooiing van beide partners.

(ISBN 978-90-263-3337-8)

Verslaafd aan denken, de weg naar verlichting en levensgeluk

Hoe komt het dat we vaak geen enkele zeggenschap lijken te hebben over wat we denken? Waarom gaan we steeds méér denken als we gebukt gaan onder beknellende gedachten? En hoe komt het dat we onszelf bij een toekomstige vervelende gebeurtenis al weken van tevoren lastigvallen met angstige gedachten erover?

In dit boek ontleedt Jan Geurtz het verschijnsel denken, en toont hij aan dat het onze meest fundamentele verslaving is. Door ons denken, en het geloof in de echtheid van onze gedachten, zitten we gevangen in het keurslijf van een onjuist beeld van onszelf en de werkelijkheid. Dit heeft tot gevolg dat we telkens weer bekneld raken in een vicieuze cirkel van nare gedachten en pijnlijke gevoelens.

Geurtz baseert zich zowel op moderne westerse inzichten als op authentieke oosterse spiritualiteit, en brengt deze op een verrassende wijze met elkaar in verband. Het resultaat is een heldere beschrijving van ontdekkingstocht naar onze fundamentele natuur.
(ISBN 978-90-263-3338-5)

Vrij van gedachten, praktische handleiding voor een helder en liefdevol leven

- Waarom helpt het begrijpen van je emotionele problemen je er niet vanaf?
- Waarom brengen de meeste vormen van meditatie je niet tot bevrijding van je emotionele problemen? Welke wel?
- Wat is 'verlichting' in het dagelijkse leven?

In *Vrij van gedachten* laat Jan Geurtz zien dat het geloof in onze gedachten de fundamentele oorzaak is van ons lijden. Het zijn onze gedachten die een pijnlijke scheiding creëren tussen onszelf, de ander en de wereld, en die telkens weer dezelfde levensproblemen veroorzaken.

Vrij van gedachten biedt een praktische methode om de versluiering die onze gedachten veroorzaken, op te heffen. Deze is afkomstig uit de 'geheime' Dzogchentraditie in het Tibetaanse boeddhisme en vertaald naar de noden van de moderne westerse mens. Tevens vertelt Jan Geurtz over zijn inspirerende en soms bizarre avonturen op het spirituele pad, tijdens eenzame retraites in de bergen van Zuid-Frankrijk en bij zijn Tibetaanse leraar.
(ISBN 978-90-263-3285-2)

In september 2016 verscheen *Addicted to Love*, de Engelse vertaling van *Verslaafd aan liefde*.

Over liefde en loslaten

Op kernachtige wijze laat Jan Geurtz zien hoe we een relatiecrisis kunnen benutten voor versnelde spirituele groei.

Doorgaans reageert ons ego op een levenscrisis met weerstand en veel pijnlijke gedachten. Daardoor maken we ons leven extra ellendig en uitzichtloos. In dit boek laat Jan Geurtz zien dat bijvoorbeeld een relatiecrisis, en elke pijnlijke emotie die we dan ervaren, in wezen een opening is naar spirituele groei.

Met behulp van korte, praktische instructies en meditatiekaarten wordt getoond hoe we de sprong kunnen maken vanuit ego's beknellende gedachten en emoties naar een ruime open liefdevolle staat van zijn. Hierdoor veranderen pijnlijke emoties als eenzaamheid, frustratie en angst in toegangsdeuren naar wat in het boeddhisme de 'boeddha-natuur' genoemd wordt en in Advaita de 'non-duale essentie', een natuurlijke staat die vrij is van lijden.

Over liefde en loslaten is een persoonlijke gids op je spirituele zoektocht naar de essentie van het bestaan.
(ISBN 978-90-263-3847-2)

Meditatiekaarten bij Over liefde en loslaten

De in *Over liefde en loslaten* afgebeelde meditatiekaarten zijn ook apart verkrijgbaar.
(ISBN 978-90-263-3974-5)